... **Títulos relacionados**

IFCD0210 DESARROLLO DE APLICACIONES CON TECNOLOGÍAS WEB

[DISPONIBLE CERTIFICADO COMPLETO]

Solicítalos en
- Librería
- www.paraninfo.es
- Solicitudes nacionales +34 914 463 350
- Solicitudes fuera de España +34 913 308 907
  +34 913 308 919

Aplicaciones técnicas de usabilidad y accesibilidad en el entorno cliente
UF1843

Xabier Ganzábal García

© 2024 Ediciones Paraninfo, S. A.
© 2024 Xabier Ganzábal García

Edición y maquetación: Ediciones Nobel, S. A.

Impresión: Liberdigital (Casarrubuelos, Madrid)

ISBN: 978-84-283-6362-4
Depósito legal: M-19760-2024

Impreso en España

Xabier Ganzábal García es ingeniero en Informática y licenciado en Ciencias Físicas por la Universidad Autónoma de Madrid. Tiene una dilatada experiencia como docente en Ciclos Formativos de Grado Superior, especialmente en las áreas de programación, desarrollo web y bases datos. Ejerce su labor docente como funcionario en la Comunidad de Madrid.

Índice

Introducción normativa XI

1. Accesibilidad web 1
   1.1. Definición de accesibilidad web 3
   1.2. Ventajas y dificultades en la implementación de la accesibilidad web 9
   1.3. Normativa y estándares sobre accesibilidad web 11
      1.3.1. Organismos regulatorios de la accesibilidad web 11
      1.3.2. Comparativa de normas y estándares 11
   1.4. Guías para el cumplimiento de normativas y estándares 13
      1.4.1. Descripción de las pautas principales (imágenes, enlaces,
          vídeo, etcétera) 14
      1.4.2. Pautas para una navegación accesible 25
   1.5. Descripción del proceso de conformidad en accesibilidad web 26
   1.6. Tecnologías donde la accesibilidad es aplicable 27
      1.6.1. (X)HTML 27
      1.6.2. CSS 27
      1.6.3. JavaScript 30
      1.6.4. Flash 31
      1.6.5. PDF 31
      1.6.6. XML/XSL 32
      1.6.7. Reproducción multimedia 35
      1.6.8. Otras tecnologías 36
   1.7. Herramientas para la validación de la accesibilidad 38
      1.7.1. Basadas en navegador 38
      1.7.2. Mediante aplicaciones de escritorio 44
      1.7.3. Mediante servicios web externos 45
   1.8. Evolución de la accesibilidad. Nuevas tendencias 46
   Autoevaluación 48
   Ejercicios de aplicación 50

2. Usabilidad web 53

    2.1. Definición de usabilidad 55

    2.2. Importancia del diseño web centrado en el usuario..................... 55

    2.3. Diferencias entre accesibilidad y usabilidad.......................... 56

    2.4. Ventajas y problemas en la combinación de accesibilidad y usabilidad ... 56

    2.5. Ventajas y dificultades en la implantación de sitios web usables 57

    2.6. Métodos de usabilidad 58

    2.7. Análisis de requerimientos de usuario............................... 64

    2.8. Principios del diseño conceptual. Creación de prototipos orientados
        al usuario 69

    2.9. Pautas para la creación de sitios web usables........................ 72

    2.10. Evaluación de la usabilidad 76

Autoevaluación 80

Ejercicios de aplicación 82

Referencias 85

    Accesibilidad 85

    Usabilidad 86

Introducción normativa

La Ley Orgánica 3/2022, de 31 de marzo, de ordenación e integración de la Formación Profesional, contiene una disposición derogatoria única que afecta a la regulación de los certificados de profesionalidad, ahora denominados **Certificados Profesionales**. La referida normativa deroga la Ley Orgánica 5/2002, de 19 de junio, de las Cualificaciones y de la Formación Profesional, y abre un escenario de cambios que se irán implementando progresivamente.

La Ley Orgánica 3/2022, de 31 de marzo, de ordenación e integración de la Formación Profesional implica que toda la formación es acumulable. La oferta formativa se estructura de forma escalonada, siendo los Certificados Profesionales un nivel intermedio (Grado C) de una escala que va desde el Grado A hasta el E.

En los artículos 35 a 38 de la Ley 3/2022 se describe en qué consisten estos Certificados Profesionales: su oferta, formación asociada, estructura, duración, acceso, titulación y validez. Posteriormente, esta normativa se completa con lo dispuesto en el Real Decreto 659/2023, de 18 de julio, que desarrolla la ordenación del sistema de Formación Profesional. Concretamente en los artículos 67 a 81 es donde se hace referencia a la oferta formativa de Grado C, correspondiente a los Certificados Profesionales.

Están agrupados en 26 familias profesionales con características comunes del sector. En la actualidad hay más de medio millar de Certificados Profesionales incluidos en el Repertorio Nacional. Esta cifra no deja de crecer. Además, cada certificado está específicamente regulado por un real decreto.

Un Certificado Profesional corresponde al Grado C de la oferta del Sistema de Formación Profesional. Es un documento oficial, con validez en todo el territorio nacional y debe constar en el Catálogo Nacional de Ofertas de Formación Profesional, que certifica la capacitación para el desarrollo de una actividad profesional.

Debe detallar los módulos profesionales superados y los estándares de competencia profesional asociados a él e incluidos en el **Catálogo Nacional de Estándares de Competencias Profesionales**, así como su correspondencia con el Marco Español de Cualificaciones.

Despliegan su validez en un doble ámbito, laboral y académico:

- En el contexto laboral tienen validez profesional, porque acreditan las competencias en una determinada profesión. Para poder trabajar en algunas profesiones, se exigen determinadas cualificaciones, y los certificados sirven para acreditarlas.

- Asimismo, tienen validez académica, puesto que permiten continuar un itinerario formativo siempre que se cumplan los requisitos de acceso para cursar la titulación deseada. De tal modo que, los Certificados Profesionales que sean parte de un Grado D permitirán la matrícula modular para completar los módulos establecidos en el currículo y obtener el correspondiente título de técnico básico, técnico o técnico superior con validez en todo el territorio nacional.

Para obtener un Certificado Profesional (Grado C) es preciso cumplir con los requisitos de acceso para realizar la formación.

Estructura de los Certificados Profesionales

I. Identificación: denominación, familia y área profesional a la que pertenecen; nivel de cualificación profesional (1, 2 o 3); cualificación profesional de referencia; entorno profesional y módulos formativos que esté previsto cursar junto con la duración de cada uno de ellos.

II. Perfil profesional: incluye las competencias profesionales requeridas en el mercado laboral. En todas ellas se concretan las realizaciones profesionales y los criterios de realización.

III. Formación: describe los módulos formativos que esté previsto cursar para adquirir las competencias requeridas. En cada uno de ellos se indican las capacidades que se pretende alcanzar y la duración del módulo de prácticas no laborales —PNL—, para el que cabe solicitar exención si se cumplen determinados requisitos.

IV. Prescripciones de las personas formadoras.

V. Requisitos mínimos de espacios, instalaciones y equipamiento.

Los Certificados Profesionales se identifican con una denominación concreta y un código alfanumérico propio, y sirven para acreditar una determinada cualificación profesional. Cada certificado está asociado a una relación de unidades de competencia que, a su vez, se vinculan con una serie de módulos formativos específicos. Algunos módulos están integrados por unidades formativas y tanto unos como otras son, en ocasiones, transversales, lo que significa que se trata de contenidos incluidos en más de un Certificado Profesional.

Los Certificados Profesionales se articulan en tres niveles de competencia profesional (1, 2 y 3) conforme a lo dispuesto en el que será el Catálogo Nacional de Estándares de Competencias Profesionales, anteriormente Catálogo Nacional de Cualificaciones Profesionales (CNCP), según los criterios establecidos de conocimientos, iniciativa, autonomía y complejidad de las tareas, en cada una de las ofertas de Formación Profesional.

La oferta formativa dirigida a la obtención de los Certificados Profesionales tiene carácter modular para favorecer la acreditación parcial acumulable de la formación recibida y posibilitar así el avance en el itinerario de Formación Profesional para cualquiera que sea la situación laboral de cada persona en cada momento.

En definitiva, el Grado C constituye la oferta, parcial y acumulable, del sistema de Formación Profesional, de varios módulos profesionales del catálogo modular de Formación Profesional por razón de su significado en el mercado laboral y conducente a la obtención de un Certificado Profesional.

Las ofertas de Grado C de Formación Profesional tendrán por objeto módulos profesionales incluidos previamente en el catálogo modular de formación profesional y asociados al Catálogo Nacional de Estándares de Competencias Profesionales.

Finalidad de los Certificados Profesionales

- Contribuir a la ordenación de un Sistema de Formación Profesional al servicio de un régimen de formación y acompañamiento profesionales que sea capaz de responder con flexibilidad a los intereses, expectativas y aspiraciones de cualificación profesional de las personas a lo largo de su vida.

- Combinar escuela y empresa situando a la persona en el centro del sistema.

- Facilitar el aprendizaje permanente de toda la ciudadanía mediante una formación abierta, flexible y accesible, estructurada de forma modular, a través de la oferta formativa asociada al certificado.

- Acreditar las cualificaciones profesionales o las unidades de competencia recogidas en estas, independientemente de su vía de adquisición, bien sea través de la vía formativa, o mediante la experiencia laboral o vías no formales de formación.

- Favorecer, tanto a nivel nacional como europeo, la transparencia del mercado de trabajo.

- Contribuir a la calidad de la oferta de Formación Profesional.

Este libro

El presente libro desarrolla la Unidad Formativa denominada "Aplicaciones técnicas de usabilidad y accesibilidad en el entorno cliente", UF 1843.

Dicha unidad formativa está asociada a la Unidad de Competencia UC0491_3. Forma parte del Módulo Formativo MF 0491_3 "Programación web en el entorno cliente", perteneciente a la Cualifi cación Profesional de referencia IFC154_3, de nivel 3, incluida en el Certifi cado de Profesionalidad denominado "Desarrollo de aplicaciones con tecnologías web", dentro de la familia profesional Informática y comunicaciones.

Según el Real Decreto 1523/2011, de 31 de octubre, modificado por el RD 628/2013, de 2 de agosto, los contenidos que en esta obra se recogen se corresponden con una duración de 30 horas.

Tanto la estructura como el desarrollo del libro se ajustan al citado Real Decreto y más concretamente a los contenidos de la Unidad Formativa que le da título "Aplicaciones técnicas de usabilidad y accesibilidad en el entorno cliente".

Contenido

1. **Accesibilidad web**
   - Definición de accesibilidad web.
   - Ventajas y dificultades en la implantación de la accesibilidad web.
   - Normativa y estándares sobre accesibilidad web.
     - Organismos regulatorios de la accesibilidad web.
     - Comparativa de normas y estándares.
   - Guías para el cumplimiento de normativas y estándares.
     - Descripción de las pautas principales (imágenes, enlaces, vídeo, etc.).
     - Pautas para una navegación accesible.
   - Descripción del proceso de la conformidad en accesibilidad web.
   - Tecnologías donde la accesibilidad es aplicable.
     - (X)HTML.
     - CSS.

- — Javascript.
- — Flash.
- — PDF.
- — XML/XSL.
- — Reproducción multimedia.
- — Otras tecnologías.
- Herramientas para la validación de la accesibilidad.
  - — Basadas en navegador.
  - — Mediante aplicaciones de escritorio.
  - — Mediante servicios web externos.
- Evolución de la accesibilidad. Nuevas tendencias.

2. **Usabilidad web**
- Definición de usabilidad.
- Importancia del diseño web centrado en el usuario.
- Diferencias entre accesibilidad y usabilidad.
- Ventajas y problemas en la combinación de accesibilidad y usabilidad.
- Ventajas y dificultades en la implantación de sitios web usables.
- Métodos de usabilidad.
- Análisis de requerimientos de usuario.
- Principios del diseño conceptual. Creación de prototipos orientados al usuario.
- Pautas para la creación de sitios web usables.
- Evaluación de la usabilidad.

■ Nota del Editor

En Ediciones Paraninfo estamos comprometidos con la calidad de la formación e intentamos que nuestros materiales respondan fielmente y con rigor a las necesidades de todos cuantos confían en nuestro sello editorial.

Tratamos de dar respuesta a los currículos de las unidades formativas y de los módulos que integran los distintos Certificados Profesionales, equilibrando la parte teórica con la práctica para que los procesos de aprendizaje se conviertan en experiencias gratificantes, tanto para docentes como para las personas inmersas en los procesos formativos.

Nuestros objetivos son contribuir de forma decisiva a afianzar aprendizajes, ayudar a adquirir destrezas que tengan significado para el empleo y conseguir potenciar el desarrollo personal.

Para lograrlo contamos con excelentes autores, expertos en las materias que abordan, en la mayoría de los casos docentes de dichas especialidades con dilatada experiencia tanto profesional como académica, porque buscamos perfiles familiarizados con los contextos laborales concretos a los que se refieren nuestros manuales.

Confiamos en poder serte de ayuda y esperamos tus impresiones acerca de nuestro trabajo. Sean positivas o negativas, serán muy bien recibidas y, sin duda, nos ayudarán a seguir mejorando y trabajando con ilusión para continuar siendo un referente en formación para el empleo.

Agradecemos tu confianza en nuestros manuales. Todo nuestro equipo queda a tu total disposición. Puedes contactar con nosotros en esta dirección de correo electrónico:

info@paraninfo.es

1. Accesibilidad web

Contenido

1.1. Definición de accesibilidad web

1.2. Ventajas y dificultades en la implementación
de la accesibilidad web

1.3. Normativa y estándares sobre accesibilidad web

1.4. Guías para el cumplimiento de normativas y estándares

1.5. Descripción del proceso de conformidad
en accesibilidad web

1.6. Tecnologías donde la accesibilidad es aplicable

1.7. Herramientas para la validación de la accesibilidad

1.8. Evolución de la accesibilidad. Nuevas tendencias

La accesibilidad es un área habitualmente olvidada en los manuales sobre diseño y desarrollo web, a pesar de ser importante para cualquier proyecto y obligatoria para casi todos los relacionados con las Administraciones públicas.

A lo largo de este capítulo, iremos viendo las pautas y técnicas que hay que utilizar para desarrollar páginas web accesibles. Primero definiremos qué se entiende por accesibilidad y las dificultades que pueden presentar los usuarios al acceder al contenido web.

A continuación, veremos las tecnologías de asistencia de las que disponen los usuarios. Es un aspecto importante para entender cómo acceden los usuarios con discapacidad a una página y poder adaptarla a sus necesidades.

En el apartado 1.4, se tratan las pautas para una navegación accesible, con atención especial a las que define el World Wide Web Consortium (W3C), que son la base de las leyes sobre accesibilidad web en Europa, y concretamente en España.

Aunque la mayoría de las técnicas que veremos están relacionadas con HTML, CSS y JavaScript, los lenguajes básicos para el desarrollo web, la accesibilidad se aplica también a cualquier contenido que pueda estar disponible en una página.

En el apartado 1. 6, veremos cómo afecta a documentos PDF y contenido multimedia, entre otros. En las secciones finales del capítulo conoceremos una serie de herramientas útiles para evaluar la accesibilidad de las páginas y hablaremos de las nuevas tendencias en accesibilidad.

1.1. Definición de accesibilidad web

La Organización Internaciona de Estandarización (International Standard Organization, ISO) define la accesibilidad como el grado en el que productos, sistemas, servicios, entornos e instalaciones pueden ser utilizados por personas de una población con la más amplia gama de necesidades, características y capacidades de usuario, para lograr objetivos identificados en contextos de uso identificados.

La accesibilidad web se ocupa de hacer posible que personas con discapacidad puedan acceder a la web en igualdad de condiciones, sin pérdida de información o funcionalidad. Incluye problemas de visión, audición, movilidad y cognitivos.

- **Ceguera.** Como la web es un medio visual, muchas de las directrices sobre accesibilidad están dirigidas a usuarios ciegos. Los usuarios ciegos requieren tecnología de asistencia que les permita acceder a una versión solo texto de la página, como lectores de pantalla o líneas braille. También necesitan medios específicos para interactuar con la página.

- **Falta de visión parcial.** Muchos usuarios tienen problemas de visión sin llegar a ser ciegos. Pueden tener problemas para ver fuentes pequeñas. Estas personas acceden a la página usando magnificadores de pantalla, hojas de estilo propias para sobrescribir el estilo de la página o ampliando el texto usando la función correspondiente del navegador.

- **Daltonismo.** Es la incapacidad para distinguir algunos colores. Afecta aproximadamente al siete por ciento de la población, especialmente a los hombres. Puede ser un problema para interpretar gráficos o información indicada por el uso del color. Por ejemplo, si el campo de un formulario se marca en verde si es correcto y en rojo si hay algún error, algunos usuarios no podrán distinguirlo.

- **Fotosensibilidad.** Algunas personas pueden sufrir dolores de cabeza o ataques epilépticos ante cambios rápidos en la intensidad de la luz que perciben. Es muy conocido el caso de la serie de dibujos *Pokémon*, uno de cuyos episodios causó ataques epilépticos a más de seiscientos niños japoneses.

- **Auditiva.** La mayoría de la información en una página web es de tipo visual, pero aun así la sordera, total o parcial, es un problema para acceder al audio o al vídeo con audio. También es un problema si se usa algún sonido para el funcionamiento de la página, como un sonido de error al introducir un dato incorrecto.

- **Motora.** Los usuarios con problemas de movilidad tienen dificultades para usar el ratón o el teclado. Por ejemplo, hay personas que no tienen suficiente movilidad como para usar un ratón con precisión, pero sí pueden manejar un teclado, normal o adaptado. Pensando en estos usuarios, hay que realizar páginas que se puedan utilizar sin ratón.

  La movilidad reducida también afecta a la velocidad con la que un usuario puede navegar por página e interactuar con la interfaz de usuario. Esto hay que tenerlo en cuenta a la hora de establecer límites de tiempo para realizar un proceso.

- **Dislexia.** Los disléxicos pueden tener dificultades para leer un texto. Hay fuentes que les resultan más fáciles de leer que otras.

- **Problemas de atención y comprensión.** Hay personas con problemas para mantener la atención en una tarea incluso durante periodos relativamente cortos. En estos casos, el contenido en movimiento o las ventanas emergentes suponen un problema adicional.

Según la Organización Mundial de la Salud, alrededor del dieciséis por ciento de la población presenta algún tipo de discapacidad, en algunos casos en más de un área. Además, hay que tener en cuenta que también pueden darse casos de discapacidad temporal, como tener un brazo roto, o situacional, como no poder escuchar un sonido de alarma en un entorno ruidoso.

También hay muchos usuarios que no se consideran discapacitados que experimentan algunas de las dificultades anteriores en mayor o menor grado, como la pérdida de visión, muy habitual en las personas mayores.

Tecnologías de asistencia

La tecnología de asistencia ayuda a los usuarios con las tareas que no pueden realizar o les resultan dificultosas. Un bastón o unas gafas son ejemplos comunes de tecnología de asistencia. Sin gafas, muchas personas no podrían conducir o usar un ordenador cómodamente.

Amplificadores de pantalla. Pueden ser elementos de *hardware*, como una lupa o cristal amplificador que se sitúa sobre la pantalla, o *software*, como el programa Lupa de Windows, para amplificar una parte de la pantalla.

Lectores de pantalla. Muy utilizados por personas ciegas o con visión reducida. Generan una versión de solo texto de la página y la transmiten al usuario mediante síntesis de voz o una línea braille.

Es habitual que los sistemas operativos tengan un lector de pantalla integrado. Además, hay aplicaciones tanto gratuitas como de pago disponibles. Para Chrome, existe un lector de pantalla gratuito, el complemento Screen Reader. La siguiente tabla muestra algunos de los lectores de pantalla más extendidos.

Tabla 1.1. Lectores de pantalla

Lector de pantalla	Plataformas	Licencia
JAWS	Windows	De pago
Non Visual Desktop Access	Windows	Gratuito y de código abierto
Orca	Aplicaciones que utilizan el *framework* AT-SPI, como Gnome, Firefox o LibreOffice, entre otras	Gratuito y de código abierto
VoiceOver	Mac	Integrado en los dispositivos Apple

Lector de pantalla	Plataformas	Licencia
Screen Reader	Complemento de Chrome	Gratuito
WebAnywhere	Aplicación web, se puede usar desde cualquier equipo	Gratuito y de código abierto
Narrator	Windows	Integrado en Windows
BRLTTY	Consola de sistemas tipo Unix	Gratuito y de código abierto

Entre las características habituales de los lectores de pantallas están:

- Leer los textos alternativos de las imágenes.

- Crear una lista de encabezados para informar al usuario de la estructura del documento.

- Crear una lista de los vínculos presentes en una página para permitir una navegación rápida.

- Crear una lista de las tablas de la página.

- Incluyen una serie de atajos de teclado que permiten obtener información sobre la página y navegar por ella rápidamente.

- La velocidad de lectura es configurable. Los usuarios con experiencia utilizan hasta trescientas palabras por minuto.

Tabla 1.2. Algunos atajos de teclado de JAWS

Tecla (o combinación)	Función
Insert + Flecha arriba	Leer la línea actual
Insert + F6	Lista de encabezados de la página
1-6	Encabezados h1-h6
Insert + F7	Lista de vínculos de la página
Tabulador	Pasar al siguiente vínculo o elemento de formulario
Mayúsculas + Tabulador	Pasar al anterior vínculo o elemento de formulario
Espacio	Seleccionar o deseleccionar casillas de verificación
Control + Alt + Flecha	Moverse por las celdas de una tabla

Tecla (o combinación)	Función
Control + Alt + Mayúsculas + Flecha izquierda	Ir a la primera celda de la fila
Control + Alt + Mayúsculas + Flecha arriba	Ir a la primera celda de la columna
Insert + Mayúsculas + Flecha arriba	Leer la fila actual de la tabla

Al ser una de las tecnologías de asistencia más extendidas es recomendable que los desarrolladores los usen para comprender bien cómo funcionan. Veamos un ejemplo usando una página sencilla.

```
<!DOCTYPE html>
<html>
    <head>
        <title>Página básica</title>
        <meta charset='UTF-8'>
    </head>
    <body>
        <h1>Bienvenido</h1>
        Nos hemos mudado, visita nuestra
        <a href = 'www.nuevapagina.com'> nueva página</a>
        <img src = 'camión.jpg' alt= 'dibujo de un camión de mudanzas'>
    </body>
</html>
```

Ejemplo 1.1. Ejemplo sencillo para probar un lector de pantalla.

JAWS la leerá como:

La página tiene un encabezado y un enlace. Página básica. *Encabezado nivel uno*. Nos hemos mudado visita nuestra *enlace* nueva página *gráfico* dibujo de un camión de mudanzas.

Las palabras que no aparecen en la página están marcadas en cursiva. El lector de pantalla identifica ciertos tipos de contenido antes de leerlos. A lo largo de este capítulo iremos viendo más ejemplos.

Líneas braille. Las líneas braille muestran en alfabeto braille el contenido de una página web. Las usan las personas ciegas y sordociegas. Tiene una serie de elementos móviles que suben y bajan para dibujar los caracteres braille. Son dispositivos bastante caros; en general, por encima de los mil euros.

Ilustración 1.1. Línea braille.

Pulsadores (*switch*). Las personas con movilidad reducida pueden usar distintos tipos de pulsadores. Los hay de mano, que suelen ser botones bastante grandes, y de pie, con forma de pedal. Dentro de los pulsadores, se engloban también los dispositivos que detectan si el usuario ha parpadeado o hablado.

Los ***joysticks*** y las ***trackballs*** resultan útiles como alternativa al ratón. Los *joysticks*, un periférico habitual para videojuegos, tienen una palanca que se puede mover con cualquier parte del cuerpo. Suelen incluir uno o más botones. Las *trackballs* son esferas que giran sobre sí mismas.

Dispositivos de inhalar y soplar. Estos dispositivos son una varilla o tubo que el usuario maneja con la boca. Moviendo la varilla se realiza el movimiento del ratón. Soplar o inhalar es equivalente a pulsar el ratón. Algunos dispositivos permiten diferenciar entre inhalaciones y soplidos fuertes o débiles.

Dispositivos de seguimiento de la mirada. Para usuarios con movilidad muy reducida. Siguen la dirección de la mirada del usuario para simular el movimiento de un ratón. Normalmente utilizan una cámara situada sobre el monitor.

Dispositivos de generación de discurso. Para personas con dificultades cognitivas o que se mueven muy lentamente. Tienen un teclado que puede tener letras, palabras o imágenes. El usuario selecciona la tecla que desea directamente o mediante un proceso de escaneo. Es decir, el dispositivo va pasando de imagen a imagen hasta que el usuario elige una mediante un pulsador. Normalmente, primero recorre fila a fila y luego, cuando el usuario selecciona una, recorre las columnas hasta que llega a la que el usuario desea. Una vez el usuario ha seleccionado varias palabras, el dispositivo las lee en voz alta.

Actualmente, los sistemas operativos habituales en ordenadores y móviles incluyen algunas herramientas de accesibilidad. La mayoría incluyen al menos un lector de pantalla básico, una herramienta tipo lupa y la opción de utilizar una gama de colores de contraste alto. La siguiente imagen muestra las opciones de configuración de accesibilidad en Windows.

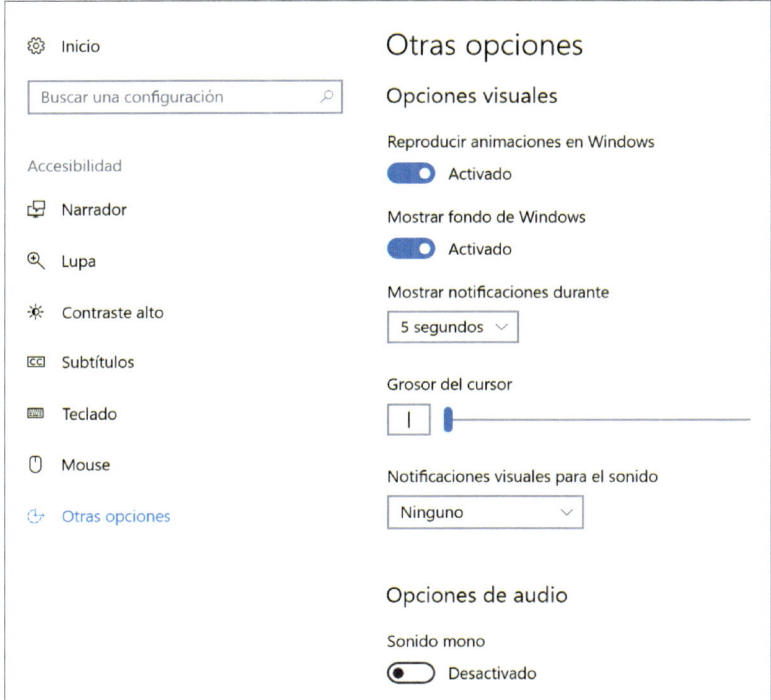

Ilustración 1.2. Opciones de accesibilidad en Windows.

1.2. Ventajas y dificultades en la implementación de la accesibilidad web

A la hora de comenzar una página web, el desarrollador web o quien le contrata pueden preguntarse qué ventajas tiene desarrollar una página web accesible y si merece la pena preocuparse por la accesibilidad. Hay una serie de motivos que justifican la creación de páginas accesibles:

- La accesibilidad web es en muchos casos un requerimiento legal. En España, así como en otros muchos países, las páginas desarrolladas para las Administraciones públicas deben ser accesibles. Cada país define en su legislación qué características debe tener una página para considerarse accesible y en qué casos debe serlo. En el apartado 1.4 se trata la normativa aplicable.

9

- Si una página web no es accesible, deja fuera a muchos posibles usuarios o clientes, con el consiguiente coste económico. Según diversas estadísticas, el porcentaje de personas con algún tipo de discapacidad está en torno al dieciséis por ciento, pero esta cifra incluye discapacidades que no influyen a la hora de visitar una web. Si nos fijamos exclusivamente en dificultades visuales y auditivas, afectan aproximadamente al siete por ciento de los adultos, y la cifra crece hasta el veinte por ciento para los mayores de sesenta y cinco años.

  Pensando en el beneficio económico del propietario de la web, dejar fuera a esa cantidad de clientes es muy mala idea. Además, al ser personas con discapacidad, es lógico que tengan una tendencia mayor a hacer compras y gestiones por internet en lugar de desplazarse a una tienda física.

- Una página realizada con la accesibilidad como objetivo será más fácil de usar para todos los posibles visitantes.

- Para que una web sea accesible, su contenido debe estar organizado correctamente y hay que utilizar las etiquetas semánticamente apropiadas. Una página bien escrita siempre será más fácil de entender y mantener.

El desarrollo de páginas accesibles también presenta algunas particularidades:

- La excusa habitual para no preocuparse por los aspectos relativos a la accesibilidad web es el sobrecoste en el desarrollo en que se incide. Aunque adaptar una página ya creada para que sea accesible puede resultar laborioso, si desde del inicio del desarrollo se tiene la accesibilidad como objetivo, no representa una gran sobrecarga de trabajo. La atención a la accesibilidad se debe integrar en el proceso de desarrollo de la empresa u organización.

- El equipo de desarrollo tiene que estar formado adecuadamente. Muchos diseñadores web con experiencia no están al corriente de los temas de accesibilidad. Si una empresa u organización quiere desarrollar páginas web accesibles, deberá preocuparse de que los desarrolladores reciban la formación adecuada.

- También es necesario realizar pruebas con usuarios con discapacidad para poder estar seguros de que una web es accesible. Los desarrolladores pueden hacer pruebas usando tecnologías de asistencia, como los lectores de pantalla, pero es difícil ponerse en el lugar de una persona con problemas de accesibilidad si no se tienen sus mismas características.

- Si se trabaja con clientes de diversos países habrá que conocer la normativa aplicable en cada caso y estar al corriente de los posibles cambios.

1.3. Normativa y estándares sobre accesibilidad web

Hasta ahora, hemos definido la accesibilidad web en términos genéricos. Pero como hemos dicho, en algunos casos la accesibilidad es un requisito legal y por tanto debe quedar bien definido qué se espera de una página accesible. Hay una serie de leyes, normas y estándares que definen qué requisitos debe cumplir una web para poder considerarse accesible.

1.3.1. Organismos regulatorios de la accesibilidad web

La entidad más relevante en el desarrollo de estándares sobre accesibilidad es el W3C (World Wide Web Consortium). A través de la 'Iniciativa para una Web Accesible' (*Web Accesibility Initiative, WAI*) ha desarrollado las 'Pautas para un Contenido Web Accesible' (*Web Content Accessibility Guidelines, WCAG*). Desde 2023 la recomendación oficial es la versión 2.2. En lo que sigue nos referiremos a ellas por sus siglas en inglés, WCAG. Si no se especifica lo contrario, se trata de la versión 2.2.

El W3C no es un organismo regulador, pero sus recomendaciones son la base de la normativa sobre accesibilidad vigente en la Unión Europea, Estados Unicos y otros países.

En la Unión Europea, la norma más relevante es la directiva 2016/2102 del Parlamento Europeo y del Consejo, de 26 de octubre de 2016, sobre la accesibilidad de los sitios web y aplicaciones para dispositivos móviles de los organismos del sector público. Esta directiva ha sido transpuesta a la legislación española con el Real Decreto 1112/2018, de 7 de septiembre, sobre accesibilidad de los sitios web y aplicaciones para dispositivos móviles del sector público.

En la directiva se establece como referencia sobre accesibilidad la norma EN 301 549, desarrollada por ETSI, CEN y CENELEC. Estos tres organismos están reconocidos por la Unión Europea como Organizaciones Europeas de Estándares (European Standards Organizations). Su cometido es el desarrollo de estándares para para apoyar la regulación y las políticas europeas.

La norma EN 301 549 sigue la recomendación WCAG 2.1 del W3C.

1.3.2. Comparativa de normas y estándares

Son muchos los países que han aprobado legislación relativa a la accesibilidad web, entre ellos España. En general, estas leyes obligan a que las páginas de la Administración pública sean accesibles.

La sección 508 de ley de rehabilitación (*Rehabilitation Act*) de Estados Unidos es otra de las referencias habituales en temas de accesibilidad. Es normal referirse a ella simplemente como sección 508. No se aplica solo a las páginas web, también se ocupa de:

- Aplicaciones y sistemas operativos.

- Aplicaciones web para Internet e intranets.

- Productos de telecomunicaciones, como teléfonos.

- Vídeos y productos multimedia.

- Productos cerrados (en los que los usuarios no pueden usar sus tecnologías de asistencia, como un fax).

- Ordenadores de sobremesa y portátiles.

Es de obligado cumplimiento solo para webs de los organismos federales de Estados Unidos o webs que reciban fondos federales. Desde 2018 la sección 508 también toma como referencia las WCAG.

Además de las WCAG, que se ocupan del contenido web, el W3C ha desarrollado pautas para aplicaciones de Internet enriquecidas (RIA), herramientas de autor y agentes de usuario.

Pautas de accesibilidad para las herramientas de autor (*Authoring Tool Accessibility Guidelines, ATAG*). Las herramientas de autor son las aplicaciones que se usan para generar contenido web, por ejemplo:

- Gestores de contenido como Joomla o Moodle.

- Editores visuales que generan HTML, como Dreamweaver.

- Herramientas para convertir otros formatos, como un documento de texto a HTML. Entre estas, se pueden incluir los procesadores de texto, como Word o Libre Office, que permiten salvar un documento como HTML.

- Herramientas para crear contenido multimedia.

- Páginas que permiten a los usuarios generar contenido como blogs, foros o redes sociales.

Las pautas ATAG tienen dos partes:

- La parte A se ocupa de que las propias herramientas sean accesibles para que las personas con discapacidad puedan usarlas.

- La parte B se ocupa de que el contenido generado con estas herramientas sea accesible.

Pautas para la accesibilidad de los agentes de usuario (*UAAG, User Agent Accessibilty Guidelines*). Por agente de usuario se entiende cualquier programa que obtiene o muestra al usuario contenido web, como los navegadores web y sus *plugins* o adaptadores. Un agente de usuario accesible:

- Permite el acceso a todo el contenido.

- Permite que el usuario configure cómo se muestra el contenido.

- Permite al usuario controlar la interfaz.

- Implementa interfaces de programación estandarizadas para facilitar su uso con tecnologías de asistencia.

WAI-ARIA (*Accessible Rich Internet Applications*) es una recomendación del W3C que se centra en la accesibilidad de las páginas con contenido dinámico y controles de usuario avanzados desarrolladas con HTML, JavaScript y AJAX.

WAI-ARIA utiliza una serie de atributos que permiten identificar la funcionalidad de los elementos, su estado y las interacciones entre ellos. Por ejemplo, es posible designar una región como menú, contenido primario o lista. En el apartado 1. 4. 1 veremos dos de estos atributos.

Tabla 1.3. Guías sobre accesibilidad del W3C

Siglas	Nombre oficial	Descripción
WCAG	Web Content Accesibility Guidelines	Pautas para la accesibilidad del contenido web
ATAG	Authoring Tool Accesibility Guidelines	Herramientas y programas que se usan para crear páginas web y contenido para las mismas
UAAG	User Agent Accessibility Guidelines	Agentes de usuario: navegadores, *plugins*
WAI-ARIA	W3C's Accessible Rich Internet Applications	Contenido dinámico e interfaces avanzadas (JavaScript, Ajax)

1.4. Guías para el cumplimiento de normativas y estándares

Como se ha comentado, las pautas WCAG son la principal referencia para determinar si una página es accesible. De cualquier manera, la documentación oficial no es fácil de entender y es habitual que Administraciones públicas y asociaciones enfocadas en la accesibilidad publiquen guías más sencillas. Una de las más utilizadas es la lista de comprobación desarrollada por WebAIM, que veremos en el apartado 1.4.2.

1.4.1. Descripción de las pautas principales (imágenes, enlaces, vídeo, etcétera)

Cuando se desarrolla una web accesible es habitual que el cliente exija la adherencia a ciertas pautas, por ejemplo, WCAG 2.1. Aun así, no hay que perder de vista el significado general de la accesibilidad y centrarse solo en el cumplimiento de ciertas reglas.

En esta sección veremos cómo hacer accesibles los elementos más habituales de las páginas webs. Empezamos conociendo algunos principios básicos de accesibilidad y técnicas útiles para varios tipos de contenidos.

Alternativas de texto

Las alternativas de texto son un elemento básico para la accesibilidad. Todo el contenido no textual debe tener una alternativa de texto, que será la que usen los lectores de pantalla. El elemento debe quedar asociado con su descripción de manera que los lectores de pantalla (u otros programas) puedan determinar la asociación. En ocasiones esto se puede conseguir usando solo atributos y elementos HTML:

- El atributo *alt* del elemento <img> representa precisamente el texto alternativo de una imagen. Este atributo no se representa en la pantalla (salvo que no se pueda cargar la imagen correspondiente).

- El elemento <figcaption> se puede usar para añadir una explicación a cualquier imagen o gráfico. Este texto sí se muestra en pantalla, además de estar disponible para la tecnología de asistencia.

- El elemento <caption> añade un texto a la tabla. También se muestra en pantalla.

En otras ocasiones puede que no haya un atributo o elemento apropiado. Por ejemplo, en el caso de una transcripción de vídeo o audio. En este caso se puede añadir un vínculo a una página con el texto o relacionar el vídeo con alguna sección de la página con el atributo *described-by*, que se trata más adelante. También veremos cómo hacer que ciertos contenidos solo estén disponibles para los lectores de pantalla.

Uso del teclado

Hay usuarios que no pueden usar un ratón y acceden a la web usando solo el teclado. Hay que asegurar que toda la información y funcionalidad de la web esté disponible también para ellos. Estos usuarios tienen que poder navegar por la página e interactuar con ella sin limitaciones. Hay que prestar atención a varios factores:

- El usuario no debe poder llegar mediante el teclado a ninguna página o situación de la que no pueda salir mediante el teclado.

- Si en la página se usa algún efecto parecido a arrastrar y soltar (*drag-and-drop*), habrá que implementar también alguna alternativa que se puede usar desde el teclado.

Imágenes

El método básico para hacer una imagen accesible es usar el atributo *alt*, que además es obligatorio. Este texto solo se muestra en pantalla cuando la imagen no está disponible, pero los lectores de pantalla lo leen siempre.

```
<img src = 'tigre.jpg' alt = 'Fotografía de un tigre'>
```

Lo cierto es que hay ocasiones en que en realidad una imagen tiene una finalidad puramente decorativa y no tiene ningún contenido informativo. Por ejemplo, si se usa una imagen para un botón. En este caso hay dos opciones:

- Dejar el atributo *alt* vacío.

```
<img src = 'boton.jpg' alt = ''>
```

Cuando los lectores de pantalla encuentran una imagen así, la ignoran

- Usar la hoja de estilo. En lugar de poner la imagen directamente, se puede poner un <div> del tamaño deseado y poner una imagen de fondo con la imagen. Al no aparecer dentro del fichero HTML, el lector de pantalla no percibirá la imagen.

```
#boton { background-image: url( 'boton.jpg' ) }
```

En HTML5 hay nuevos elementos para asociar una imagen (u otro tipo de contenido) y un texto descriptivo. Se trata de <figure> y <figcaption>. El texto contenido en <figcaption> se muestra como pie de imagen en la página, pero no siempre tiene que ser una descripción de la misma. Además de mostrarse a todos los usuarios, el lector de pantalla también lo leerá, así que se puede usar en combinación con *alt*.

```
<figure>

    <img src = 'vistas.jpg' alt = 'Imagen del valle con el mar de fondo'>

    <figcaption>Vistas desde la habitación</figcaption>

</figure>
```

Ejemplo 1.2. Imagen con *alt* y *figcaption*.

Si se desea incluir una descripción más larga se puede usar el atributo ARIA *described-by*. Se puede ocultar esta descripción adicional para que solo esté disponible para los lectores de pantalla, como veremos más adelante.

Imágenes de CAPTCHA

Es muy habitual usar imágenes CAPTCHA para verificar que el usuario de la página es una persona real y no un programa. Para evitar que sean fáciles de descifrar, presentan una serie de letras deformadas y a veces con poco contraste con el fondo. Por su propia naturaleza, no tiene sentido ofrecer texto alternativo o una versión más accesible que facilite entender el texto. Sí existe la posibilidad de ofrecer un CAPTCHA de audio. Otra opción es hacer preguntas que sean difíciles de resolver para un programa, pero fáciles para cualquier persona. Estas preguntas se mostrarían en texto plano.

Enlaces

Los enlaces son una pieza fundamental en el HTML y por tanto hacerlos accesibles es prioritario. Hay una serie de pautas básicas que hay que tener siempre en cuenta:

• Hay que usar texto descriptivo en los vínculos.

   Los navegadores permiten saltar de vínculo en vínculo pulsando el tabulador. Si se pulsa *Enter*, se sigue el vínculo. Al navegar por una página de esta manera, los lectores de pantalla ignoran el contenido entre vínculos. Por otro lado, es habitual que los lectores de pantalla ofrezcan una lista de todos los vínculos presentes en la página. Así pues, es importante que el texto de los vínculos sea descriptivo sin necesidad de leer el contenido que lo rodea.

Por ejemplo, estos vínculos no son descriptivos:

```
Pulse aquí para leer las instrucciones de instalación.

Puede aprender a usar la aplicación aquí y aquí.
```

Ejemplo 1.3. Vínculos poco accesibles.

La siguiente alternativa es mucho más descriptiva:

```
Instrucciones de instalación de la aplicación.

También disponemos de tutoriales sobre uso de filtros
y conversión de formatos.
```

Ejemplo 1.4. Vínculos accesibles.

Especialmente inapropiado es usar una URL como texto del vínculo. Aunque la URL sea descriptiva, el lector de pantalla la leerá letra por letra, lo que seguramente no servirá de nada para el usuario.

- Avisar de los vínculos de descarga.

  Si el vínculo sirve para descargar un fichero, conviene indicarlo en el texto del propio vínculo. Si se usa un icono para indicar el tipo de contenido que se va a descargar (el icono de Word o de PDF), es importante explicarlo apropiadamente en el atributo *alt*. Los iconos añadidos automáticamente mediante CSS son ignorados por los lectores de pantalla y, por tanto, deben ser evitados.

```
<a href = 'fichero.zip' download>Descarga de ficheros
históricos</a>
```

- Vínculos que se abren en nueva ventana.

  Conviene evitar este tipo de vínculos para no liar al lector de pantalla. En el caso de que se considere necesario, es recomendable indicarlo en texto del vínculo.

```
<a href = 'personal.html' >¿Quienes somos? (se abre en ventana
nueva)</a>
```

- Vínculos para activar código JavaScript.

  Es habitual usar vínculos que no llevan a ninguna parte para llamar a una función JavaScript.

  ```
  <a href="#" onclick="mostrarDatos()">Datos</a>
  ```

  Seguir uno de estos vínculos puede ser desconcertante si el usuario no puede ver el efecto que ha causado en la página. En el apartado 1.6.3 se explica cómo hacer accesible la funcionalidad generada con JavaScript.

- Vínculos para saltar contenido.

  A veces resulta útil que ciertos elementos estén solo presentes para los usuarios que usan un lector de pantalla. Por ejemplo, para permitir que el usuario se salte una tabla que no le interesa o la barra de navegación. Las barras de navegación suelen repetirse en todas las páginas de un mismo sitio, pero es probable que un usuario con lector de pantalla no quiera oír la lista de vínculos cada vez que accede a una nueva página. Si se utilizan las propiedades CSS

  ```
  display: none;
  ```

  o

  ```
  visibility: hidden;
  ```

  los lectores de pantalla, lo ignorarán. Una opción válida es situar el elemento fuera de la pantalla; por ejemplo, con la siguiente regla de CSS, que afecta a los elementos de clase 'oculto'.

  ```
  .oculto{
          position: relative;
          left: -1000px;
  }
  ```

Ejemplo 1.5. Propiedades de estilo para ocultar un elemento.

A continuación, se utiliza este método para ocultar un vínculo que permite saltar una barra de navegación.

```
<!DOCTYPE html>
<html>
    <head>
        <title>Vínculo para saltar la barra de navegación</title>
        <link rel = 'stylesheet' href= 'vinculos_saltar_nav.css'></link>
        <meta charset='UTF-8'>
    </head>
    <body>
        <!--vínculo para saltar el menú de navegación-->
        <a class = 'oculto' href = '#contenido'>Saltar navegación</a>
        <!--menú de navegación-->
        <nav id = 'barraNav'>
            <a href='inicio.html'>Inicio</a>
            <a href='futbol.html'>Fútbol</a>
            <a href='baloncesto.html'>Baloncesto</a>
            <a href='f1.html'>Fórmula 1</a>
            <a href='moto.html'>Motociclismo</a>
            <a href='tenis.html'>Tenis</a>
            <a href='ccntacto.html'>Contacto</a>
        </nav>
        <!-- destino del vínculo-->
        <article id = 'contenido'></article>
    </body>
</html>
```

Ejemplo 1.6. Vínculo para saltar una tabla.

Vídeos

Los vídeos presentan problemas para las personas con dificultades visuales y auditivas. Para el segundo caso la solución es añadir subtítulos. Al añadir subtítulos a un vídeo, conviene tener en cuenta lo siguiente:

- Los subtítulos deben incluir no solo las voces, sino también información sobre ruidos relevantes para entender el vídeo.

- Según el color de la imagen puede ser buena idea incluir un fondo de color tras los subtítulos para que se lean bien.

- Hay que tener cuidado para que los subtítulos no tapen partes importantes del vídeo.

Si se trata de un vídeo largo, añadir los subtítulos puede ser una tarea tediosa, pero es sencilla. Solo hay que generar un fichero de texto con los subtítulos y el momento en que deben aparecer e incrustarlas en el vídeo con una herramienta apropiada. Hay varias herramientas gratuitas que permiten hacerlo; algunas de ellas *online*.

Para los usuarios con problemas de visión, hay que ofrecer una descripción o al menos un resumen del vídeo. Se puede hacer con el atributo ARIA *described-by* o incluyendo un enlace a un texto con la descripción.

Además de ocuparse de la accesibilidad del vídeo en sí, es importante utilizar un reproductor de vídeo accesible. Trataremos el tema en el apartado 1.4.5.

Audio

Si se incluye algún audio en una página web hay que asegurarse de incluir también una transcripción del mismo para los usuarios con problemas auditivos. Lo más sencillo es incluir un vínculo a la misma junto a los controles del audio (si los hay). Se puede ocultar el vínculo para que no aparezca en pantalla, pero los lectores de pantalla sí lo lean, como vimos al principio de la sección.

También se pueden utilizar sonidos para indicar alguna condición en la página, por ejemplo:

- Un dato mal introducido en un formulario.
- Indicar que el tiempo para acabar algún procedimiento se acaba. Un caso típico es realizar una reserva de vuelo u hotel, que suelen tener un tiempo determinado para realizarse, o un aviso de cierre de sesión por inactividad en la página de un banco.

En estos casos, hay que añadir también la información de forma visual, ya sea con una alerta o con un icono o mensaje dentro de la página.

Tablas

Una tabla, si está bien diseñada, es fácil de interpretar a simple vista. Pero para una persona que no ve y dispone de un lector de pantalla puede ser bastante difícil seguir toda la información de la tabla, sobre todo si es grande. Un elemento que no debe faltar es *<caption>* para describir la tabla. También es recomendable utilizar los elementos *<thead>*, *<tbody>* y *<tfoot>* para agrupar las filas de encabezado, cuerpo y pie de la tabla, respectivamente.

Como las tablas pueden contener mucha información, puede ser molesto tener que esperar a que el lector de pantalla las lea enteras; sobre todo, si el usuario no está interesado en ellas. Conviene poner un vínculo que permita saltarlas.

Veamos un ejemplo sencillo de una tabla con dos filas y dos columnas:

```
<table>
    <caption>Tabla de películas y directores</caption>
    <thead>
        <tr>
            <th>Película</th>
            <th>Director</th>
        </tr>
    </thead>
    <tbody>
        <tr>
            <td>Los otros</td>
            <td>Alejandro Amenábar</td>
        </tr>
        <tr>
            <td>Los pájaros</td>
            <td>Alfred Hitchcock</td>
        </tr>
    </tbody>
</table>
```

Ejemplo 1.7. Tabla con *caption*.

La tabla se leerá así:

«Tabla de películas y directores. *Tabla con dos columnas y tres filas*. Películas. Director. Los otros. Alejandro Amenábar. Los pájaros. Alfred Hitchcock».

Tabla de películas y directores

Película	Director
Los otros	Alejandro Amenábar
Los pájaros	Alfred Hitchcock

Ilustración 1.3. Tabla con *caption*.

Al tratarse de una tabla pequeña, es posible oírla y entenderla, pero s tuviera más filas y columnas, puede resultar bastante difícil de seguir.

La primera opción para mejorar la accesibilidad de las tablas es usar los atributos *id* y *headers*. Se asigna un atributo *id* a cada una de las celdas de cabecera de la tabla. Para las celdas que no son parte de la cabecera se usa el atributo *headers*, que debe contener uno o más de los *id* que se han usado en las cabecera. De esta manera, quedan asociadas cabeceras y celdas. La tabla anterior quedaría así.

```
<table>
        <caption>Tabla de películas y directores</caption>
        <tr>
                <th id = "peli">Película</th>
                <th id = "dir">Director</th>
        </tr>
        <tr>
                <td headers = "peli">Los otros</td>
                <td headers = "dir">Alejandro Amenábar</td>
        </tr>
        <tr>
                <td  headers = "peli">Los pájaros</td>
                <td headers = "dir">Alfred Hitchcock</td>
        </tr>
</table>
```

Ejemplo 1.8. Atributo *headers*.

A la hora de elegir los *id*:

• Cada columna debe tener un *id* diferente.

• Es recomendable, aunque no necesario, usar un *id* que represente el contenido de la columna.

Ahora, el lector de pantalla incluirá el nombre de la columna antes de leer cada celda. El resultado será:

«Tabla de películas y directores. *Tabla con dos columnas y tres filas*. Películas. Director. Película. Los otros. Director. Alejandro Amenábar. Película. Los pájaros. Director. Alfred Hitchcock».

Otra opción bastante parecida es usar el atributo *scope*. En HTML5 no se puede usar con los elementos *td*, solo con los *th*. Este método es más sencillo y hay que escribir menos, pero no es tan versátil como el anterior.

```
<table>
        <caption>Tabla de películas y directores</caption>
        <tr >
                <th scope = "col">Película</th>
                <th scope = "col">Director</th>
```

```
        </tr>
        <tr>
                <td >Los otros</td>
                <td >Alejandro Amenábar</td>
        </tr>
        <tr>
                <td >Los pájaros</td>
                <td >Alfred Hitchcock</td>
        </tr>
</table>
```

Ejemplo 1.9. Atributo *scope*.

Esta tabla se leerá igual que la anterior:

«Tabla de películas y directores. *Tabla con dos columnas y tres filas*. Películas. Director. Película. Los otros. Director. Alejandro Amenábar. Película. Los pájaros. Director. Alfred Hitchcock».

Organización de la página y etiquetas semánticas

Una página semánticamente correcta es más fácil de interpretar para la tecnología de asistencia. En este sentido es importante:

- Crear una jerarquía de encabezados consistente utilizando los elementos *h1* a *h6*.

- Utilizar las etiquetas semánticas de HTML5 para organizar las secciones de la página *nav*, *header*, *section*... en lugar de *div*, que no dice nada respecto del tipo de información que contiene.

- Escribir la página de manera que se pueda leer correctamente si se prescinde de las hojas de estilo.

Atributos *labelled-by* y *described-by* (WAI-ARIA)

Estos atributos sirven para asociar una etiqueta o una descripción a un elemento. Son bastante parecidos. La etiqueta describe brevemente el elemento, mientras que la descripción aporta nformación adicional.

El atributo *labelled-by* se usa para etiquetar un elemento. Por ejemplo, un *widget*, un grupo de elementos o una región de la página. Contiene los *id* de los elementos que hacen de etiqueta. Si un usuario de lector de pantalla llega al elemento por medio del teclado, leerá las etiquetas asociadas. Es habitual usarlo para campos y botones en formularios.

```
<form>
    <div id = 'etiquetaCampo'>
        Dirección alternativa
    </div>
    <input type = text  labelled-by='etiquetaCampo'>
</form>
```

Ejemplo 1.10. Atributo *ARIA labelled-by*.

El atributo *described-by* se usa para asociar una descripción de texto a un elemento. El valor del atributo debe ser el *id* del elemento que contiene el texto. Como con *labelled-by*, puede haber más de un *id*.

```
<form>
    <input type = 'button' value = 'Cancelar' described-by='descBoton'>
    <div id = 'descBoton'>
      Este botón cancela el proceso, toda la información introducida se perderá
    </div>
</form>
```

Ejemplo 1.11. Atributo *ARIA described-by*.

Límites de tiempo

Algunos procesos tienen un límite de tiempo para poder llevarlos a cabo. Por ejemplo, al reservar un vuelo, hay un tiempo máximo transcurrido el cual el proceso de reserva se anula y hay que volver al principio. Esto es así porque la plaza queda reservada cuando el usuario la selecciona, dejando de estar disponible para otros. Si el proceso de compra no se realiza en cierto periodo de tiempo, la plaza queda libre y vuelve a estar disponible.

Para algunos usuarios, esto puede ser un problema. Ya sea por problemas de movilidad o por necesitar más tiempo para leer o entender el contenido, pueden no ser capaces de completar la tarea de manera suficientemente rápida.

A la hora de establecer un límite de tiempo, hay que tener en cuenta lo siguiente:

- Solo hay que establecerlo si es realmente necesario. Si se establece, hay que hacer que sea lo más amplio que el procedimiento permita.

- Conviene avisar al usuario del límite antes de comenzar el proceso.

- Avisar al usuario cuando el tiempo empiece a acabarse.

- Si es posible, hay que dar a los usuarios que lo necesiten la posibilidad de ampliar el plazo.

1.4.2. Pautas para una navegación accesible

Según las pautas WCAG, para ser accesible el contenido web debe ser:

- Perceptible.
- Operable.
- Comprensible.
- Robusto.

A partir de estos cuatro principios se definen las pautas para la creación de contenido accesible. Para cada pauta se establece una serie de criterios de éxito. Además, para cada criterio se incluye una serie de técnicas para cumplirlo. Cada criterio lleva asociado un nivel A, AA o AAA.

A continuación, se muestra (parte de) la lista de comprobación desarrollada por WebAIM para las WCAG.

Principio 1. Perceptible

1. Proporcionar alternativas de texto para todo contenido no textual.
2. Proporcionar subtítulos, transcripciones y descripciones en audio y vídeo.
3. Crear contenido que se pueda presentar de diferentes maneras (por ejemplo, una maquetación más sencilla) sin perder información o estructura.
4. Facilitar a los usuarios ver y oír el contenido, incluyendo separar el primer plano del fondo.

Principio 2. Operable

1. Hacer que toda la funcionalidad esté disponible mediante teclado.
2. Proporcionar a los usuarios suficiente tiempo para leer y usar el contenido.
3. No diseñar contenido de manera que pueda provocar convulsiones.
4. Proporcionar maneras de ayudar a los usuarios a navegar, encontrar contenido y determinar dónde están.
5. Facilitar que los usuarios puedan utilizar la página con diferentes dispositivos de entrada.

Principio 3. Comprensible

1. Hacer el contenido textual legible y entendible.
2. Hacer que las páginas web funcionen de manera predecible.
3. Ayudar a los usuarios a evitar y corregir errores.

Principio 4. Robusto

1. Maximizar la compatibilidad con los agentes de usuario actuales y futuros, incluyendo las tecnologías de asistencia.

1.5. Descripción del proceso de conformidad en accesibilidad web

El proceso de conformidad consiste en evaluar si se cumplen los requisitos de accesibilidad deseados, por ejemplo, las pautas WCAG 2.2. No se aplica solo a HTML y CSS, sino a todo el contenido de la web que se esté evaluando: vídeos, animaciones o documentos de texto. Hay herramientas que pueden ayudar en el proceso, como veremos en el apartado 1.7, pero algunos criterios deben ser evaluados por una persona con conocimientos en la materia.

Hay tres niveles de conformidad para las pautas WCAG:

- Nivel A: si una página cumple todos los criterios de nivel A o se proporciona una versión alternativa que los cumpla. Este es el nivel mínimo de conformidad.

- Nivel AA: si se cumplen todos los criterios de nivel A y AA o se proporciona una versión alternativa que los cumpla.

- Nivel AAA: si se cumplen todos los criterios de nivel A, AA y AAA o se proporciona una versión alternativa que los cumpla.

La conformidad se refiere a páginas completas; no puede aplicarse si solo una parte de la página cumple los criterios. Además, si una página forma parte de una serie de páginas que se utilizan para completar un proceso, todas las páginas involucradas en este deben cumplir el nivel de conformidad declarado.

El W3C proporciona tres logos para indicar el nivel de conformidad. Es habitual verlos en las páginas accesibles. El código HTML necesario para usarlos se puede descargar de la página del W3C e incluye un vínculo a una descripción detallada de lo que significan. Para el nivel A hay que incluir este código:

```
<a href="https://www.w3.org/WAI/WCAG2A-Conformance"
    title="Explanation of WCAG 2 Level A conformance"
    <img height="32" width="88"
      src="https://www.w3.org/WAI/WCAG22/wcag2.2A"
      alt="Level A conformance, W3C WAI Web Content Accessibility
        Guidelines 2.2">
</a>
```

Ejemplo 1.12. Código para incluir el logo de conformidad nivel A con las WCAG 2.2.

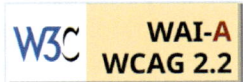 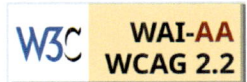 

Ilustración 1.4 Logos de conformidad con las WCAG 2.2.

1.6. Tecnologías donde la accesibilidad es aplicable

En las páginas web se usan varias tecnologías y lenguajes. Las tres básicas son HTML, CSS y JavaScript, pero no es raro introducir animaciones, documentos en XML y PDF, y una variedad de formatos multimedia. Hay que preocuparse de la accesibilidad de todo el contenido web.

1.6.1. (X)HTML

Como lenguaje básico de la web, el HTML (y el XHTML), una gran parte de las cuestiones de accesibilidad están relacionadas con él. Como vimos en el apartado 1.4, el código HTML debe ser semánticamente correcto, estar bien jerarquizado y aparecer en el mismo orden en que debe ser mostrado.

1.6.2. CSS

Las hojas de estilo CSS permiten separar la información de la forma en que se presenta. Se utilizan para maquetar la página y para dar formato a los elementos de la misma. Algunas propiedades de estilo relacionadas con la accesibilidad son:

- El color del texto y el fondo de las diversas secciones. El cumplimiento de los criterios de accesibilidad relativos al contraste dependen, salvo para las imágenes, de las hojas de estilo.

- El tipo de fuente utilizado.

- El tamaño de la fuente, de los elementos HTML y de las secciones en las que se divide la página. Conviene utilizar unidades de medida relativas, como los porcentajes y *em*. Ayudará a los usuarios que necesiten agrandar la fuente para poder leer.

- Un uso habitual de CSS es para ocultar contenido de manera que no se vea en pantalla, pero sí esté disponible para los lectores de pantalla. Hemos visto un ejemplo en el apartado 1.4.1.

Hay una serie de malas prácticas con las hojas de estilo que pueden causar problemas de accesibilidad y por tanto deben ser evitadas:

- Con las hojas de estilo es posible situar los elementos donde se desee con independencia del orden en el que aparezcan en el HTML. Los lectores de pantalla leerán el contenido en el orden en que lo encuentren, así que la página se debe poder leer bien sin la hoja de estilo.

- Utilizar la propiedad de imagen de fondo (*background-image*) para incluir imágenes. Los lectores de pantalla ignorarán una imagen incluida de esta manera. Solo es apropiado si la imagen es puramente decorativa. Si es parte del contenido, debería utilizarse la etiqueta *img* para que los lectores de pantalla la tengan en cuenta.

- La propiedad *content* permite crear contenido mediante la hoja de estilo. Igual que en el caso anterior, solo debe hacerse si el contenido generado es decorativo. Si es importante para el significado de la página, debe aparecer en el HTML.

- No se debe usar la hoja de estilo para sustituir las etiquetas HTML apropiadas. Por ejemplo, en lugar de usar las etiquetas *h1*, …, *h6* para marcar los encabezados de la página sería posible, pero incorrecto, utilizar párrafos y modificar su tamaño mediante la hoja de estilo. Por supuesto, si el aspecto por defecto de los encabezados no es el deseado, se puede modificar su estilo.

El texto

El texto es el elemento básico de la mayoría de las páginas web. Hay que usar una fuente apropiada y fácil de leer en pantalla y además escoger las combinaciones de colores adecuadas. También hay que asegurarse de que los usuarios que lo necesiten puedan ampliar el texto sin que este salga de la pantalla o se solape con otros elementos. Esto último es posible conseguirlo usando unidades relativas para el texto y las secciones de la página en la hoja de estilo.

Un grupo de usuarios especialmente sensible al formato del texto de una página son los disléxicos. Se han realizado múltiples estudios sobre sus preferencias al leer una página y se han identificado las siguientes:

- Las personas disléxicas encuentran algunas fuentes más fáciles de leer que otras. Prefieren las tipografías sin remate (*sans-serif*) y monoespaciadas, es decir, en las que todas letras ocupan la misma anchura. Entre las mejor valoradas están Arial, Comic Sans, Century Gothic y Verdana. También se han creado varias fuentes específicas, algunas de ellas de código abierto como OpenDislexic.

- Prefieren el texto no justificado. Al justificar el texto se modifica el espacio entre letras y palabras, lo que dificulta la lectura.

- El contraste entre color del fondo y el texto también puede causar problemas. El texto negro contra fondo claro, pero no blanco, es la mejor combinación.

- La fuente debería tener al menos un tamaño de 12 pt.

Colores y contraste

Como se comentó en el apartado 1.1, las personas daltónicas no pueden cistin-
guir bien los colores. El caso más habitual es la dificultad para distinguir entre
rojo y verde, pero en menor medida también hay personas que tienen problemas con otros colores. Una pequeña parte de los daltónicos no puede distinguir
ningún color y ve en blanco y negro.

Para evitar problemas a estos usuarios, hay que asegurarse de que el color no
es la única manera de transmitir determinada información. Un ejemplo habitual es un gráfico de tarta. Cada «trozo» de la tarta tiene un color diferente, y
se añade una clave que relaciona los colores con lo que representan. Para alguien con problemas para distinguir colores este tipo de gráfico puede resultar inservible.

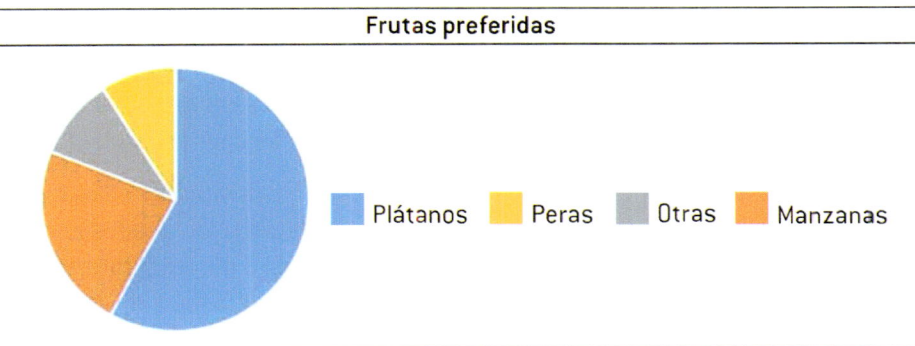

Ilustración 1.5. Gráfico de tarta no accesible.

Una solución sería añadir a cada color una textura como puntos o rayas en diferentes direcciones o poner etiquetas adicionales, como se puede observar
en el siguiente ejemplo:

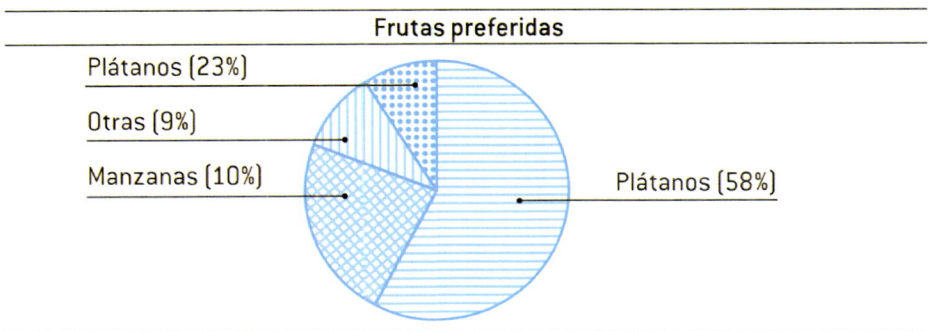

Ilustración 1.6. Gráfico de tarta accesible.

Otro aspecto a tener en cuenta es el contraste entre el color del texto y el del fondo. Esto también se aplica a los colores de las imágenes. Si se usa una combinación con poco contraste, algunos usuarios tendrán dificultad para distinguir el contenido.

Fotosensibilidad

Hay que evitar los vídeos y animaciones con cambios de intensidad intermitentes o parpadeantes, como cambios rápidos y repetidos de un color brillante a uno oscuro. Pueden causar dolores de cabeza o ataques epilépticos a algunos usuarios. En el apartado 1.7 veremos una herramienta para valorar si un vídeo presenta estos riesgos.

1.6.3. JavaScript

La tercera tecnología básica en el desarrollo web es JavaScript. Actualmente se usa intensivamente en gran cantidad de páginas. JavaScript puede ayudar a mejorar la accesibilidad de una página (por ejemplo, para avisar de que el tiempo de sesión está a punto a acabar), pero también puede causar problemas.

Una posible fuente de problemas son los eventos. En JavaScript es habitual asociar funciones a eventos, algunos de los cuales están relacionados con acciones de usuario, como pulsar el botón de un formulario o mover el ratón sobre cierto elemento de la página. Hay eventos que están asociados a un dispositivo, como *onmouseover* al ratón y *onkeydown* al teclado, lo que será un problema para los usuarios que no usen ratón o teclado, respectivamente. Conviene usar en su lugar eventos que no necesiten ningún dispositivo concreto, como *onfocus* y *onblur*. El evento *onclick*, aunque en principio está relacionado con el ratón, se produce también cuando se pulsa el botón de *Enter* si el elemento asociado tiene el foco.

También es habitual usar JavaScript para conseguir efectos avanzados, entre ellos:

- Arrastrar y soltar. Lógicamente un usuario sin ratón, o que no pueda usarlo con mucha precisión, no podrá arrastrar elementos por la página. Habrá que preocuparse de ofrecer otra forma de llevar a cabo las tareas.

- Actualizar automáticamente algunas secciones de la página usando AJAX. Mediante JavaScript es posible realizar operaciones periódicamente y actualizar una sección de la página con el resultado de las mismas. El contenido cambiante puede causar problemas a los lectores de pantalla y otras tecnologías de asistencia y también a usuarios con problemas para concentrarse o entender la página.

- Mover, ocultar y mostrar elementos y en general alterar sus propiedades de estilo.

El W3C ha publicado una serie de pautas específicas para las interfaces avanzadas con JavaScript y AJAX bajo la denominación WAI-ARIA.

1.6.4. Flash

Flash era una plataforma para vídeo, animaciones y aplicaciones muy extendida hasta la aparición de HTML 5. Adobe dejó de desarrollarlo definitivamente en 2020. En la actualidad, se puede decir que el sucesor de Flash es Adobe AIR, una plataforma para el desarrollo de aplicaciones de escritorio y móviles utilizando ActionScript, Adobe Animate y Adobe Flex.

ActionScript es un lenguaje de programación orientado a objetos. Es una implementación de ECMAScript, como JavaScript. De hecho, ActionScript es un superconjunto de JavaScript. Incorpora una serie de elementos para hacer aplicaciones accesibles:

- Es compatible con el lector de pantalla JAWS.
- Permite crear botones, menús y otros controles de usuario accesibles. Es posible añadir información específica para lectores de pantalla para todos los elementos de la interfaz.
- Posibilidad de especificar un orden de lectura para los lectores de pantalla.
- Manejo mediante teclado.

1.6.5. PDF

En muchas páginas web se muestra la información en formato PDF. Por ejemplo, la carta de un restaurante, un catálogo o un manual de instrucciones. Hay que ocuparse de que el contenido del PDF sea también accesible. Una buena práctica es ofrecer una versión HTML accesible del documento, pero también es posible crear documentos PDF accesibles.

El estándar ISO 14289 define cómo representar documentos electrónicos en formato PDF de manera que el fichero sea accesible. Es habitual referirse a este estándar como PDF/UA (*Universal Accesibility*, Accesibilidad Universal).

Las pautas generales para que un PDF sea accesible son, a grandes rasgos, las mismas que para una página web:

- Organizar correctamente el documento mediante etiquetas de encabezado.

- Ofrecer alternativas de texto para los elementos no textuales.

- Indicar el idioma y el título del documento.

- Permitir la navegación por el documento y la introducción de datos en los formularios mediante teclado.

- No usar colores como única manera de transmitir una información.

Para crear estos PDF accesibles, una opción es utilizar Adobe Acrobat Pro. Este programa, de pago, permite añadir encabezados, textos alternativos para imágenes y establecer el orden del tabulador en los formularios, entre otras cosas. En las últimas versiones incluye una herramienta basada en inteligencia artificial para detectar y solucionar problemas de accesibilidad.

También es posible utilizar algunos procesadores de texto habituales, como LibreOffice Word, que tienen opciones de accesibilidad al guardar un fichero como PDF. El documento original tiene que tener la información necesaria, como textos alternativos para las imágenes y estilos apropiados para los encabezados.

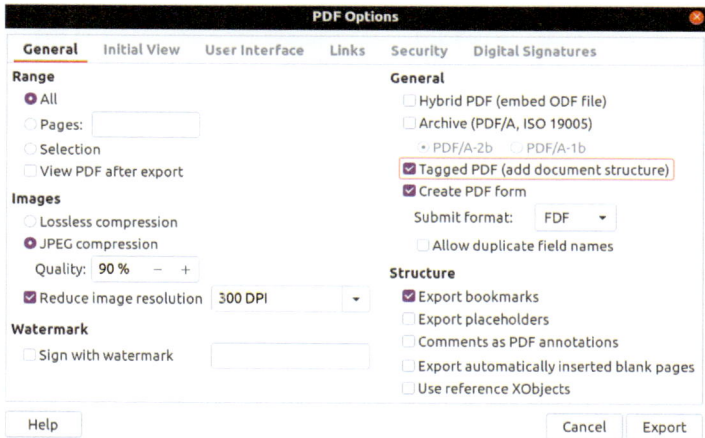

Ilustración 1.7. Cuadro de diálogo con opciones para exportar como PDF en Libre Office.

1.6.6. XML/XSL

El XML (*eXtensible Markup Language*, lenguaje de marcado extensible) es un lenguaje de marcado general o metalenguaje. Es decir, permite definir las reglas para lenguajes de marcas. Es un estándar del W3C ampliamente utilizado para almacenar y transmitir información.

Es un formato de texto fácil de entender para una persona. El siguiente ejemplo es un fichero XML sencillo con información sobre coches.

```
<?xml version="1.0" encoding="UTF-8"?>
<coches>
  <coche categoria="berlina">
    <marca>BMW</marca>
    <modelo>500</modelo>
    <cilindrada>2000</cilindrada>
    <plazas>5</plazas>
  </coche>
  <coche categoria="utilitario">
    <marca>Nissan</marca>
    <modelo>Micra</modelo>
    <cilindrada>900</cilindrada>
    <plazas>4</plazas>
  </coche>
</coches>
```

Ejemplo 1.13. Fichero XML con información sobre coches.

Tomando como base el XML se crean lenguajes para usos específicos, también llamados aplicaciones. Hay decenas de lenguajes y formatos basados en XML, algunos definidos por el W3C.

SVG (*Scalable Vector Graphics,* gráficos vectoriales escalables)

SVG es un lenguaje de marcas basado en XML para gráficos vectoriales. A partir de HTML5 se puede integrar sin problemas en cualquier página web. Es un estándar del W3C.

La característica principal de los gráficos vectoriales es que describen la imagen a partir de las formas que la componen, no como un conjunto de píxeles. Por ejemplo, para una elipse se indican su centro, sus radios y el color de relleno.

Esto hace posible que la imagen se pueda ampliar sin pérdida de definición, una característica muy deseable desde el punto de la accesibilidad, ya que beneficia a los usuarios que necesiten ampliar la pantalla.

Dentro de una imagen SVG se pueden utilizar los elementos *title* y *desc* para darle un título y descripción apropiados.

```
<svg version="1.1" width="600" height="250">
      <title>Elipse</title>
      <desc>Elipse azul con bordes amarrillos</desc>
      <ellipse cx="200" cy="80" rx="100" ry="50"
      style="fill:blue;stroke:yellow;stroke-width:3" />
</svg>
```

Ejemplo 1.14. Fragmento de SVG accesible.

RSS (*Really Simple Syndication,* sindicación realmente simple)

RSS es un lenguaje muy extendido para la sindicación de contenidos en medios de comunicación y organismos públicos.

Por ejemplo, el Boletín Oficial del Estado se publica en este formato. Accediendo a https://www.boe.es/rss/boe.php se puede ver el sumario del último boletín publicado.

```
-<rss version="2.0">
 -<channel>
    <title>BOE - Boletín Oficial del Estado</title>
    <link>http://www.boe.es/diario_boe/</link>
  -<description>
    Leyes, disposiciones, actos, textos legales y anuncios publicados en la edición de hoy
   </description>
    <language>es-es</language>
    <pubDate>Thu, 29 Feb 2024 00:00:00 +0100</pubDate>
    <lastBuildDate>Thu, 29 Feb 2024 00:00:00 +0100</lastBuildDate>
    <webMaster>webmaster@boe.es</webMaster>
  -<item>
    <title>Sumario</title>
    <link>http://www.boe.es/boe/dias/2024/02/29/</link>
   -<description>
    Sumario del diario núm. 53, correspondiente al jueves 29 de febrero de 2024. - Referencia: BOE-S-2024-53 - KBytes: 362
   </description>
    <category>Sumario</category>
    <guid isPermaLink="true">http://www.boe.es/boe/dias/2024/02/29/</guid>
    <pubDate>Thu, 29 Feb 2024 00:00:00 +0100</pubDate>
   </item>
```

Ilustración 1.8. Canal RSS del BOE.

XSL (*eXtensible Stylesheet Language, lenguaje de hojas de estilo extensible*)

El XSL es un estándar del W3C formado por tres lenguajes: XSLT (*XSL Transformations,* transformaciones XSL), XSL-FO (XSL-*Formatting Objects*) y Xpath.

XSL-FO se utiliza para dar formato a ficheros XML. Lo más habitual es usarlo para generar ficheros PDF. Xpath se utiliza para seleccionar elementos dentro de un fichero XML.

XSLT permite transformar ficheros XML, ya sea en otros ficheros XML o en otros formatos, como HTML. Un caso de uso típico es generar una tabla HTML a partir de un fichero RSS para integrarla en una página web.

El siguiente ejemplo contiene una transformación para generar una tabla HTML a partir del fichero XML con la información sobre coches del ejemplo 1.13:

```
<table>
        <tr>
            <th>Marca</th>
            <th>Modelo</th>
            <th>Tipo</th>
```

```
      </tr>
      <xsl:for-each select="coches/coche">
        <tr>
          <td>  <xsl:value-of select="marca"/>  </td>
          <td>  <xsl:value-of select="modelo"/>  </td>
          <td>  <xsl:value-of select="cilindrada"/>  </td>
        </tr>
      </xsl:for-each>
    </table>
```

Ejemplo 1.15. Transformación XSL para el fichero de coches.

El resultado de la transformación será la siguiente tabla de HTML:

```
    <table>
      <tr>
        <th>Marca</th>
        <th>Modelo</th>
        <th>Tipo</th>
      </tr>
      <tr>
        <td>BMW</td>
        <td>500</td>
        <td>2000</td>
      </tr>
      <tr>
        <td>Nissan</td>
        <td>Micra</td>
        <td>900</td>
      </tr>
    </table>
```

Ejemplo 1.16. Resultado de aplicar la transformación del
ejemplo 1.15 en el fichero del ejemplo 1.13.

Como se puede observar, se genera una tabla HTML que contiene una fila por cada elemento coche del fichero XML. Hay que asegurarse de que el contenido generado a partir de ficheros XML también cumpla las pautas de accesibilidad.

1.6.7. Reproducción multimedia

Los reproductores que incluyen los navegadores más extendidos están lejos de poder ser considerados accesibles. Afortunadamente, hay varios proyectos gratuitos de reproductor accesible que podemos incluir en cualquier página. Los más destacados son:

- Video.js.

- Accessible HTML5 Video Player, desarrollado por PayPal.

- Able Player.

Algunas de las características que debe cumplir un reproductor para ser considerado accesible son:

- Los controles del reproductor deben poder manejarse desde el teclado y con la voz.

- Permitir a los lectores de pantalla acceder a los controles, al volumen y al tiempo de reproducción.

- Funcionan correctamente cuando se amplía (*zoom*) la página.

- El indicador de foco debe estar siempre visible.

- Tienen etiquetas claras y suficiente contraste entre las fuentes, los controles y el fondo.

Otras funcionalidades habituales son:

- Posibilidad de añadir subtítulos y descripciones de audio y de configurar su aspecto (fuente, tamaño, color o posición).

- Permitir que los lectores de pantalla y líneas braille accedan a los subtítulos.

- Cambiar la velocidad de reproducción.

- Desplazamientos por el fichero en función del tamaño del mismo. Por ejemplo, avanzar el cinco por ciento de la duración de un vídeo pulsando la tecla apropiada.

1.6.8. Otras tecnologías

En ocasiones, las páginas web incluyen documentos ofimáticos como documentos de texto, presentaciones y hojas de cálculo. Si no es posible o conveniente ofrecer una alternativa accesible en HTML, hay que ocuparse de que los documentos sean accesibles.

Hay que tener en cuenta los mismos elementos (encabezados, texto alternativo, contraste…) que se han comentado en el apartado sobre documentos PDF. De hecho, una opción es guardar este tipo de contenido en un PDF accesible.

Las herramientas ofimáticas más extendidas, como Office y LibreOffice, permiten organizar el documento con encabezados e introducir texto alternativo para las imágenes, entre otras características de accesibilidad.

Microsoft Office incluye una herramienta para comprobar la accesibilidad, que se puede aplicar a documentos de Word, presentaciones de PowerPoint y hojas de cálculo de Excel. Busca problemas de accesibilidad y sugiere cómo solucionarlos. Por ejemplo, si se aplica a un documento de Word con una imagen sin descripción, se obtiene este resultado.

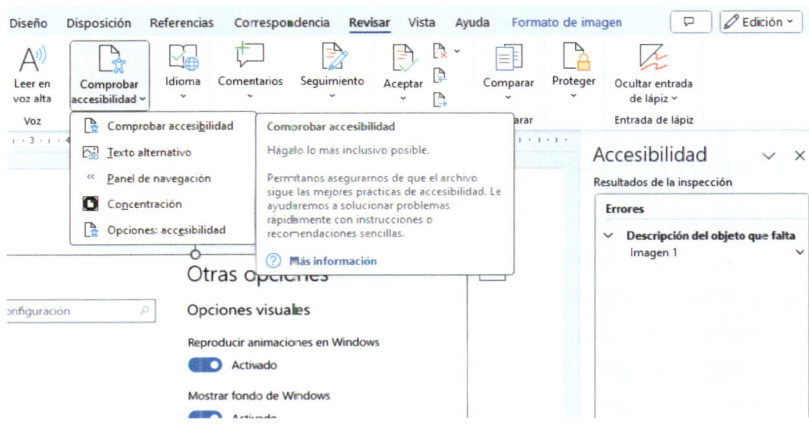

Ilustración 1.9. Comprobación de accesibilidad en Office.

En el panel lateral, hay una lista con los errores. En este caso, avisa de que hay una imagen sin descripción. Al acceder al detalle de un error, ofrece soluciones, como introducir una descripción o marcar la imagen como decorativa, lo que hará que los lectores de pantalla no la tengan en cuenta.

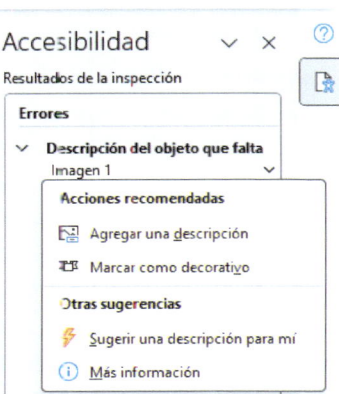

Ilustración 1.10. Opciones para resolver los problemas de accesibilidad.

1.7. Herramientas para la validación de la accesibilidad

Hay programas y servicios web que ayudan a comprobar si una página se puede considerar o no accesible. Las más habituales permiten desactivar la hoja de estilo, generar una versión solo texto de la página, comprobar el contraste de colores y también verificar si se cumplen las pautas WCAG.

La validación de las pautas WCAG no puede basar solo en estas herramientas, porque algunas no se pueden comprobar de manera automática y es necesario que un humano valore si cierto criterio se cumple o no. Por ejemplo, valorar qué imágenes no necesitan un texto alternativo por ser puramente decorativas.

Además, cada herramienta de validación tiene sus puntos fuertes y sus debilidades, así que se recomienda usar varias y comparar sus resultados.

1.7.1. Basadas en navegador

Herramientas WAVE (http://wave.webaim.org/toolbar/). Es una extensión para navegador creada por la organización WebAIM disponible para Firefox, Chrome y Edge. Agrupa varias herramientas útiles en un panel lateral del navegador, por lo que es bastante cómoda de usar mientras se desarrolla. Hay herramientas para señalar problemas de accesibilidad, generar un resumen o una versión de solo texto de la página y deshabilitar las hojas estilo. Una vez instalada, se puede activar para la página web que se esté visualizando haciendo clic con el botón derecho del ratón y seleccionando el elemento *WAVE this page*.

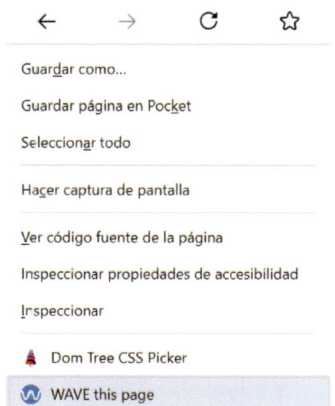

Ilustración 1.11. Activación de las herramientas WAVE.

Para probar las herramientas de la barra, usaremos un ejemplo. La siguiente página podría ser un principio de resumen de los problemas habituales de accesibilidad.

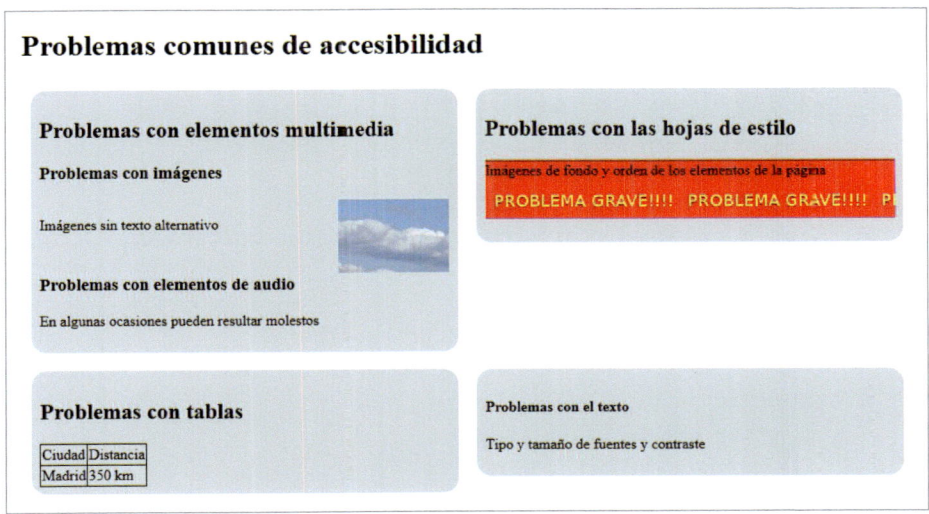

Ilustración 1.12. Página de ejemplo para probar las herramientas de la barra WAVE.

La página presenta algunos problemas de accesibilidad:

- No tiene título.

- La imagen de la sección superior izquierda no tiene texto alternativo.

- La tabla no tiene elementos *th*, *caption*, *tbody*, *tfoot* ni *theader*.

- En la sección superior derecha se ha usado una imagen de fondo con el texto 'PROBLEMA GRAVE!! !' y fondo rojo. Ni el texto ni el color estarán disponibles para los que no puedan ver la imagen. Además, la imagen se ha introducido mediante CSS, así que no aparece en el HTML ni hay posibilidad de usar un texto alternativo.

- El encabezado de la sección inferior izquierda es más pequeño que los del resto porque está mal elegido. Está marcado como h4 en lugar de h2, que es lo que le correspondería.

Para crear esta página, se ha usado el siguiente código HTML:

```
<html>
    <head>
        <meta charset='UTF-8'>
        <link rel= 'stylesheet' href = 'ejFangs.css'>
    </head>
    <body>
        <h1>Problemas comunes de accesibilidad</h1>
```

```
    <section id = 'multimedia' class= 'izquierda'>
    <h2>Problemas con elementos multimedia</h2>
    <h3>Problemas con imágenes</h3>
      <p class= 'izquierda'> Imágenes sin texto alternativo </p>
      <img src='nube.jpg' class= 'derecha'>
      <h3>Problemas con elementos de audio</h3>
      <p> En algunas ocasiones pueden resultar molestos</p>
    </section>
    <section  class= 'derecha'>
      <h2>Problemas con las hojas de estilo</h2>
      <p id = 'estilo'>Imágenes de fondo y orden de los elementos de la página</p>
    </section>
    <section class= 'izquierda'>
      <h2>Problemas con tablas</h2>
      <table>
          <tr>
            <td>Ciudad</td>
            <td>Distancia</td>
              </tr>
          <tr>
            <td>Madrid</td>
            <td>350 km</td>
          </tr>
      </table>
    </section>
    <section class= 'derecha'>
      <h4>Problemas con el texto</h4>
      <p>Tipo y tamaño de fuentes y contraste</p>
    </section>
    </body>
</html>
```

Ejemplo 1.17. HTML para la página de la ilustración 1.12.

La hoja de estilo referenciada en la cabecera es la siguiente:

```
section {
        background-color: lightgray;
        margin: 1%;
        padding: 1%;
        width: 46%;
        border-radius: 1em;}
 .izquierda  {
```

```
        float: left;
            clear: left;
}
.derecha { float: right }
#estilo {
        backgrourd-image: url('problemagrave.jpg');
        height: 4em;
}
table, td {
        border: 1px solid black;
        border-collapse: collapse;
}
h3 { clear: both }
```

Ejemplo 1.18. CSS para la página de la ilustración 1.12.

Al aplicar las herramientas de la barra WAVE, se abre un panel a la izquierda y se muestra una serie de mensajes sobre la página. En la siguiente imagen podemos ver los mensajes superpuestos. Los iconos rojos indican error, los amarillos son advertencias y los azules son simplemente informativos.

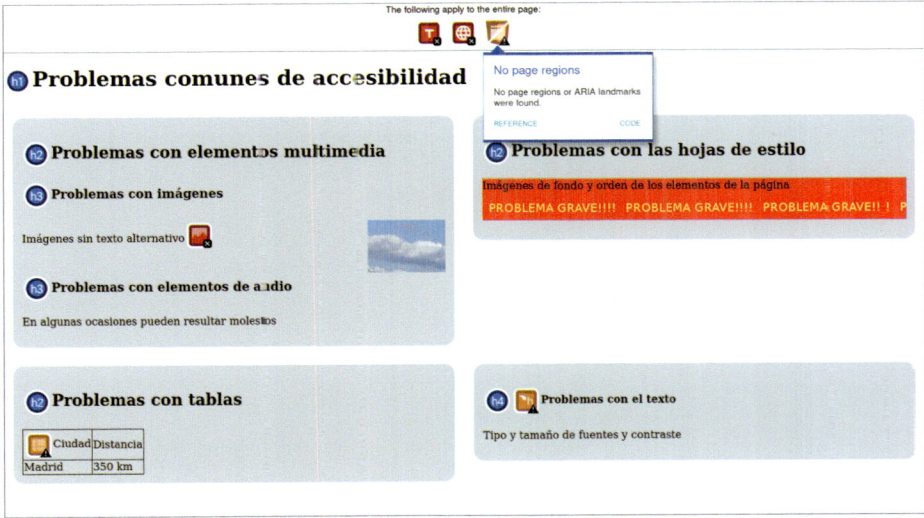

Ilustración 1.13. Página de la ilustración 1.12. con información sobre accesibilidad superpuesta.

En la siguiente imagen se muestra el panel de la izquierda. En la parte superior hay un botón para activar o desactivar los estilos de la página y una sección principal con varias pestañas. La primera es un resumen de los problemas de la página.

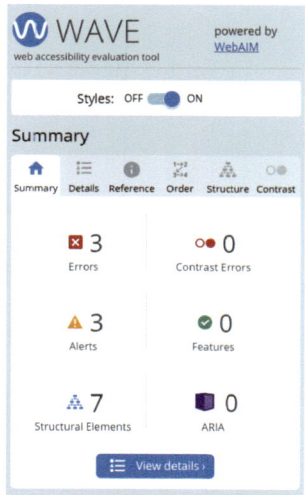

Ilustración 1.14. Herramientas WAVE.

En la siguiente pestaña se muestra información más detallada sobre los problemas detectados.

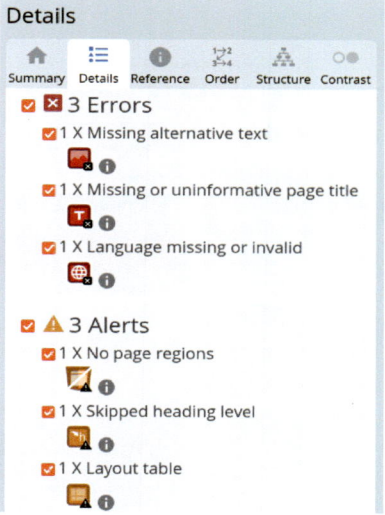

Ilustración 1.15. Detalle de los problemas detectados.

Podemos ver que se han detectado tres errores:

• Hay una imagen sin texto alternativo.

• La página no tiene título.

• La página no tiene información sobre el idioma.

En la pestaña *Structure* se puede ver un resumen de la página utilizando los encabezados (elementos *h1, ..., h6)* presentes en la página. El símbolo amarillo que aparece justo antes del último encabezado advierte del error en la jerarquía.

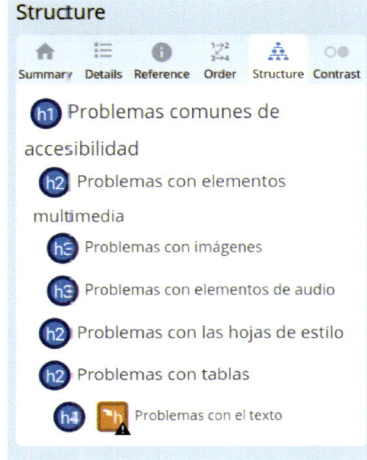

Ilustración 1.16. Resumen de la página obtenido con la barra WAVE.

En la última pestaña se puede ver un análisis de contraste para la página, incluyendo los criterios de las WCAG para niveles AA y AAA.

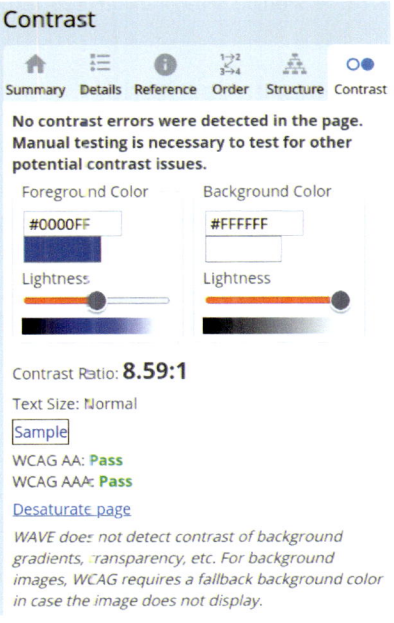

Ilustración 1.17. Análisis de contraste.

Para finalizar, si se desactivan los estilos con el botón deslizante de la parte superior del panel, se muestra una versión de la página sin la información de estilo. En la imagen se puede apreciar la diferencia.

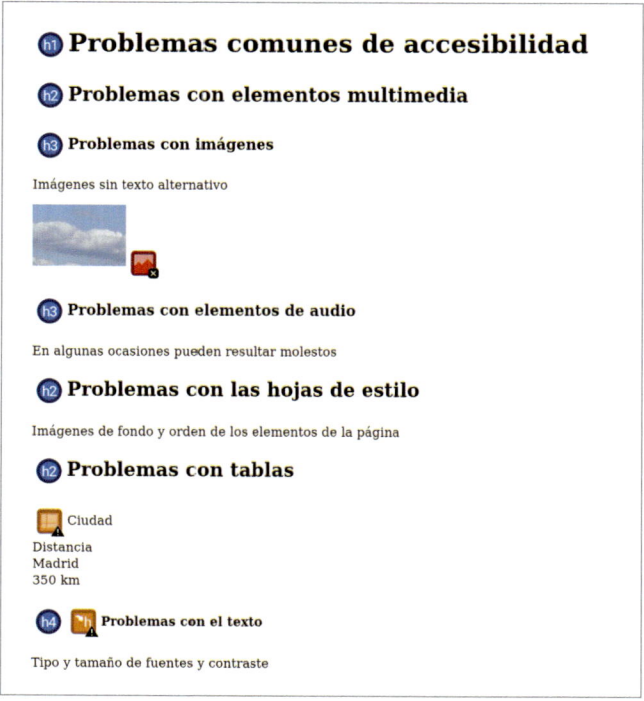

Ilustración 1.18. Versión de la página con el estilo desactivado.

1.7.2. Mediante aplicaciones de escritorio

Color Contrast Analyzer (https://www.tpgi.com/color-contrast-checker/). Pequeña aplicación para comprobar el contraste de colores. Permite saber si cierta combinación de colores pasa los criterios WCAG 2. Disponible para Windows y MAC.

TotalValidator (https://www.totalvalidator.com/). Además de validar contra WCAG y la sección 508 incluye validación de (X)HTML y CSS. Hay una versión gratuita y una de pago. Si se instala cualquiera de las dos, se puede instalar también una extensión para Firefox y Chrome.

PAC PDF Accessibility Checker (https://pac.pdf-accessibility.org/en). Es una aplicación gratuita para evaluar la accesibilidad de documentos PDF.

PEAT, Photosensitive Epilepsy Analysis Tool (https://trace.umd.edu/peat/). Esta herramienta gratuita permite comprobar si vídeos y animaciones suponen un riesgo para personas fotosensibles. Solo está disponible para Windows.

1.7.3. Mediante servicios web externos

AChecker (https://achecks.org/checker/index.php). Comprueba varias versiones y niveles de conformidad WCAG, y la sección 508. También incluye validación de HTML y CSS.

axesChek (https://check.axes4.com/en/). Versión *online* de *PAC PDF Accessibility Checker*.

Valoración de la legibilidad. Hay herramientas que permiten valorar si un texto es fácil o difícil de entender. Se basan en métricas desarrolladas desde el campo de la lingüística. Para determinarlo, tienen en cuenta factores como longitud de las frases y la cantidad de palabras largas que haya en el texto. Un ejemplo es el test de facilidad de lectura de Flesch (FRES, *Flesch Reading Ease Score*) cuya fórmula es:

$$206,835 - 1,01 \left(\frac{\text{Número de palabras}}{\text{Número de frases}} \right) - 84,6 \left(\frac{\text{Número de sílabas}}{\text{Número de palabras}} \right)$$

Un resultado por encima de 90 significa que el texto es apropiado para niños de once años. Un resultado por debajo de 30 significa que el texto es difícil de leer. Hay que señalar que los coeficientes de la fórmula están pensados para textos en inglés, como también ocurre con la mayoría de las herramientas disponibles. Legibilidad Mu (http://www.legibilidadmu.cl/) permite evaluar textos en español.

Por ejemplo, al analizar los seis primeros párrafos de este libro, se obtiene el siguiente resultado:

Nivel de dificultad del texto (Legibilidad Mu):		44.2341
Muy fácil	**Estadístico**	**Valor**
Fácil	**Palabras**	231
Un poco fácil	**Caracteres**	1217
Adecuado	**Promedio**	5.2684
Un poco difícil	**Desviación Estándar**	3.4436
Difícil	**Varianza**	11.8587
Muy difícil	**Legibilidad Mu**	44.2341

Ilustración 1.19. Análisis de legibilidad.

Constrast-Finder (http://contrast-finder.tanaguru.com/). Esta página permite comprobar si una combinación de colores cumple una cierta ratio de contraste. En el caso de que no la cumpla, ofrece soluciones con colores parecidos a los originales.

Tabla 1.4. Resumen de herramientas de accesibilidad

Herramienta	Utilidad
Herramientas WAVE	Advierte de problemas de accesibilidad, desactiva los estilos, crea un una versión solo texto o un resumen de la página.
TotalValidator	Comprueba el cumplimiento de las WCAG, valida HTML, CSS y comprueba los vínculos.
Color Contrast Analyzer	Comprueba si una combinación de colores cumple los criterios de WCAG.
PDF Accessibility Checker	Comprueba la accesibilidad en documentos PDF.
Photosensitive Epilepsy Analysis Tool	Comprueba si un vídeo o animación puede causar problemas a usuarios fotosensibles (ataques epilépticos o dolores de cabeza).
AChecker	Comprueba el cumplimiento de las WCAG y la sección 508.
Constrast-Finder	Comprueba si una combinación de colores tiene suficiente contraste y ofrece alternativas si es necesario.
Legibilidad Mu	Valora la dificultad de entender un texto.

1.8. Evolución de la accesibilidad. Nuevas tendencias

Como todo lo relacionado con el desarrollo web, la accesibilidad está sujeta a continuos cambios. La legislación sobre el tema es todavía reciente en muchos países, y la tecnología de asistencia, tanto *hardware* como *software*, mejora rápidamente. Además, las innovaciones en la web, como el contenido dinámico, los nuevos dispositivos y la proliferación de contenido generado por el usuario añaden nuevas complicaciones para el desarrollo accesible. Es previsible que en los próximos años se den avances en los siguientes campos:

- **Homogeneización de legislación y estándares sobre accesibilidad**. Como vimos en el apartado 1.4, no todos los países exigen lo mismo para considerar una web accesible. Es de esperar que con el tiempo acerquen posiciones.

  El W3C ya está trabajando en la versión 3.0 de WCAG, de la que hay un borrador, pero puede tardar varios años en convertirse en una recomendación.

Hay cambios en el modelo de conformidad y el ámbito de aplicación es más amplio, no se ocupa solo del contenido web. Se espera que la nueva versión:

— Sea más fácil de entender.

— Cubra más necesidades de usuario, incluyendo más necesidades de los usuarios con dificultades cognitivas.

— Sea flexible para poder aplicarse a diferentes tipos de contenido web, aplicaciones y organizaciones.

- **Contenido generado por el usuario**. Con el auge de las redes sociales ha habido un crecimiento del contenido generado por los propios usuarios. Los desarrolladores de la red social pueden ocuparse de hacer una web accesible, pero sus usuarios suben fotos y vídeos a la red y en la mayoría de los casos no están al corriente de los problemas de accesibilidad de otros usuarios y cómo evitarlos.

- **Tecnologías de asistencia**. Esta es una de las áreas que puede deparar más avances, en concreto en la mejora y estandarización de las tecnologías existentes y en el desarrollo de tecnologías experimentales.

  — El manejo de dispositivos por voz, orientado a todo tipo de usuarios, está mejorando mucho en los últimos años. Ahora está integrado es dispositivos de uso común y es de esperar que esta tendencia siga en el futuro.

  — El uso de electrodos para poder manejar un ordenador simplemente pensando es un área en la que se están produciendo grandes avances. De hecho, ya hay empresas preparando desarrollos comerciales pensados para el público en general, no solo para personas con discapacidad.

  — Con el aumento de la preocupación por la accesibilidad, algunas empresas están desarrollando complementos de *hardware* específicos para sus productos. Por ejemplo, Microsoft ha desarrollado un mando accesible para la consola XBox. Es un dispositivo con botones grandes y un controlador de dirección al que a su vez se pueden conectar otros periféricos para personalizarlo a las necesidades de cada usuario.

Autoevaluación

1.1. El proceso de conformidad:

a) Es automatizable en parte, pero algunas pautas requieren verificación por parte de un experto.

b) Es automatizable en su totalidad.

c) Es automatizable en su totalidad solo para el nivel de conformidad A.

1.2. Señala la opción correcta sobre la accesibilidad web:

a) Es una obligación legal para todas las páginas desarrolladas en la Unión Europea.

b) Se ocupa de que las páginas sean accesibles desde dispositivos móviles.

c) Beneficia a los usuarios con discapacidad, pero también al resto de usuarios.

1.3. La accesibilidad web:

a) Solo es aplicable para el HTML.

b) Es aplicable a todo el contenido de un sitio web.

c) Solo es aplicable para HTML y CSS.

1.4. Si una imagen es puramente decorativa y no aporta información:

a) Se usa el atributo *alt* con *valor puramente decorativo*.

b) No se usa atributo *alt*.

c) Se usa el atributo *alt*, pero se deja vacío, *alt* = ''.

1.5. Escoge la respuesta que consideres incorrecta sobre la accesibilidad de los vínculos:

a) Tiene que tener un texto representativo.

b) Si es un vínculo de descarga, avisa al usuario.

c) Deben abrirse siempre en ventana nueva.

1.6. Escoge la respuesta que consideres incorrecta sobre la accesibilidad de las tablas:

a) Conviene poner un vínculo que permita saltarlas.

b) No hay que usarlas, porque los lectores de pantalla no las pueden leer.

c) Hay que usar *caption*.

1.7. Escoge la respuesta que consideres incorrecta sobre la accesibilidad de los vídeos:

a) Basta con añadir subtítulos integrados.

b) Hay que utilizar también un reproductor accesible.

c) Hay que añadir una descripción en texto.

1.8. Escoge la respuesta que consideres incorrecta sobre las hojas de estilo y la accesibilidad:

a) Las páginas deben mantener el orden y la estructura sin la hoja de estilo.

b) Pueden servir de ayuda para la accesibilidad, pero también causar problemas.

c) Los lectores de pantalla las ignoran, así que son irrelevantes para la accesibilidad.

1.9. El desarrollo web accesible:

a) En general, resulta mucho más caro que si no se valora la accesibilidad.

b) No se aplica a las páginas para teléfonos móviles y tabletas.

c) Se aplica también a las páginas para teléfonos móviles y tabletas

1.10. Escoge la respuesta que consideres incorrecta sobre el uso de JavaScript y la accesibilidad:

a) JavaScript puede ayudar a mejorar la accesibilidad de las páginas

b) Hay que escoger eventos que sean independientes del dispositivo.

c) Hay que evitar a toda costa el uso de JavaScript.

1.11. Escoge la opción que consideres correcta:

a) Hay dos niveles de conformidad para las pautas WCAG.

b) Hay tres niveles de conformidad para las pautas WCAG.

c) Hay cuatro niveles de conformidad para las pautas WCAG.

1.12. Escoge la opción que consideres incorrecta sobre el uso de audio en una página web:

a) Usarlo es incompatible con la accesibilidad.

b) Hay que proporcionar una transcripción.

c) Hay que usar un reproductor accesible.

1.13. La tecnología de asistencia…

a) Ayuda a los usuarios con las tareas que no pueden realizar o les resultan dificultosas.

b) Define los requisitos que debe cumplir una página para ser considerada accesible.

c) Es el conjunto de programas que permite determinar el nivel de conformidad de una página.

1.14. ¿Cuál de las siguientes opciones no se puede considerar una tecnología de asistencia?

a) Lectores de pantalla.

b) Ratón.

c) Amplificadores de pantalla.

1.15. Los lectores de pantalla:

a) Son útiles para personas ciegas o con visión reducida.

b) Siguen la dirección de la mirada del usuario.

c) Permiten ampliar una parte de la pantalla.

Ejercicios de aplicación

1.1. Escoge una página de las que visites frecuentemente y comprueba su accesibilidad mediante las herramientas del apartado 1.8. Comprueba tanto los errores de la barra WAVE como su conformidad con las pautas WCAG.

1.2. Repite el ejercicio con alguna página propia que tenga al menos:

- Imágenes.
- Varios encabezados.
- Tablas.
- Elementos multimedia.
- Vínculos.

Haz los cambios necesarios para que cumpla con los criterios WCAG 2.2 nivel A.

1.3. Intenta crear un PDF accesible con Libre Office o Word. Comprueba su accesibilidad con la herramienta PAC PDF Accessibility Checker.

1.4. Visita la página de algún organismo público e investiga si tiene los logos de conformidad.

1.5. Busca información sobre los precios de las tecnologías de asistencia del apartado 1.1.

1.6. Instala algún lector de pantalla y utilízalo para visitar alguna página que conozcas.

1.7. Investiga las herramientas de accesibilidad que incluye tu teléfono móvil. En Android, están en *Ajustes → Accesibilidad*.

1.8. Busca información sobre la empresa Neuralink y la tecnología que está desarrollando. ¿Cómo crees que afectará a la accesibilidad?

1.9. Descarga la aplicación PEAT (https://trace.umd.edu/peat/) y utilízala para analizar un vídeo.

2. Usabilidad web

Contenido

2.1. Definición de usabilidad

2.2. Importancia del diseño web centrado en el usuario

2.3. Diferencias entre accesibilidad y usabilidad

2.4. Ventajas y problemas en la combinación de accesibilidad y usabilidad

2.5. Ventajas y dificultades en la implantación de sitios web usables

2.6. Métodos de usabilidad

2.7. Análisis de requerimientos de usuario

2.8. Principios del diseño conceptual. Creación de prototipos orientados al usuario

2.9. Pautas para la creación de sitios web usables

2.10. Evaluación de la usabilidad

La usabilidad es un área prioritaria en el diseño web. Si los usuarios de una página no pueden encontrar la información que buscan fácilmente o les resulta complicado completar la tarea por la que accedieron a la página, como puede ser reservar un vuelo, buscarán una alternativa que ofrezca las mismas funciones pero resulte más sencilla de usar. Si se trata de una aplicación web para los empleados de una empresa, un diseño fácil de usar hará que sean más eficientes en su trabajo.

En este capítulo veremos qué se entiende por usabilidad y los métodos que permiten desarrollar páginas web usables.

2.1. Definición de usabilidad

La usabilidad es la facilidad de uso y aprendizaje de un producto. El término no se aplica solo a programas informáticos y páginas web, también a máquinas, herramientas o procesos. En la norma ISO 9241-210:2010 (*Human-centered design for interactive systems*) se define como 'la medida en que un sistema, producto o servicio se puede usar por los usuarios especificados con efectividad, eficiencia y satisfacción en un contexto de uso especificado'.

Abarca varios aspectos del producto, entre ellos:

- Facilidad de aprendizaje.
- Eficiencia. La velocidad con la que pueden realizarse las tareas una vez el usuario está familiarizado con el sistema.
- Facilidad para recordar. Es decir, si un usuario puede utilizar el sistema fácilmente después de un tiempo sin hacerlo.
- Errores. Cuántos se cometen y si es fácil solucionarlos.
- Satisfacción. La valoración subjetiva del usuario.

Otro concepto relacionado, pero más amplio, es la experiencia de usuario o UX (*User eXperience*). La ISO define la experiencia de usuario como 'las percepciones y respuestas del usuario que resultan del uso y/o del uso anticipado de un sistema, producto o servicio' (ISO 9241-210).

Es decir, no tiene en cuenta solo los aspectos técnicos, incluye también elementos subjetivos como las expectativas, la experiencia y el contexto del usuario.

2.2. Importancia del diseño web centrado en el usuario

Para conseguir un producto usable es fundamental pensar en los usuarios desde el inicio del proceso de análisis y diseño. Hay que tener en cuenta a qué tipo de usuarios está dirigida la web, las tareas que tienen que realizar, sus capacidades, conocimientos y el entorno desde el que accederán a la página.

El diseño centrado en el usuario incorpora actividades centradas en el usuario en todas las etapas de desarrollo. Al inicio del proyecto, se analizan los requerimientos de usuario mediante entrevistas y otros métodos. En las siguientes fases, los usuarios valoran y prueban las alternativas de diseño. A partir de las opiniones y resultados de los usuarios, los diseñadores van refinando sus propuestas en un proceso iterativo.

2.3. Diferencias entre accesibilidad y usabilidad

La usabilidad se ocupa de la facilidad de uso de un sitio web. Los diseños usables son sencillos y fáciles de usar. Por el contrario, lo que determina que un sitio web sea accesible es que los usuarios con discapacidad pueden usar la página sin pérdida de información o funcionalidad.

Es posible que un diseño sea intuitivo y fácil de usar para cualquiera que pueda verlo y usar un ratón, pero sea imposible de usar para alguien que accede con un lector de pantalla y un teclado. Igualmente, un sitio puede ser accesible pero no usable. Por ejemplo, en una página completamente accesible en que los contenidos estén mal organizados, todos los usuarios tendrán problemas para encontrar la información que buscan.

2.4. Ventajas y problemas en la combinación de accesibilidad y usabilidad

Como ya se comentó en el capítulo 1, las páginas web accesibles son más fáciles de usar para todos los usuarios, ya que en parte accesibilidad y usabilidad tienen objetivos comunes. Muchas de las pautas que vimos benefician a todos los usuarios, entre otras:

- La elección de colores y contraste facilitan la lectura. Igualmente, la posibilidad de ampliar el texto es muy útil para la mayoría de los usuarios a partir de los cincuenta años.

- Los subtítulos servirán también a los usuarios que no dispongan de altavoces y a los que accedan desde un lugar en el que no puedan utilizar sonido.

- Los vínculos con texto representativo son más fáciles de interpretar para todos.

Por otro lado, a veces no es fácil lograr ambas cosas. Gran parte de la usabilidad está relacionada con los controles de la interfaz de usuario. Algunas interfaces avanzadas pueden presentar dificultades de accesibilidad, como puede ser el efecto de arrastrar y soltar o el contenido dinámico. En estos casos puede ser necesario desarrollar una alternativa más accesible, con el consiguiente trabajo extra.

2.5. Ventajas y dificultades en la implantación de sitios web usables

La usabilidad de un sitio web mejora la experiencia de usuario y tiene beneficios económicos tangibles:

- Mayor productividad. En muchos casos, como podría ser una aplicación web de gestión, un sitio web es una herramienta de trabajo. Si está bien diseñada, los usuarios serán capaces de realizar sus tareas más rápido.

- Menores costes en formación y soporte. Una de las características de la usabilidad es la facilidad de aprendizaje. Una página usable requerirá una inversión menor en formación y soporte de los empleados.

- Más visitas y ventas. Si una web es agradable y fácil de usar, es más probable que los usuarios vuelvan a visitarla. Además, si se trata de una página en la que se venden productos y servicios, una página usable facilitará que los clientes puedan encontrar lo que buscan o necesitan rápidamente.

- Costes de mantenimiento reducidos. El diseño centrado en el usuario reduce los costes de mantenimiento. En torno al ochenta por ciento del coste de una aplicación se invierte en la fase de mantenimiento.

Queda claro que la usabilidad de un sitio web es un objetivo irrenunciable, pero conseguirlo requiere conocimientos y experiencia. Hay que conocer a los usuarios o posibles usuarios de la web e identificar sus objetivos y necesidades. Si se trata de una aplicación de trabajo, los usuarios están claramente identificados, ya que son los trabajadores de la empresa. Para una web disponible para el público en general, hay que identificar al público objetivo y sus características, de manera similar a como se hace en los análisis de mercado.

En cualquier caso, una característica del diseño centrado en el usuario es, precisamente, que el usuario participa de una manera u otra en todas las fases del desarrollo. Esto puede ocasionar dificultades si los usuarios y el equipo de desarrollo no están cerca unos de otros.

2.6. Métodos de usabilidad

El diseño centrado en el usuario cuenta con una serie de métodos bien defini-dos para cada una de las fases. La siguiente tabla muestra algunos métodos ha-bituales y el momento del proyecto en se aplican:

Tabla 2.1. Métodos de usabilidad

Tarea	Método
Planificación y viabilidad	Análisis de requerimientos Análisis de sistemas existentes
Análisis de requerimientos de usuario	Entrevistas Grupos de trabajo Encuestas Personas Casos de uso Análisis de tareas
Arquitectura de la información	Ordenación de tarjetas Inventario de contenidos
Diseño de la interfaz	Diseño en paralelo *Wireframes* Prototipos
Evaluación de la usabilidad	Pruebas de usabilidad Pruebas en remoto Evaluación heurística y revisión por expertos Seguimiento de la mirada

Planificación y viabilidad

Análisis de requerimientos. Como en cualquier proyecto de desarrollo de *software*, el análisis de requerimientos o requisitos es uno de los primeros pa-sos que hay que dar al desarrollar un sitio web. Se trata de definir las funciones y características que debe tener el sitio. El objetivo de esta fase es llegar a una *especificación de requerimientos*, un documento que servirá de base para el di-seño de la aplicación.

Los requerimientos pueden ser de varios tipos. Una clasificación habitual es:

- De negocio. Los objetivos que el cliente quiere cumplir con la aplicación.

- De usuario. Lo que el usuario espera de la aplicación.

- Funcionales. Las características y funciones que debe tener la aplicación, es decir, qué debe hacer.

- De rendimiento. Restricciones a la velocidad o capacidad de la aplicación. Por ejemplo, el número de usuarios que se conectarán a la vez o el tiempo máximo de respuesta en las consultas a la base de datos.

- De implementación. Se refieren a cómo debe desarrollarse la aplicación, como puede ser el cumplimiento de estándares.

En el apartado 2.7 veremos en detalle los métodos para el análisis de recuerimientos de usuario.

Análisis de sistemas existentes. Evaluar versiones previas o páginas de competidores ya presentes en el mercado puede proporcionar información interesante para el proyecto. Sirve para detectar problemas de usabilidad y para establecer una referencia con la que poder hacer comparaciones.

Arquitectura de la información

La arquitectura de la información se ocupa de organizar la información disponible en una página web. El objetivo es organizar los contenidos y la navegación de manera que se faciliten las tareas del usuario. Los componentes principales de la arquitectura de la información son:

- Categorías en las que se organiza el contenido.

- Nomenclatura de las categorías.

- Sistemas de navegación (barras, menús…).

- Sistemas de búsqueda.

Para crear una arquitectura de la información adecuada hay que fijarse en el contexto, el contenido y los usuarios de la aplicación. En el área de usabilidad, este concepto se conoce como «ecología de la información»:

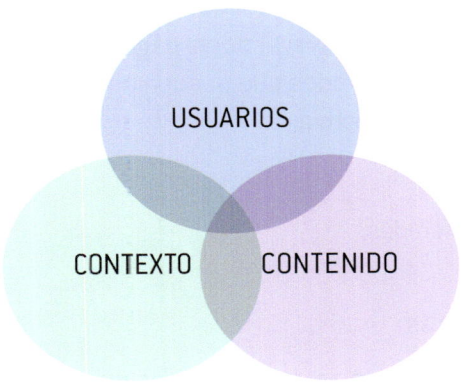

Ilustración 2.1. Diagrama de ecología de la información.

- Contexto. El entorno cultural y tecnológico, los objetivos de negocio y los recursos y restricciones.

- Contenido. Los objetivos del contenido, los tipos de documentos y datos, su volumen, estructura existente y propiedad.

- Usuarios. La audiencia, sus tareas, necesidades, experiencia y formas de búsqueda de información.

Como guía en el proceso, se pueden seguir los ocho principios de la arquitectura de la información enunciados por Dan Brown:

1. Principio de los objetos. Hay que tratar cada pieza de información como un objeto que crece y cambia a lo largo del tiempo.

2. Principio de elección. Los usuarios piensan que prefieren tener muchas opciones, pero en realidad necesitan menos opciones pero bien organizadas.

3. Principio de divulgación. La información no debe ser inesperada o innecesaria.

4. Principio de ejemplaridad. Las personas clasifican las cosas en categorías y agrupan diferentes conceptos.

5. Principio de la puerta principal. Los usuarios a menudo acceden a un sitio web a través de una página que no es la principal.

6. Principio de clasificación múltiple. Las personas buscan información de diferentes maneras.

7. Principio de navegación enfocada. Los menús de navegación se tienen que diseñar de manera lógica.

8. Principio de crecimiento. La cantidad de contenido en una página web crecerá a lo largo del tiempo.

Una arquitectura de la información adecuada facilitará que los usuarios encuentren los contenidos y pueden navegar por la página de manera intuitiva. En esta sección vamos a ver dos métodos que pueden ayudar a desarrollar una arquitectura de la información efectiva:

- Ordenación de tarjetas.

- Inventario de contenidos.

Ordenación de tarjetas

Este método sirve para organizar las categorías del sitio web teniendo en cuenta la forma en que los usuarios agrupan los contenidos.

Se pide a un grupo de usuarios que agrupe una serie de tarjetas. Cada tarjeta tiene escrito el nombre de un tema o concepto relacionado con e sitio. Los usuarios agrupan las tarjetas de la manera que les parezca más lógica y apropiada. Hay dos variantes:

- Ordenación abierta. Los usuarios tienen que asignar el nombre que les parezca más apropiado a cada grupo de tarjetas.

- Ordenación cerrada. Se da a los usuarios una lista con los posibles nombres de grupos.

Los resultados se tienen en cuenta para:

- Organizar las barras de navegación y los menús.

- Decidir qué categorías tendrá el sitio y cómo repartir los contenidos.

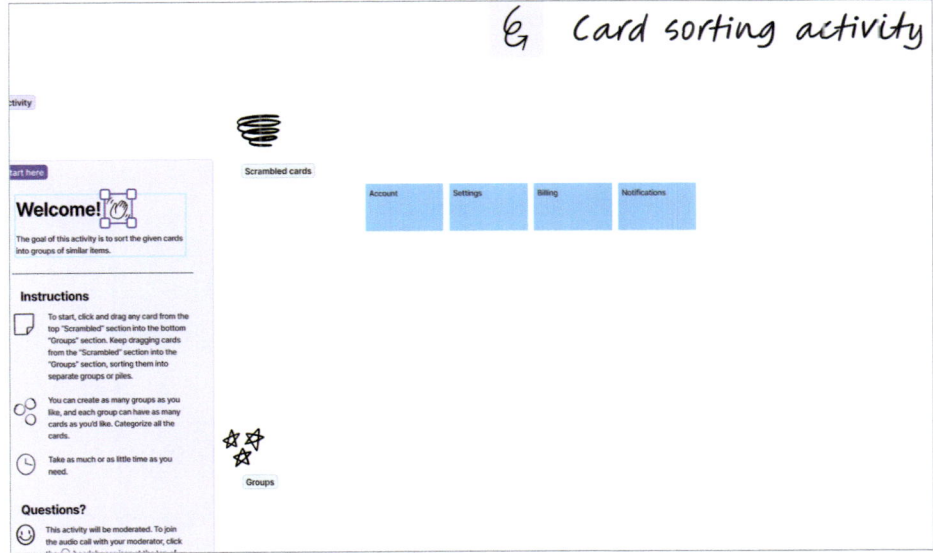

Ilustración 2.2. Plartilla de Figma para ordenación de tarjetas.

Inventario de contenidos

El inventario de contenidos es una lista de todo el contenido de un sitio web. Incluye texto, imágenes, documentos, audio y vídeo. Se recopila información para cada elemento. Los datos básicos son:

- Identificador del elemento.

- URL.

- Tipo de contenido y formato.

- Descripción y palabras clave.

- Categoría a la que está asignado.

- Fecha de creación y última modificación.

Antes de empezar con el inventario hay que definir el objetivo que se pretende conseguir haciéndolo, por ejemplo:

- Decidir qué contenidos deben ser eliminados.

- Comprobar si están actualizados o hay que revisarlos.

- Identificar contenidos necesarios para que la página sea más completa.

- Revisar si todos los contenidos están en la categoría apropiada.

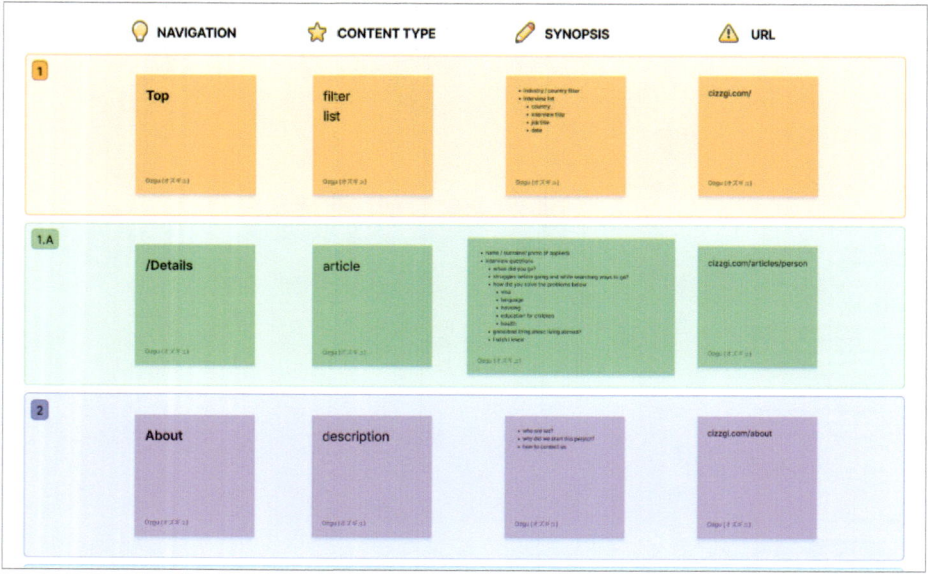

Ilustración 2.3. Plantilla para Figma para inventario de contenidos (desarrollada por Ozgu Ozden, https://dribbble.com/ozgu, CC BY 4.0).

Mapa del sitio

Uno de los objetivos principales al analizar la arquitectura de la información para una sitio web es obtener una mapa del sitio, también conocido como *sitemap*. Es una representación jerárquica del contenido de la página web, con una estructura de árbol en la que el nodo principal o raíz representa el punto de entrada a la página.

La siguiente ilustración representa un posible *sitemap* sencillo para el sitio web de un instituto de formación profesional.

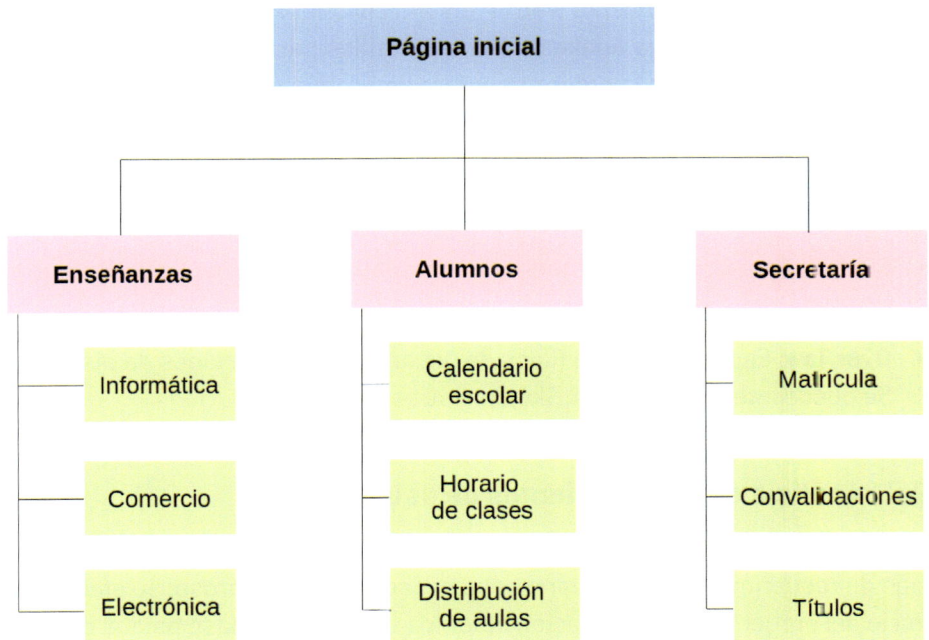

Ilustración 2.4. *Sitemap* sencillo.

Metodologías de usabilidad

Estos métodos, y los que veremos en los siguientes apartados, suelen utilizarse dentro de una metodología, que define una serie de fases y los métodos que hay usar en cada una. Aunque hay diferencias entre metodologías, las fases suelen seguir el esquema habitual de análisis, diseño, implementación y prueba.

Una de las metodologías más extendidas en usabilidad y diseño de experiencia de usuario es el pensamiento de diseño (*Desging thinking*) que define cinco fases:

- Empatizar. Investigar las necesidades del usuario.

- Definir las necesidades y problemas del usuario.

- Idear. Generar posibles soluciones.

- Prototipar. Empezar a crear el producto.

- Probar los prototipos.

Herramientas y utilidades

Las herramientas de diseño de interfaces incorporan componentes para uno o más de estos métodos. Algunas de las más extendidas son:

- **Figma.** Es una herramienta web de diseño completa para *wireframes* y prototipos de alta y baja fidelidad. Tiene plantillas para métodos habituales, como las personas o la ordenación de tarjetas, que veremos más adelante. Es la herramienta que se ha usado para la mayoría de los ejemplos de este capítulo.

- **Balsamiq.** Aplicación centrada en *wireframes* y prototipos de baja fidelidad.

- **Sketch.** Aplicación de escritorio para prototipado y diseño. Solo disponible en Mac.

- **Overflow.** Especializada en flujos de usuario y presentaciones de historias. Se puede integrar en Figma, Sketch y otras aplicaciones.

2.7. Análisis de requerimientos de usuario

Conocer al usuario es el principio fundamental de la usabilidad, así que el análisis de requerimientos de usuario debe ser completo y riguroso. Se efectúa al inicio del proyecto y la información obtenida se usa como base para el diseño, junto con el resto de requerimientos.

Hay que identificar las características que definen a los usuarios del sistema. Entre ellas: su nivel de formación, su edad y sus objetivos al utilizar la página. También hay que analizar el entorno del usuario. Por ejemplo, una aplicación que se va a usar en un entorno ruidoso no debería usar un pitido para indicar una alerta.

Otro aspecto importante es su familiaridad con páginas o aplicaciones similares o con versiones previas de la página. Cuando un usuario se acostumbra a un sitio web, los cambios en la estructura del mismo pueden resultarle muy incómodos. Es habitual que los sitios web cambien de aspecto para tener una imagen más moderna y actual, una opción lógica pensando en atraer nuevos visitantes. En cambio, los usuarios acostumbrados a la interfaz anterior se encontrarán con una web que antes manejaban sin problemas y que ahora tienen que aprender a manejar de nuevo, sobre todo si los cambios afectan a la estructura de las páginas de las que se compone el sitio, a los elementos de navegación y a la organización de los menús. En estos casos, es habitual ofrecer la posibilidad de utilizar el aspecto antiguo al menos durante un periodo considerable de tiempo.

En esta sección se describen algunos de los métodos principales para esta fase de desarrollo:

- Entrevistas y encuestas.

- Personas.

- Casos de uso.

- Diagramas de flujo de usuario.

- Análisis de tareas.

Entrevistas y encuestas

Las entrevistas pueden servir para analizar los objetivos y necesidades de los usuarios. Pueden realizarse en persona, por teléfono o videoconferencia. Se pregunta al usuario por sus expectativas, objetivos y experiencias. El objetivo general es conocer mejor al usuario, pero conviene precisar qué información se quiere obtener en cada caso para poder definir una serie de preguntas apropiadas y seleccionar a usuarios representativos. El principal inconveniente es que entrevistar a un número considerable de usuarios puede llevar mucho tiempo.

También se pueden realizar sesiones con grupos de usuarios, normalmente entre cinco y diez. En comparación con la entrevista individual, permite recoger más opiniones en el mismo tiempo y el trabajo en grupo puede ser enriquecedor. Pero también pueden surgir dinámicas de grupo que desvíen la conversación o dejen fuera a alguno de los participantes, así que hace falta un moderador experimentado.

Con las encuestas en línea se puede llegar a un número mayor de usuarios con un esfuerzo mucho menor que con las entrevistas. Si a los usuarios se les ofrece solo respuestas cerradas, se podrá realizar un análisis estadístico automático para conocer los resultados. Como contrapartida, es difícil saber si quien responde se está tomando e tiempo necesario para entenderla y contestar apropiadamente.

Personas

Las personas son una herramienta habitual a la hora analizar a los usuarios. Una persona es un personaje de ficción que representa a un grupo de usuarios con características comunes. Para poder definirlas apropiadamente, es necesario haber realizado un análisis de usuarios previo. Hay que centrarse solo en los segmentos principales que representan a la mayoría de los usuarios. Se pueden describir con un nivel de detalle variable. Entre otras cosas, para cada persona se puede especificar:

- Razón por la que visita la página.

- Sus características personales: edad, género, educación, familia.

- Datos económicos, profesión y experiencia.

- Sus conocimientos técnicos. Hábitos de navegación.

- En qué contexto (lugar, hora) se encuentra cuando accede a la página.

- Objetivos, motivaciones y necesidades.

- Otras páginas similares que pueda visitar.

A cada persona se le asignan algunos datos personales inventados para darles realismo.

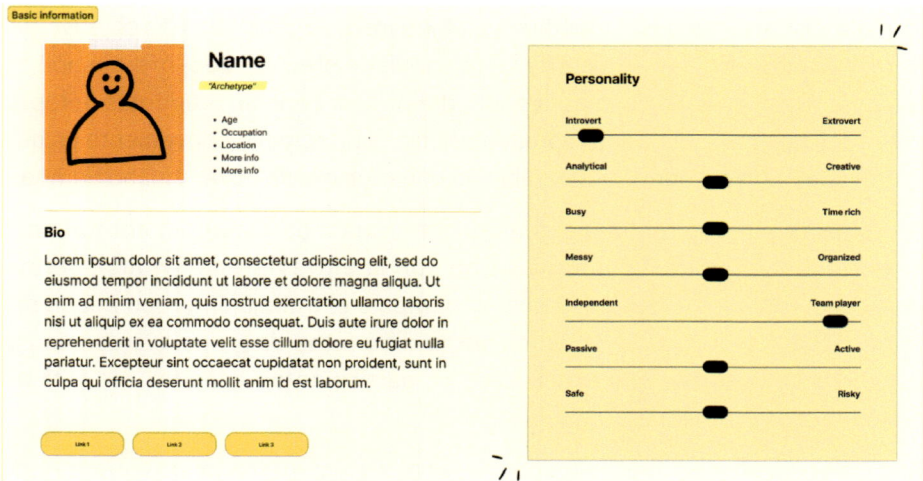

Ilustración 2.5. Plantilla de Figma para personas.

Casos de uso

Un caso de uso describe la interacción del usuario con el sistema. Representa el proceso que tiene que realizar el usuario para llevar a cabo a una tarea. En UML, muy utilizado para representar casos de uso, al usuario se le denomina *actor*. Son muy utilizados como herramienta de análisis del sistema. No entran en detalles de implementación ni sobre la interfaz de usuario. Como en el caso de las personas, el nivel de detalle es variable. Es habitual incluir al menos:

- Título.

- Actores implicados.

- Precondiciones.

- Disparadores.

- Lista de pasos del escenario de éxito.

- Caminos alternativos si hay algún problema.

- Casos de uso relacionados.

Un ejemplo sencillo de caso de uso podría ser el siguiente:

Elemento	Descripción
Identificador	CU-1
Nombre	Procesar pedido
Descripción	El usuario paga los productos de su carro de la compra. Introduce la información de pago y de envío
Actores	Cliente
Precondiciones	Tiene que haber algún producto en el carro de la compra
Disparadores	El usuario pulsa el botón de procesar pedido
Escenario principal	• El usuario pulsa el botón del carro de la compra • Si no ha iniciado sesión, se le pide que lo haga • Revisa los productos que está pidiendo • Introduce la información de envío • Se le informa de los gastos de envío y el precio total • Introduce la información de pago • Se procesa el pago • El usuario recibe la confirmación
Flujos alternativos	• Si el usuario no está registrado, se le redirige al formulario de registro • Si el usuario no acepta los gastos de envío, se cancela el pedido • Si el pago no puede procesarse, se cancela el pedido

Ejemplo 2.1. Caso de uso sencillo.

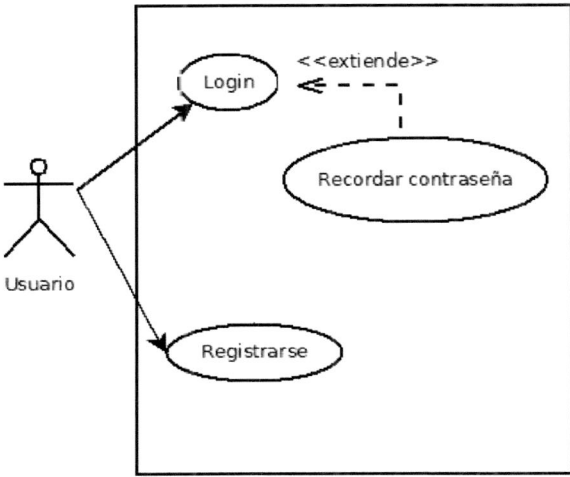

Ilustración 2.6. Fragmento de un diagrama de casos de uso en UML.

Diagramas de flujo de usuario

Por flujo de usuario, o flujo de tareas de usuario, se entiende el proceso que sigue un usuario de una aplicación o página web para llevar a cabo una tarea de principio a fin. Los diagramas de flujo de usuario sirven para representar este proceso de manera gráfica. Son parecidos a los diagramas de flujo que se usan en programación.

Mediante diferentes símbolos, representan acciones, decisiones o entrada de datos por parte del usuario. Se utilizan para entender cómo se moverán los usuarios por la aplicación y qué secciones o pantallas de la página irán viendo en función de las acciones que tomen. Esta información sirve para plantear el diseño de la aplicación. Para realizar un diagrama de flujo es necesario conocer:

- Los objetivos del usuario.

- El punto de entrada a la tarea.

- La información que el usuario necesita para llevar a cabo la tarea.

- Las acciones que tiene que realizar.

- Las decisiones que tendrá que tomar.

- Qué experimentará el usuario tras sus acciones o decisiones.

El conjunto de símbolos puede variar. Para los ejemplos de esta sección, vamos a utilizar los siguientes:

- Círculos para representar acciones del usuario.

- Rectángulos para las pantallas (la página inicial, el perfil de usuario...).

- Rombos para condiciones.

- Paralelogramos para entrada y salida.

- Flechas para indicar la dirección en la que avanza del proceso.

Por ejemplo, en una página para reservas de vuelos, el diagrama de flujo de usuario para hacer una reserva podría ser el siguiente:

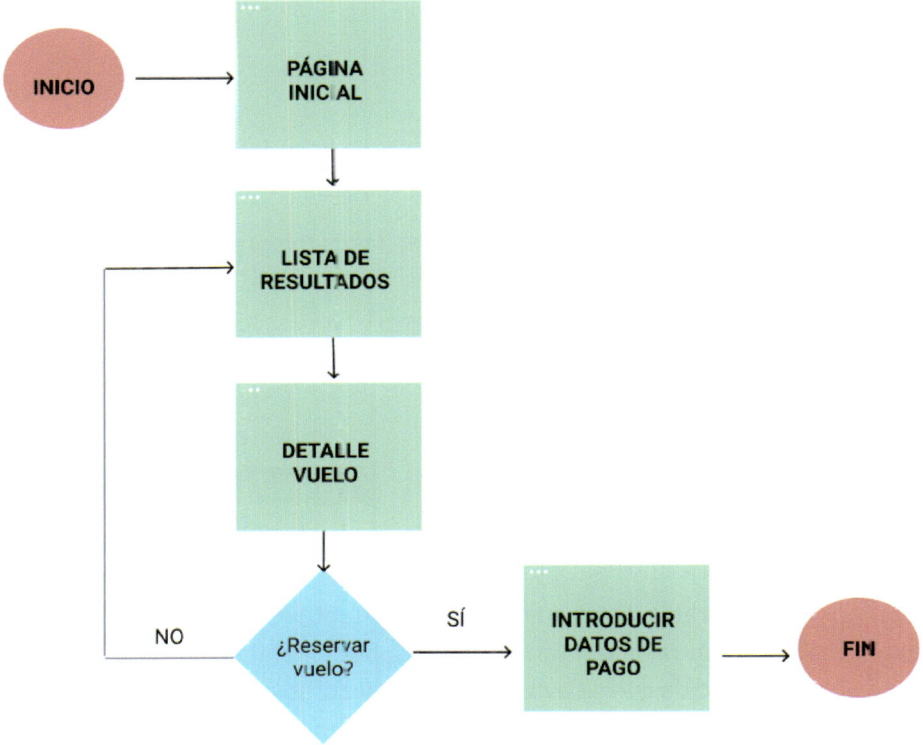

Ilustración 2.7. Diagrama de flujo de usuario

Análisis de tareas

Consiste en observar al usuario mientras usa la página web. El objetivo es entender cómo realizan sus tareas. Puede ayudar a identificar requerimientos del sitio web, a definir los modos de navegación y la organización de los contenidos y a entender el entorno en el que trabajan los usuarios. Este método también puede usarse para evaluar la usabilidad.

2.8. Principios del diseño conceptual. Creación de prototipos orientados al usuario

Con los datos recogidos en la fase de análisis, los diseñadores ya pueden crear propuestas de diseño. Es un proceso iterativo en el que se van realizando prototipos cada vez más complejos. El cliente da su opinión sobre cada nuevo prototipo y se incorporan sus sugerencias para la siguiente iteración. Este enfoque es útil:

- Para identificar requisitos.

- Para el diseño de la interfaz. En este caso, no hace falta implementar realmente todas las funcionalidades en los prototipos.

- Para detectar errores de planteamiento en fases tempranas.

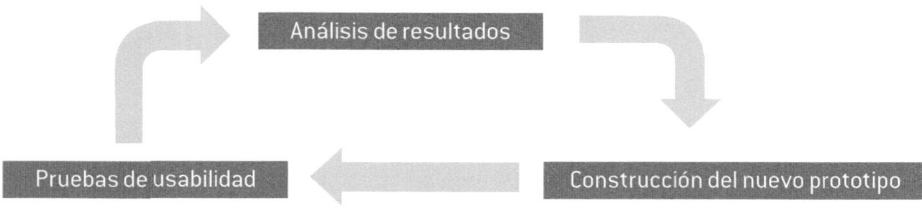

Ilustración 2.8. Diseño iterativo de prototipos.

En las primeras iteraciones se pueden utilizar prototipos poco funcionales para evaluar la arquitectura de la información y el posicionamiento de las secciones en la página. A medida que se avanza en el proceso, se añaden más funcionalidades y detalles. Cada prototipo se evalúa con los métodos del apartado 2. 10.

Durante esta fase se puede aplicar el diseño en paralelo. Consiste en desarrollar varios diseños alternativos a la vez. Cada diseño lo hace un grupo de personas diferente. Los grupos trabajan de manera independiente, ya que el objetivo es explorar la mayor cantidad de alternativas. Posteriormente, se ponen en común las propuestas desarrolladas y se elige el diseño final. Puede ser uno de los propuestos o uno nuevo que incorpore ideas de varios de ellos. Este método permite evaluar múltiples alternativas de diseño de manera rápida y económica. Es habitual en el diseño de interfaces.

Es habitual distinguir entre prototipos de baja fidelidad y de alta fidelidad:

- Baja fidelidad. Representaciones con poco nivel de detalle, utilizando rectángulos y etiquetas para representar las secciones principales. Se pueden realizar a mano, son rápidos de crear y sirven como herramienta de colaboración entre los miembros del equipo en las etapas iniciales del diseño.

- Alta fidelidad. En este caso el nivel de detalle es mayor, por lo que tardan más en realizarse. Por el mismo motivo, son más útiles como documentación. Incluyen información sobre cada elemento mostrado, como sus dimensiones y comportamiento. Suelen realizarse con aplicaciones específicas, algunas de las cuales permiten incluir elementos interactivos.

Wireframes

Los *wireframes* son un tipo de prototipo de baja fidelidad. Esta técnica consiste en realizar un boceto de la página web. Se trata de una representación que se centra en los aspectos generales de la interfaz. Los *wireframes* se usan para:

- Determinar el posicionamiento de los elementos más importantes, la posición de las barras de navegación y los menús dentro de la página.
- Jerarquizar los contenidos mediante su posicionamiento en la pantalla
- Representar las funcionalidades disponibles.
- Vincular el diseño visual con la arquitectura de la información de la página.

Suelen incluir:

- Encabezados.
- Logo del sitio.
- Barra de búsqueda.
- Medios de navegación (barras, menús).
- Controles de usuario (botones, campos de texto…).
- Información de contacto.
- Pie de página.

Los *wireframes* varían en nivel de detalle y sirven como punto de partida para protopitos más realistas. Es habitual comenzar realizándolos a mano y después por ordenador con un programa apropiado, como Figma o Balsamiq.

Ilustración 2.9. Ejemplo de *wireframe* realizado con Figma.

Su objetivo no es desarrollar el estilo visual de la página, así que no deben incluir:

- Los colores que se usarán como tema para la página.

- Imágenes.

- Fuentes de texto concretas.

2.9. Pautas para la creación de sitios web usables

En este apartado veremos una serie de pautas que facilitan el desarrollo de páginas usables. La mayoría son principios generales, algunos de los cuales se pueden poner en práctica con los métodos que hemos visto en las secciones anteriores. Otras son consejos muy concretos sobre el estilo y las buenas prácticas de ciertos elementos. No son reglas rígidas y puede haber situaciones en las que no sea conveniente usarlas.

Navegación por el sitio web y arquitectura de la información

La organización de un sitio es fundamental para que los usuarios puedan llevar a cabo sus tareas fácilmente. La mayoría de los sitios web tienen una barra de navegación con vínculos a las secciones de la página en la parte superior. No es raro que en cada vínculo se despliegue un menú con varias opciones y submenús.

- Debe haber una forma sencilla y clara de volver a la página inicial. El típico vínculo 'Home'.

- Los menús de navegación deben estar organizados de manera lógica y sencilla de entender.

- Los menús tienen que tener un texto adecuado y explicativo.

- Los menús de navegación deben estar organizados de manera que faciliten las tareas del usuario.

- No es conveniente que los menús tengan muchos subniveles. Es preferible que haya más categorías principales.

- Hay que informar al usuario de la sección de la página en la que se encuentra. Una de las formas habituales de hacerlo es con *migas de pan* (del inglés *breadcrumbs*). En su versión más sencilla se trata de una sola línea que describe la ruta de la página actual dentro de la estructura de categorías del sitio. Los pasos intermedios de la ruta son vínculos para facilitar que el usuario pueda volver atrás.

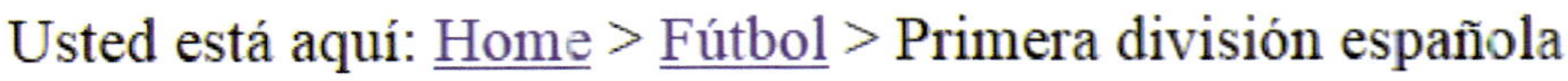

Usted está aquí: Home > Fútbol > Primera división española

Ilustración 2.10. Las migas de pan (breadcrumbs) indican al usuario dónde se encuentra.

También es habitual resaltar la sección en la que se encuentra el usuario dentro de la barra de navegación principal.

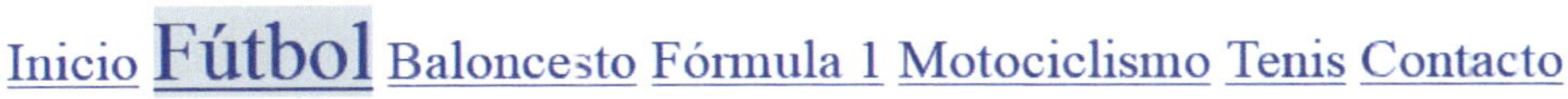

Inicio Fútbol Baloncesto Fórmula 1 Motociclismo Tenis Contacto

Ilustración 2.11. Resaltar la sección actual en la barra de navegación indica al usuario dónde se encuentra.

- Es buena idea crear un mapa del sitio. El vínculo al mapa debe estar presente en todas las páginas.
- En sitios web grandes, hay que implementar la función de búsqueda. El campo de texto y el botón de búsqueda deben estar en una posición visible en todas las páginas del sitio. Normalmente, es la esquina superior derecha.
- Si se usan pestañas para organizar el contenido, hay que poner un texto apropiado y explicativo en cada pestaña. También hay que darles el aspecto apropiado para que el usuario las identifique como pestañas. La siguiente ilustración utiliza el *widget* de pestañas de jQuery UI.

Datos personales
Información académica
Datos bancarios
Nombre:
Apellidos:

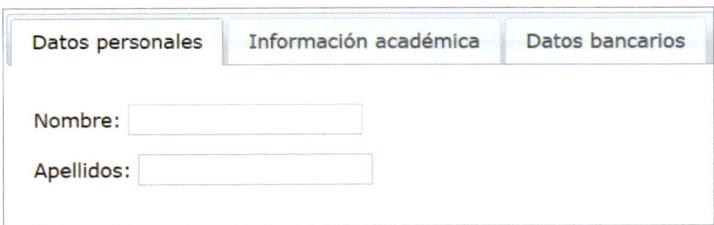

Ilustración 2.12. Pestañas con etiquetas representativas.

Vínculos

- Los vínculos deben tener un texto descriptivo. Además, el texto de los vínculos no debe repetirse en vínculos diferentes.
- Es mejor usar texto que imágenes para los vínculos. El texto es más fácil de interpretar.
- Hay que dejar claro qué elementos son vínculos y cuáles no (y más en general, qué elementos son clicables).

- Todos los vínculos deben tener el mismo aspecto, diferenciando entre víncu-los visitados y no visitados. Los elementos que no sean vínculos no deben parecerlo. Por ejemplo, si se subraya un texto en azul, el estilo por defecto de un vínculo sin visitar, la mayoría de los usuarios lo interpretará como un vínculo.

Formularios y entrada de datos

Los formularios permiten que los usuarios introduzcan información, normal-mente para enviarla al servidor web. En ocasiones son largos y complejos, ade-más de ser parte de procesos importantes como transferencias bancarias. Hay que esforzarse para que los usuarios entiendan fácilmente qué tienen que po-ner en cada campo.

- Los campos de entrada deben tener valores por defecto útiles si es posible.

- Tanto los campos de entrada como los botones y otros controles deben es-tar correctamente etiquetados, de manera que no que quede duda de su fun-ción. Si hace falta, se puede incluir un texto descriptivo adicional.

- Se debe indicar qué campos del formulario son obligatorios y diferenciarlos claramente de los opcionales.

- Si es posible, es mejor usar casillas de verificación, botones de radio y listas en lugar de campos de texto. Minimiza la posibilidad de errores por parte del usuario.

- Si se espera que el usuario introduzca un dato según un formato específico, hay que indicarle cuál o dar un ejemplo, como 'dd/mm/aaaa' para fechas o '12345678-A' para el NIF.

- El formulario se debe organizar de manera lógica, agrupando los campos de entrada y con un título adecuado para cada grupo. Por ejemplo, si se trata de un formulario de matrícula en una universidad, el formulario contendrá da-tos personales del usuario y datos de los estudios en los que quiera matri-cularse. El formulario será más fácil de entender si los dos grupos de datos están separados y diferenciados.

- Si se introduce un dato erróneo, hay que señalarlo de manera clara y ofrecer al usuario información sobre cómo solucionarlo.

- Hay que situar el foco en un campo apropiado al cargar la página. Si hay que corregir un error, el foco se sitúa en el campo correspondiente.

Hardware y software

Como en el resto del diseño web, hay que tener presente que nuestras páginas se usarán desde dispositivos muy diferentes en tamaño, capacidades y *software*.

- Diseñar para los navegadores más comunes. Es habitual que existan diferencias en cómo muestran la misma página diferentes navegadores. Estas diferencias se pueden minimizar si la página se desarrolla siguiendo estrictamente los estándares de HTML, CSS y JavaScript, pero hoy por hoy sigue siendo necesario probar la página en cada navegador en que queramos asegurarnos de que se vea bien.

  Aunque hay decenas de navegadores en el mercado, la mayor parte de los usuarios se reparten entre cinco: Mozilla Firefox, Google Chrome, Microsoft Edge, Safari y Opera. También hay que tener en cuenta que muchos usuarios no tienen actualizado su navegador, así que no hay que trabajar solo para las últimas versiones.

  Si un usuario se encuentra con problemas al usar una página, puede ser que decida que está mal hecha y no se le ocurra utilizar otro navegador.

- Diseñar para los sistemas operativos más habituales. Igual que con los navegadores, los diseñadores deben tener en cuenta también los sistemas operativos más habituales y las posibles diferencias entre ellos, especialmente si algún contenido de la página requiere un *plugin* o adaptador para poder reproducirlo.

- Diseñar para la velocidad de conexión habitual. Ya hemos comentado que la velocidad de carga es un factor fundamental en la usabilidad de una página web. Esta depende de los contenidos de la página y de la velocidad de conexión del usuario. Hay que tener en cuenta la velocidad de conexión habitual entre los usuario de la página. Como ejemplo, la velocidad media en Japón es más del triple que la de España y seis veces la de Brasil.

- Diseñar para resoluciones y tamaños de pantalla habituales. Con la aparición de tabletas y *smartphones* los diseñadores web han visto como su carga de trabajo aumentaba considerablemente. Ahora tienen que ocuparse de que sus diseños se vean bien tanto en un monitor de más de veinte pulgadas como en teléfonos de cuatro.

En muchos casos no es suficiente con hacer un diseño que se pueda ampliar o reducir sin que la maquetación se descuadre. La diferencia en tamaño hace que la información de la página se tenga que mostrar de maneras diversas según el dispositivo. Además, hay que tener en cuenta que tabletas y teléfonos se usan habitualmente con la mano, lo que hace necesario que los controles sean relativamente grandes.

Tiempo de espera

- Minimizar el tiempo de carga de la página. A los usuarios no les gusta esperar en absoluto. Un tiempo de carga de diez segundos por cada página puede hacer que muchos de ellos la abandonen y busquen una página alternativa.

- Avisar al usuario cuando el tiempo de espera para un proceso o una petición puede ser largo. Si es posible, informarle del progreso del proceso y del tiempo restante.

- También hay que avisar a los usuarios si una descarga puede llevar mucho tiempo.

Versiones para imprimir

En muchas ocasiones, los usuarios prefieren imprimir el contenido de la página, especialmente si se trata de un artículo largo. Si se usa la función de imprimir del navegador, el resultado seguramente no será el deseado. Aparecerán la barra de navegación, los menús y todos los elementos de la página. Hay que preparar una versión especial para imprimir.

2.10. Evaluación de la usabilidad

Para cerrar el capítulo, nos centramos en los métodos de evaluación de la usabilidad. Dentro del proceso iterativo de diseño, la evaluación de los prototipos es necesaria para identificar las áreas en las que hay que hacer cambios o mejoras. Los datos recogidos en la evaluación serán usados por los desarrolladores en la siguiente iteración. Se han propuesto diversos métodos y métricas para evaluar la usabilidad de una aplicación o página web. Pueden fijarse en parámetros subjetivos, como la opinión y grado de satisfacción de usuario, o en medidas objetivas, como el tiempo de respuesta o la cantidad de errores cometidos por los usuarios al realizar una tarea.

Pruebas de usabilidad

En estas pruebas se convoca a una serie de usuarios representativos y se les pide que usen la página web para sus tareas habituales. Mientras trabajan, los responsables de las pruebas les observan y tratan de obtener datos cualitativos y cuantitativos. Los objetivos de una prueba de usabilidad son:

- Comprobar si los usuarios son capaces de llevar a cabo las tareas correspondientes.

- Medir el tiempo que necesitan para hacerlo.

- Identificar los problemas que tienen de cara a implementar mejoras en el diseño.

- Medir la satisfacción de los usuarios con el sistema.

Un factor esencial en las pruebas de usabilidad es una selección apropiada de usuarios. Las personas que hayan participado en el desarrollo del sistema son una mala elección, ya que están familiarizadas con el mismo y por tanto saben usarlo. Hay que escoger a personas ajenas al equipo de desarrollo y que sean representativas de los usuarios del sistema.

Antes de realizar la prueba hay que planificarla detalladamente. El plan debe incluir:

- Ámbito. Hay que definir qué se va a probar: la navegación, los contenidos, algunas tareas concretas.

- Propósito. Cuáles son los objetivos de la prueba. Por ejemplo: ver si os usuarios encuentran la información que buscan o si cometen errores al rellenar cierto formulario.

- Participantes. El número y tipo de usuarios convocados a la prueba.

- Número de sesiones y duración de las mismas.

- Equipamiento necesario: tipo de dispositivo (ordenador de sobremesa, móvil), sistema operativo, tamaño y resolución de pantalla.

- Escenarios. Las tareas concretas que realizarán los usuarios.

- Métricas subjetivas. Hay que preparar los cuestionarios previos o posteriores a las pruebas.

- Métricas objetivas. Los datos objetivos que se recogerán en la prueba: porcentaje de éxito, número de errores, tiempo medio para llevar a cabo cierta tarea.

Algunas de las métricas habituales son:

- Porcentaje de usuarios capaces de completar la tarea.

- Tiempo invertido.

- Errores críticos. Porcentaje de usuarios que no pueden llevar a cabo la tarea.

- Errores no críticos. Porcentaje de usuarios que cometen algún error, pero pueden solventarlo y acaban completando la tarea correctamente.

- Porcentaje de tareas completadas sin errores.

- Medidas subjetivas. A través de cuestionarios, los usuarios opinan sobre la facilidad de uso, la organización de la información o el diseño de la web.

- Comentarios de los usuarios sobre lo que les ha gustado, lo que no y sus sugerencias para mejorar el sitio.

Las preguntas que se le pueden hacer a un usuario son muy amplias. Una primera aproximación es la **escala de usabilidad del sistema** (*System Usability Scale,* SUS), desarrollada por John Brooke en 1986. Se trata de diez afirmaciones, muy generales, que los usuarios deben valorar usando una escala de cinco valores, desde completamente de acuerdo a completamente en desacuerdo:

- Creo que me gustaría usar este sistema habitualmente.

- Encuentro el sistema innecesariamente complejo.

- Encuentro el sistema fácil de usar.

- Creo que necesitaría la ayuda de personal técnico para usar este sistema.

- Creo que las funciones del sistema están bien integradas.

- Creo que el sistema no es consistente.

- Creo que la mayoría de las personas aprenderían a usar el sistema rápidamente.

- Encuentro el sistema incómodo de usar.

- Me siento seguro usando el sistema.

- Tuve que aprender muchas cosas antes de poder manejarme con el sistema.

La respuesta a cada pregunta se traduce en un número del 0 al 4. La suma de todas las respuestas se multiplica por 25 y se obtiene un resultado del 0 al 100. La mejor manera de utilizar este número es para establecer comparaciones entre sistemas.

Pruebas en remoto

En estas pruebas el usuario permanece en su lugar de trabajo y es monitorizado a distancia. Como ventajas, evita desplazamientos y permite realizar muchas pruebas simultáneamente. Además, los usuarios están en su entorno habitual. En la parte negativa, la falta de contacto directo dificulta el diagnóstico y pueden surgir dificultades que los usuarios no sean capaces de solucionar sin ayuda (como instalar o configurar programas).

Evaluación heurística y revisión por expertos

En este caso, la evaluación no se lleva a cabo por usuarios sino por expertos en usabilidad. Se han definido muchas heurísticas diferentes. Entre las más conocidas están las definidas por Nielsen:

- Visibilidad del estado del sistema.

- Correspondencia entre el sistema y el mundo real.

- Control del usuario y libertad.

- Consistencia y estándares.

- Prevención de errores.

- Reconocer mejor que recordar.

- Flexibilidad y eficiencia.

- Proporcionar ayuda a los usuarios para reconocer, diagnosticar y recuperarse de un error.

- Ayuda y documentación.

Estas evaluaciones tienen que ser llevadas a cabo por un experto que sea capaz de valorar cada heurística apropiadamente. Complementan, pero no sustituyen a las pruebas de usuario.

Seguimiento de la mirada (*eye-tracking*)

En estas pruebas se registra la posición de la pantalla a la que mira el usuario.

- Usando los datos de varios, se genera un mapa de calor en el que se puede apreciar qué zonas reciben más atención y cuáles pasan desapercibidas.

- Se puede saber si el usuario está leyendo el contenido o recorriendo la página rápidamente.

Autoevaluación

2.1. ¿Cuál de las siguientes no es una característica relacionada con la usabilidad?

a) Facilidad de aprendizaje.

b) Posibilidad de manejo desde el teclado.

c) Interfaz de usuario intuitiva.

2.2. Marca la afirmación que consideres correcta:

a) La usabilidad incluye accesibilidad. Para que una página se pueda considerar accesible debe ser usable.

b) La accesibilidad incluye usabilidad. Para que una página se pueda considerar usable debe ser accesible.

c) Una página puede ser accesible sin ser usable y viceversa.

2.3. Marca la afirmación que consideres incorrecta sobre el diseño centrado en el usuario:

a) Es un proceso iterativo.

b) Solo cuenta con los usuarios en las fases iniciales del proyecto.

c) Aspira a conocer al usuario para poder responder a sus expectativas.

2.4. Los *wireframes* de un sitio no deben incluir información sobre:

a) Modos de navegación.

b) Colores y tipografía.

c) Categorías.

2.5. El método de ordenación de tarjetas se usa para:

a) Definir la arquitectura de la información de un sitio web.

b) Identificar los requerimientos funcionales de la aplicación.

c) Probar los prototipos de la interfaz de usuario.

2.6. Marca la afirmación que consideres incorrecta sobre la evaluación de la usabilidad:

a) La hacen exclusivamente los usuarios.

b) Incluye evaluación por parte de usuarios y de expertos en usabilidad.

c) Se basa en factores objetivos y subjetivos.

2.7. Marca la que no consideres una buena pauta de usabilidad en un formulario:

a) Ofrecer valores por defecto.

b) Poner un color de fondo diferente a cada campo para diferenciarlos.

c) Ofrecer ejemplos de formato para fechas.

2.8. Marca la que no consideres una buena pauta de usabilidad:

a) Informar de la categoría a la que pertenece el contenido que está viendo.

b) Crear menús de navegación con pocas categorías principales y muchos subniveles.

c) Usar texto descriptivo en los vínculos.

2.9. Marca la opción que no es un método para el análisis de requerimientos de usuario:

a) Personas

b) Casos de uso.

c) Inventario de contenidos.

2.10. Los participantes en una prueba de usabilidad…

a) Tienen que ser expertos en sistemas informáticos.

b) Son preferiblemente los desarrolladores del sistema.

c) Deben ser representativos de los usuarios del sistema.

2.11. Marca la opción que consideres correcta.

a) Usabilidad y experiencia de usuario son sinónimos.

b) Usabilidad es un concepto más amplio que experiencia de usuario.

c) Experiencia de usuario es un concepto más amplio que usabilidad.

2.12. ¿Cuál de los siguientes no es un objetivo de la arquitectura de la información?

a) Organizar los contenidos de un sitio web de manera lógica.

b) Definir modos de navegación y búsqueda.

c) Establecer elementos visuales como fuentes y colores.

2.13. Los diagramas de flujo de usuario se realizan durante la fase de:

a) Análisis.

b) Diseño.

c) Prueba.

2.14. Un *wireframe* se puede considerar:

a) Un prototipo de baja fidelidad.

b) Un prototipo de alta fidelidad..

c) Un producto casi acabado.

2.15. Los diagramas de flujo de usuario:

a) Representan de manera realista a un usuario tipo, detallando sus necesidades, características y experiencia.

b) Representan las acciones y decisiones de un usuario para llevar a cabo una tarea concreta.

c) Sirven para establecer una jerarquía entre los contenidos de un sitio web.

Ejercicios de aplicación

2.1. Elige una página que uses habitualmente y haz un *wireframe* a mano de la página de inicio, intentando representar la disposición general de los elementos y los modos de navegación.

2.2. Haz lo mismo utilizando la versión para móviles de la página.

2.3. Piensa en un proyecto de página web y en quiénes podrían ser sus usuarios. Intenta definir los grupos de usuario más relevantes y, para cada uno de ellos, enumera sus objetivos, las tareas que quiere llevar a cabo en la página y sus capacidades y características.

Algunas ideas son:

• Una aplicación de correo web.

• Una tienda *online*.

• Noticias sobre deporte.

2.4. Piensa en los posibles casos de uso de la página anterior y descríbelos.

2.5. Utilizando Figma, o la herramienta que prefieras, realiza los diagramas de flujo de usuario para las tareas más habituales de la página anterior.

2.6. Estructura el contenido de la página en categorías y diseña los medios de navegación, especialmente la barra de navegación principal.

2.7. Utilizando Figma, o la herramienta que prefieras, realiza un *sitemap* para el proyecto del ejercicio 2.3.

2.8. Realiza un *wireframe* de la página del ejercicio 2.3. Cuando tengas una primera versión, utiliza alguna herramienta como Balsamiq o Figma para hacer otro más detallado.

2.9. Escoge una página que visites habitualmente y examínala para ver si cumple las pautas del apartado 2.9.

Referencias

ACCESIBILIDAD

Normativa y estándares

- Real Decreto 1112/2018, de 7 de septiembre, sobre accesibilidad de los sitios web y aplicaciones para dispositivos móviles del sector público. https://www.boe.es/boe/dias/2018/09/19/pdfs/BOE-A-2018-12699.pdf

- Pautas para el contenido web accesible. http://www.w3.org/TR/WCAG22/

- WAI-ARIA. https://www.w3.org/TR/wai-aria/

Páginas y libros web sobre accesibilidad

- Observatorio de Accesibilidad del Ministerio para la Transformación Digital y de la Función Pública.

- https://administracionelectronica.gob.es/pae_Home/pae_Estrategias/pae_Accesibilidad.html

- WebAIM. www.webaim.org

- Web accessibility. https://learn.udacity.com/courses/ud891

- Accessibility handbook. Katie Cunningham. O'Reilly.

- Pro HTML5 accessibility. Joshue O'Connor. Apress.

Herramientas de accesibilidad

- Wave tool. http://wave.webaim.org/toolbar/

- Legibilidad mu. https://www.legibilidadmu.cl/

- TotalValidator. https://www.totalvalidator.com/

- PAC PDF Accessibility Checker. https://pac.pdf-accessibility.org/en

USABILIDAD

Páginas y libros sobre usabilidad

- Página sobre usabilidad del gobierno de los Estados Unidos. http://www.usability.gov/about-us/index.html

- http://www.usabilitynet.org

- EightShapes, https://eightshapes.com/dan-brown

- Information Architecture for the World Wide Web. Rosenfeld, Louis; Morville, Peter. O'Reilly Media, Inc.

- Pensamiento de diseño. https://es.wikipedia.org/wiki/Pensamiento_de_dise%C3%B1o

- Foundations of User Experience (UX) Design. https://www.coursera.org/learn/foundations-user-experience-design/home/welcome

- Designing Web Usability, Jakob Nielsen.

- Don't Make Me Think, Revisited: A Common Sense Approach to Web Usability, Steve Krug.

Herramientas de usabilidad

- Figma. https://www.figma.com/

- Sketch. https://www.sketch.com/

- Overflow. https://overflow.io/

- Balsamiq. https://balsamiq.com/

- Plugin para Figma desarrollado por Ozgu Ozden (https://dribbble.com/ozgu) bajo licencia CC BY 4.0 (https://creativecommons.org/licenses/by/4.0/) https://www.figma.com/community/file/1151805873087846300

... Títulos relacionados

HOTR0109 OPERACIONES BÁSICAS DE PASTELERÍA
[DISPONIBLE CERTIFICADO COMPLETO]

Solicítalos en:
- Librería
- www.paraninfo.es
- Solicitudes nacionales +34 914 463 350
- Solicitudes fuera de España +34 913 308 907, +34 913 308 919

Conservación en pastelería

Raquel Herreros González
Tomás Mayordomo Feliu
Asier Mazorriaga Rama

Paraninfo

© 2025 Ediciones Paraninfo, S. A.
© 2025 Raquel Herreros González, Tomás Mayordomo Feliu y Asier Mazorriaga Rama

Maquetación: Ediciones Nobel, S. A.

Impresión: Liberdigital (Casarrubuelos, Madrid)

ISBN: 978-84-283-6638-0
Depósito legal: M-1365-2025

Índice

Introducción normativa.. IX

1. Regeneración de géneros y productos de pastelería de uso común..................... 1
Introducción 3
1.1. Regeneración: definición... 4
1.2. Identificación de los principales sistemas de regeneración........................... 5
    1.2.1. Descongelación de materias primas o productos preelaborados.................... 8
    1.2.2. Horneado de panes o bollería precocida 9
    1.2.3. Puesta a punto de diferentes productos para su uso concreto en
        elaboraciones o proceso y reciclaje de productos o elaboraciones
        de pastelería.. 11
1.3. Clases de técnicas y procesos... 13
    1.3.1. Técnicas descongelación... 14
    1.3.2. Técnicas de atemperado y recalentado.. 15
    1.3.3. Técnicas de rehidratación... 18
    1.3.4. Técnicas de desalación... 18
    1.3.5. Técnicas de recuperación de la atmósfera normal 19
    1.3.6. Técnicas de horneado de panes o bollería precocida 19
1.4. Riesgos en la ejecución.. 21
    1.4.1. Riesgos higiénico-sanitarios en el proceso de regeneración 22
    1.4.2. Errores más frecuentes en la regeneración de alimentos que afectan
        a la calidad del producto final... 24
1.5. Aplicaciones 27
Mapa conceptual... 30
Actividades finales 31
Actividades de comprobación 33
Actividades aplicación... 35
Actividades ampliación 35
Caso práctico.. 36

2. Almacenamiento y conservación de géneros de pastelería 37
Introducción 39
2.1. Sistemas de conservación... 40
    2.1.1. Peligros potenciales en alimentos.. 40
    2.1.2. Preservación de las propiedades organolépticas de un alimento................ 45
2.2. Clasificación de los géneros en productos frescos o perecederos
    o no perecederos.. 49
2.3. Necesidades de conservación de los productos o géneros en base
    a la clasificación anterior.. 50

2.4. Conservación de productos no perecederos: acondicionamiento y normas básicas para el almacenaje de productos 53

2.5. Conservación en frío positivo o negativo: aplicaciones y características básicas 54

Mapa conceptual 56

Actividades finales 57

Actividades de comprobación 59

Actividades aplicación 61

Actividades ampliación 61

Caso práctico 62

3. Envasado de géneros de pastelería 63

Introducción 65

3.1. Envasado: definición 66

3.2. Identificación de los principales equipos de envasado: atmósfera modificada, envasado al vacío 68

3.3. Etiquetado de productos: normativa y ejecución según la misma 70

3.4. Procesos. Riesgos en la ejecución. Aplicaciones 73

Mapa conceptual 76

Actividades finales 77

Actividades de comprobación 79

Actividades aplicación 81

Actividades ampliación 81

Caso práctico 82

4. Sistemas de conservación y presentación comercial habitual de productos de pastelería 83

Introducción 85

4.1. Conservación: definición 85

4.2. Presentación comercial de los géneros, productos y materias primas más comunes 85

    4.2.1. Harinas y derivados 85

    4.2.2. Levaduras y otros aditivos 86

    4.2.3. Ovoproductos 86

    4.2.4. Aceites y grasas 86

    4.2.5. Leche y productos lácteos 87

    4.2.6. Frutas 87

    4.2.7. Chocolates y coberturas 87

    4.2.8. Frutos secos 88

    4.2.9. Azúcares 88

    4.2.10. Carnes 88

    4.2.11. Pescados y mariscos 89

    4.2.12. Verduras y hortalizas 89

4.3. Identificación de sistemas y métodos habituales de conservación 89

    4.3.1. Conservación por frío positivo y/o negativo 91

    4.3.2. Deshidratación 92

    4.3.3. Liofilización 93

    4.3.4. Confitado 94

    4.3.5. Compotas 95

4.3.6. Esterilización 96
4.3.7. Pasteurización y envasado al vacío o atmósfera modificada............ 97
4.3.8. Otros métodos de conservación 100
4.4. Asociación de los sistemas/métodos de conservación con su adecuación
a los distintos productos y equipos necesarios 107
4.4.1. Equipos para la conservación por frío positivo y/o negativo......................... ... 107
4.4.2. Equipos para la deshidratación 108
4.4.3. Equipos para la conservación por liofilización 108
4.4.4. Equipos para la conservación por confitado... 108
4.4.5. Equipos para la elaboración de compotas.. 108
4.4.6. Equipos para la conservación por calor (pasteurización, uperización
y esterilización) 109
4.4.7. Equipos para la conservación por envasado al vacío y en atmósfera
modificada... .. 109
4.4.8. Equipos para la sa azón 109
4.4.9. Equipos para el ahumado.. 110
4.4.10. Equipos para la conservación con especias... 110
4.4.11. Equipos para la conservación con irradiación... 110
4.4.12. Equipos para la conservación con aditivos.. 110
4.5. Fases de los procesos y riesgos en la ejecución 111
4.5.1. Procesos para la conservación por frío positivo y/o negativo.............. 111
4.5.2. Procesos para la deshidratación 111
4.5.3. Procesos para la conservación por liofilización... . 112
4.5.4. Procesos para el confitado.. . 113
4.5.5. Procesos para la elaboración de compotas.. 113
4.5.6. Procesos para la conservación por calor (pasteurización, uperización
y esterilización) 114
4.5.7. Procesos para la conservación por envasado al vacío o en atmósfera
modificada... 115
4.5.8. Procesos para la salazón 116
4.5.9. Procesos para el ahumado.. 116
4.5.10. Procesos para la conservación con especias.. 117
4.5.11. Procesos para la conservación por irradiación.. 118
4.5.12. Procesos para la conservación con aditivos.. 119
4.6. Operaciones sencillas de conservación y presentación comercial de géneros
y productos culinarios de uso común: técnicas y métodos adecuados 119
4.6.1. Hortalizas, frutas y verduras.. 120
4.6.2. Lácteos.. 120
4.6.3. Huevos.. 121
4.6.4. Especias.. 121
4.6.5. Legumbres 121
4.6.6. Carnes... 121
4.6.7. Pescados.. 122
4.6.8. Crustáceos... 122
Mapa conceptual.. 124
Actividades finales 125
Actividades de comprobación 127
Actividades aplicación... 129
Actividades ampliación 129
Caso práctico.. 130

5. Participación en la mejora de la calidad 131

Introducción 133

5.1. Concepto de calidad 133

5.2. APYPCC (análisis de peligros y puntos de control críticos) 136

    5.2.1. Los siete principios del APPCC 138

    5.2.2. El proceso de implantación del sistema APPCC 139

5.3. Aseguramiento de la calidad 149

5.4. Certificación de los sistemas de calidad 150

5.5. Actividades de prevención y control de los insumos y procesos para tratar
de evitar resultados defectuosos 153

    5.5.1. Organización basada en procesos 153

    5.5.2. Proceso de elaboración de productos de panificación y pastelería 154

    5.5.3. Selección y control de proveedores 155

    5.5.4. Operaciones de transporte 160

    5.5.5. Recepción de materias primas 163

    5.2.6. Almacenamiento y controles de almacén 166

    5.5.7. Aprovisionamiento interno 169

Mapa conceptual 172

Actividades finales 173

Actividades de comprobación 175

Actividades aplicación 177

Actividades ampliación 177

Caso práctico 178

Introducción normativa

La Ley Orgánica 3/2022, de 31 de marzo, de ordenación e integración de la Formación Profesional, contiene una disposición derogatoria única que afecta a la regulación de los certificados de profesionalidad, ahora denominados **Certificados Profesionales**. La referida normativa deroga la Ley Orgánica 5/2002, de 19 de junio, de las Cualificaciones y de la Formación Profesional, y abre un escenario de cambios que se irán implementando progresivamente.

La Ley Orgánica 3/2022, de 31 de marzo, de ordenación e integración de la Formación Profesional implica que toda la formación es acumulable. La oferta formativa se estructura de forma escalonada, siendo los Certificados Profesionales un nivel intermedio (Grado C) de una escala que va desde el Grado A hasta el E.

En los artículos 35 a 38 de la Ley 3/2022 se describe en qué consisten estos Certificados Profesionales: su oferta, formación asociada, estructura, duración, acceso, titulación y validez. Posteriormente, esta normativa se completa con lo dispuesto en el Real Decreto 659/2023, de 18 de julio, que desarrolla la ordenación del sistema de Formación Profesional. Concretamente en los artículos 67 a 81 es donde se hace referencia a la oferta formativa de Grado C, correspondiente a los Certificados Profesionales.

Están agrupados en 26 familias profesionales con características comunes del sector. En la actualidad hay más de medio millar de Certificados Profesionales incluidos en el Repertorio Nacional. Esta cifra no deja de crecer. Además, cada certificado está específicamente regulado por un real decreto.

Un Certificado Profesional corresponde al Grado C de la oferta del Sistema de Formación Profesional. Es un documento oficial, con validez en todo el territorio nacional y debe constar en el Catálogo Nacional de Ofertas de Formación Profesional, que certifica la capacitación para el desarrollo de una actividad profesional.

Debe detallar los módulos profesionales superados y los estándares de competencia profesional asociados a él e incluidos en el **Catálogo Nacional de Estándares de Competencias Profesionales**, así como su correspondencia con el Marco Español de Cualificaciones.

Despliegan su validez en un doble ámbito, laboral y académico:

- En el contexto laboral tienen validez profesional, porque acreditan las competencias en una determinada profesión. Para poder trabajar en algunas profesiones, se exigen determinadas cualificaciones, y los certificados sirven para acreditarlas.

- Asimismo, tienen validez académica, puesto que permiten continuar un itinerario formativo siempre que se cumplan los requisitos de acceso para cursar la titulación deseada. De tal modo que, los Certificados Profesionales que sean parte de un Grado D permitirán la matrícula modular para completar los módulos establecidos en el currículo y obtener el correspondiente título de técnico básico, técnico o técnico superior con validez en todo el territorio nacional.

Para obtener un Certificado Profesional (Grado C) es preciso cumplir con los requisitos de acceso para realizar la formación.

Estructura de los Certificados Profesionales

I. Identificación: denominación, familia y área profesional a la que pertenecen; nivel de cualificación profesional (1, 2 o 3); cualificación profesional de referencia; entorno profesional y módulos formativos que esté previsto cursar junto con la duración de cada uno de ellos.

II. Perfil profesional: incluye las competencias profesionales requeridas en el mercado laboral. En todas ellas se concretan las realizaciones profesionales y los criterios de realización.

III. Formación: describe los módulos formativos que esté previsto cursar para adquirir las competencias requeridas. En cada uno de ellos se indican las capacidades que se pretende alcanzar y la duración del módulo de prácticas no laborales —PNL—, para el que cabe solicitar exención si se cumplen determinados requisitos.

IV. Prescripciones de las personas formadoras.

V. Requisitos mínimos de espacios, instalaciones y equipamiento.

Los Certificados Profesionales se identifican con una denominación concreta y un código alfanumérico propio, y sirven para acreditar una determinada cualificación profesional. Cada certificado está asociado a una relación de unidades de competencia que, a su vez, se vinculan con una serie de módulos formativos específicos. Algunos módulos están integrados por unidades formativas y tanto unos como otras son, en ocasiones, transversales, lo que significa que se trata de contenidos incluidos en más de un Certificado Profesional.

Los Certificados Profesionales se articulan en tres niveles de competencia profesional (1, 2 y 3) conforme a lo dispuesto en el que será el Catálogo Nacional de Estándares de Competencias Profesionales, anteriormente Catálogo Nacional de Cualificaciones Profesionales (CNCP), según los criterios establecidos de conocimientos, iniciativa, autonomía y complejidad de las tareas, en cada una de las ofertas de Formación Profesional.

La oferta formativa dirigida a la obtención de los Certificados Profesionales tiene carácter modular para favorecer la acreditación parcial acumulable de la formación recibida y posibilitar así el avance en el itinerario de Formación Profesional para cualquiera que sea la situación laboral de cada persona en cada momento.

En definitiva, el Grado C constituye la oferta, parcial y acumulable, del sistema de Formación Profesional, de varios módulos profesionales del catálogo modular de Formación Profesional por razón de su significado en el mercado laboral y conducente a la obtención de un Certificado Profesional.

Las ofertas de Grado C de Formación Profesional tendrán por objeto módulos profesionales incluidos previamente en el catálogo modular de formación profesional y asociados al Catálogo Nacional de Estándares de Competencias Profesionales.

Finalidad de los Certificados Profesionales

- Contribuir a la ordenación de un Sistema de Formación Profesional al servicio de un régimen de formación y acompañamiento profesionales que sea capaz de responder con flexibilidad a los intereses, expectativas y aspiraciones de cualificación profesional de las personas a lo largo de su vida.

- Combinar escuela y empresa situando a la persona en el centro del sistema.

- Facilitar el aprendizaje permanente de toda la ciudadanía mediante una formación abierta, flexible y accesible, estructurada de forma modular, a través de la oferta formativa asociada al certificado.

- Acreditar las cualificaciones profesionales o las unidades de competencia recogidas en estas, independientemente de su vía de adquisición, bien sea través de la vía formativa, o mediante la experiencia laboral o vías no formales de formación.

- Favorecer, tanto a nivel nacional como europeo, la transparencia de mercado de trabajo.

- Contribuir a la calidad de la oferta de Formación Profesional.

Este libro

El presente libro desarrolla la Unidad Formativa Conservación en pastelería. **Código:** UF0818, **Duración:** 60 horas.

Corresponde al Módulo Formativo denominado Aprovisionamiento interno y conservación en pastelería (MF1333_1), asociado a la Unidad de Competencia UC1333_1: Ejecutar operaciones básicas de aprovisionamiento interno y conservación de preelaboraciones y elaboraciones de pastelería, perteneciente a la Cualificación Profesional de referencia HOT414_1: Operaciones básicas de pastelería, incluida en el Certificado de Profesionalidad HOTR0109 Operaciones básicas de pastelería.

Según el Real Decreto 685/2011, de 13 de mayo, los contenidos que en esta obra se recogen se corresponden con una duración de 60 horas.

Tanto la estructura como el desarrollo de este libro se ajustan a dicho Real Decreto y más concretamente a los contenidos de la Unidad Formativa **Conservación en pastelería.**

Contenido

1. **Regeneración de géneros y productos de pastelería de uso común.**
   - Regeneración: definición.
   - Identificación de los principales sistemas de regeneración:
     - Descongelación de materias primas o productos preelaborados.
     - Horneado de panes o bollería precocida.
     - Puesta a punto de diferentes productos para su uso concreto en elaboraciones o proceso y reciclaje de productos o elaboraciones de pastelería.
   - Clases de técnicas y procesos.
   - Riesgos en la ejecución.
   - Aplicaciones.

2. **Almacenamiento y conservación de géneros de pastelería.**
   - Sistemas de conservación.
   - Clasificación de los géneros en productos frescos o perecederos o no perecederos.
   - Necesidades de conservación de los productos o géneros en base a la clasificación anterior.
   - Conservación de productos no perecederos: acondicionamiento y normas básicas para el almacenaje de productos.
   - Conservación en frío positivo o negativo: aplicaciones y características básicas.

3. **Envasado de géneros de pastelería.**
   - Envasado: definición.
   - Identificación de los principales equipos de envasado: atmósfera modificada, envasado al vacío.

- Etiquetado de productos: normativa y ejecución según la misma.
- Procesos. Riesgos en la ejecución. Aplicaciones.

4 Sistemas de conservación y presentación comercial habitual de productos de pastelería.
- Conservación: definición.
- Presentación comercial ce los géneros, productos y materias primas más comunes.
- Identificación de sistemas y métodos habituales de conservación:
  - Conservación por frío positivo y/o negativo.
  - Deshidratación.
  - Liofilización.
  - Confitado.
  - Compotas.
  - Esterilización.
  - Pasteurización y envasado al vacío o atmósfera modificada.
- Asociación de los sistemas/métodos de conservación con su adecuación a los distintos productos y equipos necesarios.
- Fases de los procesos y riesgos en la ejecución.
- Operaciones sencillas de conservación y presentación comercial de géneros y productos culinarios de uso común: técnicas y métodos adecuados.

5. Participación en la mejora de la calidad.
- Concepto de calidad
- APYPCC (análisis de peligros y puntos de control críticos).
- Aseguramiento de la calidad.
- Certificación de los sistemas de calidad.
- Actividades de prevención y control de los insumos y procesos para tratar de evitar resultados defectuosos.

■ Nota del Editor

En Ediciones Paraninfo estamos comprometidos con la calidad de la formación e intentamos que nuestros materiales respondan fielmente y con rigor a las necesidades de todos cuantos confían en nuestro sello editorial.

Tratamos de dar respuesta a los currículos de las unidades formativas y de los módulos que integran los distintos Certificados Profesionales, equilibrando la parte teórica con la práctica para que los procesos de aprendizaje se conviertan en experiencias gratificantes, tanto para docentes como para las personas inmersas en los procesos formativos.

Nuestros objetivos son contribuir de forma decisiva a afianzar aprendizajes, ayudar a adquirir destrezas que tengan significado para el empleo y conseguir potenciar el desarrollo personal.

Para lograrlo contamos con excelentes autores, expertos en las materias que abordan, en la mayoría de los casos docentes de dichas especialidades con dilatada experiencia tanto profesional como académica, porque buscamos perfiles familiarizados con los contextos laborales concretos a los que se refieren nuestros manuales.

Confiamos en poder serte de ayuda y esperamos tus impresiones acerca de nuestro trabajo. Sean positivas o negativas, serán muy bien recibidas y, sin duda, nos ayudarán a seguir mejorando y trabajando con ilusión para continuar siendo un referente en formación para el empleo.

Agradecemos tu confianza en nuestros manuales. Todo nuestro equipo queda a tu total disposición. Puedes contactar con nosotros en esta dirección de correo electrónico:

info@paraninfo.es

1. Regeneración de géneros y productos de pastelería de uso común

Contenidos

Introducción

1.1. Regeneración: definición

1.2. Identificación de los principales sistemas de regeneración

1.3. Clases de técnicas y procesos

1.4. Riesgos en la ejecución

1.5. Aplicaciones

Actividades finales

INTRODUCCIÓN

Desde que el ser humano existe, el hambre ha sido su mayor fuente de inspiración para avanzar en el desarrollo tecnológico que le permitiera en primer lugar la obtención de alimentos, y en segundo lugar su conservación, sorteando así las épocas de carestía.

En lo que a técnicas de conservación se refiere el secado, el ahumado y el salado de alimentos han sido muy comunes desde siempre e incluso en las zonas donde las temperaturas eran bajas estos se preservaban de la contaminación mediante la utilización del frío.

Figura 1.1. El hambre ha sido desde siempre fuente de inspiración para el ser humano.

A lo largo de la historia las técnicas primitivas de conservación se han ido perfeccionando, los avances científicos han permitido entender los procesos mediante los cuales son eficaces y han surgido nuevas formas de tratamiento de los alimentos que aumentan su durabilidad: el enlatado, el desarrollo de la refrigeración, el envasado al vacío o la liofilización son algunos ejemplos.

En la actualidad, aunque la mayor parte de la población desarrollada no tiene problemas de hambre, la sociedad está acostumbrada a disfrutar de los alimentos y productos que quiere, en cualquier momento, sin importar la temporada de los mismos y a un precio razonable. Con esta premisa, la conservación de alimentos es esencial para proporcionarnos alimentos fuera de temporada, de cualquier parte del mundo, en distintas formas de presentación y con diferentes aplicaciones culinarias.

Los alimentos se conservan fundamentalmente controlando el crecimiento de microorganismos causantes de su deterioro, evitando la oxidación e inactivando las enzimas presentes de forma natural en los mismos. Para conseguirlo, as técnicas de conservación cambian en mayor o menor medida las propiedades de los alimentos (físico-químicas, nutricionales u organolépticas), en función de lo agresivas que sean. Para que estos puedan ser utilizados en según qué elaboraciones es necesario restaurar en la medida de lo posible sus propiedades originales y llevar el producto a una temperatura adecuada para ser consumido. A este proceso se le denomina regeneración.

1.1. REGENERACIÓN: DEFINICIÓN

La regeneración es un proceso que comprende las actividades y técnicas necesarias para restaurar las propiedades de los alimentos y alcanzar la temperatura adecuada de servicio que permite su consumo directo.

Hay que tener en cuenta que cuando hablamos de regeneración lo hacemos pensando en un proceso que comprende varias actividades diferenciadas y no solo el aumento de temperatura. Por poner un ejemplo, para regenerar de forma correcta una salsa concentrada envasada al vacío, primero tendremos que descongelarla, después diluirla y por último llevarla a temperatura de servicio. Esa salsa normalmente no se consumirá sola, sino que formará parte de una elaboración más compleja. En consecuencia, los alimentos y productos regenerados pueden ser utilizados bien en consumo directo o bien en la preparación de otros productos semielaborados o terminados.

Figura 1.2. Restaurar un alimento significa recuperar sus propiedades anteriores y alcanzar la temperatura de servicio adecuada.

Figura 1.3. La conservación y la regeneración están relacionadas con la forma en la que tenemos previsto consumir el alimento.

El proceso de regeneración está relacionado con la forma en la que pensamos consumir el alimento con posterioridad, por lo que decimos que está íntimamente relacionada con la conservación. ¿Podríamos conservar fruta en salazón? Desde un punto de vista estricto sí, ya que evitaríamos el crecimiento microbiano, pero si no podemos desalarla con posterioridad y recuperar sus propiedades originales, ¿quién se comería una naranja salada? En la industria alimentaria no puede concebirse la conservación sin la regeneración y viceversa, por lo que este último es un proceso tan importante como el primero. Cuando se estudian nuevos métodos de conservación de alimentos se piensa siempre en la forma en que se van a regenerar después.

1.2. IDENTIFICACIÓN DE LOS PRINCIPALES SISTEMAS DE REGENERACIÓN

La forma más sencilla de identificar los principales sistemas de regeneración es teniendo en cuenta las técnicas de conservación con las que están relacionados. Lo haremos pensando en todas las actividades y técnicas que forman parte del proceso de regeneración y no solo en la consecución de la temperatura de servicio. A continuación se muestra un esquema con las características fundamentales de cada sistema, teniendo en cuenta que se desarrollarán después en capítulos posteriores.

Técnica de conservación	Técnica de regeneración
Congelación	*Descongelación*
La congelación es uno de los métodos de conservación que mejor preserva las propiedades de los alimentos. Tiene un doble efecto, ya que por un lado está el descenso de temperatura y por otro la falta de acceso a agua libre de los microorganismos, al estar esta congelada. En consecuencia, el crecimiento microbiano se inhibe.	Para una correcta regeneración, los alimentos se descongelan completamente mediante distintas técnicas: refrigeración, inmersión en agua o microondas. Los alimentos descongelados recuperan gran parte de sus propiedades iniciales, pero vuelven a ser vulnerables a la contaminación microbiana.
Refrigeración	*Atemperado / recalentado*
La refrigeración ralentiza el crecimiento de microorganismos presentes en los alimentos por la acción de las bajas temperaturas. El frío mejora la conservación, pero aquellos alimentos que deben servirse calientes no tienen la temperatura adecuada. Además se produce un cambio de la viscosidad de los alimentos líquidos.	Los productos refrigerados se regeneran mediante un atemperado o recalentado a la temperatura de servicio adecuada que permita recuperar sus propiedades.

(Continúa en la siguiente página)

Técnica de conservación	Técnica de regeneración
Deshidratación	*Hidratación*
Las técnicas de deshidratación son las más utilizadas en la conservación de alimentos, ya que los microorganismos no pueden crecer ante la falta de agua. Los alimentos deshidratados se vuelven especialmente seguros, aunque difícilmente pueden consumirse tal cual dado que su textura y el resto de sus propiedades cambia radicalmente.	La forma de regeneración de estos productos es su rehidratación en agua, con lo que recuperamos la textura adecuada y parte de sus propiedades originales, antes de someterlos a un tratamiento térmico adecuado.
Concentración	*Dilución*
Cuando eliminamos parte del agua contenida en un líquido como una salsa, un jugo, o un caldo, estamos concentrando el resto de sus componentes, por lo que se potencia su sabor y aumenta su viscosidad. La baja actividad de agua es la responsable del aumento de conservación, aunque normalmente es necesario conservar estos alimentos en refrigeración.	La regeneración, en este caso, consiste en la dilución de estos productos mediante la adición de agua u otros líquidos, además del ajuste de la temperatura hasta alcanzar la viscosidad adecuada.
Salación	*Desalación*
Cuando salamos un alimento se produce una disminución de su actividad del agua y una deshidratación del mismo. El crecimiento de microorganismos se inhibe y el alimento se vuelve seguro, además de cambiar las propiedades organolépticas. La salación puede realizarse con sal seca o mediante inmersión en salmuera.	Algunos alimentos en salazón pueden comerse tal cual, como las huevas de pescado, la cecina o el jamón. Sin embargo, otros alimentos, debido a su alta concentración salina o en relación a la elaboración que vamos a preparar es necesario desalarlos previamente. La regeneración consiste, en el lavado por inmersión en agua limpia.
Almíbar	*Escurrido*
Cuando sumergimos un alimento (normalmente frutas) en almíbar, se produce un efecto osmótico mediante el cual ganan azúcar y pierden agua. Hay una pequeña deshidratación, pero una gran disminución de la actividad del agua que inhibe el crecimiento de microorganismos y mejora la conservación de los alimentos.	Los alimentos conservados de esta forma no necesitan una regeneración como tal dado que el marcado sabor dulce del almíbar es ideal para la elaboración de productos de pastelería y repostería, así que solo será necesario escurrirlos. En cualquier caso, el almíbar recuperado se puede aprovechar para el mojado de bizcochos, por ejemplo.

(Continúa en la siguiente página)

Técnica de conservación	Técnica de regeneración
Conservas	**_Escurrido/lavado_**
Los alimentos en conserva se introducen en una lata o recipiente de vidrio que se rellena con el llamado líquido de gobierno o de cobertura. Este último, al envolver el alimento completamente, favorece la transmisión de calor y la extracción de aire durante el proceso de esterilización por calor posterior al que se someten los recipientes. Los microorganismos presentes de forma natural en los alimentos son eliminados por la acción del calor, y al estar los envases cerrados herméticamente conseguimos que las conservas sean alimentos completamente estériles y seguros.	En algunos casos, el líquido de gobierno puede ser consumido, dado que aporta un gran sabor y puede contener muchos nutrientes, por lo que no sería necesaria una regeneración. En otras ocasiones, el líquido de cobertura no nos interesa y podemos eliminarlo mediante escurrido, y en caso de querer evitar un sabor muy marcado podemos lavar el alimento con agua, teniendo en cuenta que se perderían algunas de sus propiedades nutritivas.
Envasado a vacío o atmósfera modificada	**_Recuperación de atmósfera normal_**
Cuando envasamos un alimento al vacío, extraemos parte del aire incrustado en los poros del mismo y sellamos el envase para evitar que contacte con el oxígeno del ambiente exterior. La falta de oxígeno dificulta el crecimiento de microorganismos, y aunque el alimento no es estéril aumenta considerablemente su tiempo de conservación. Algunos alimentos evolucionan mal en ausencia de aire, por lo que una vez extraído este es posible añadir una atmósfera modificada (mezcla de varios gases) que controlan el deterioro de los mismos.	La regeneración consiste en abrir el envase y dejar que el alimento recupere la atmósfera normal. El efecto es diferente para cada tipo de alimento, pero es frecuente una recuperación del color.

Por su importancia en el sector de la pastelería, a continuación vamos a profundizar en la descongelación, el horneado de productos precocidos y la puesta a punto de diferentes productos de uso común.

1.2.1. Descongelación de materias primas o productos preelaborados

Descongelar materias primas o productos preelaborados es algo muy habitual en pastelería. El motivo fundamental es que los productos que servimos requie-

Figura 1.4. Una buena descongelación es imprescindible para recuperar la calidad de los productos congelados.

ren por un lado de largos tiempos de elaboración, pero por otro su durabilidad es muy corta. Esto sucede especialmente con los panes, la bollería y otros productos elaborados a base de masas. Cuando estos productos están terminados, sus condiciones óptimas no duran ni 24 horas, y si intentamos venderlos pasado ese tiempo el cliente percibe la pérdida de calidad, lo que dificulta su fidelización.

La consecuencia inmediata es que es muy difícil calcular cuánta producción necesitamos cada día, y más teniendo en cuenta que el consumo de los clientes es impredecible. Para los productos menos costosos, como el pan, muchos establecimientos optan por hacer más cantidad de la prevista, considerando la parte no vendida una merma y teniéndola en cuenta en el escandallo del precio de venta. En el caso de los géneros más caros, como tartas o pasteles, se elaboran cantidades limitadas pensando que se van a vender todas, y se ofrece a los clientes la posibilidad de hacer encargos y reservas, pero con este sistema estamos limitando nuestra capacidad de venta.

Trabajar con materias primas y productos congelados nos permite mejorar la gestión de nuestra producción, ya que presenta algunas ventajas:

- Podemos tener un *stock* suficiente de aquellas materias primas que admitan un buen proceso de congelación-regeneración.

- Es más sencillo gestionar los turnos de trabajo ya que podemos distribuirlos a lo largo de la semana independientemente de si esperamos ventas esos días o no.

- En vez de empezar cada orden de trabajo desde cero, podemos partir de productos preelaborados o precocidos acelerando los tiempos en caso de días de grandes ventas.

- Podemos vender este tipo de productos a terceras empresas, como otros negocios de pastelería o restaurantes.

© Ediciones Paraninfo

Las desventajas de trabajar con materias primas y productos congelados son las siguientes:

Figura 1.5. Las frutas pierden parte de sus propiedades organolépticas y nutricionales con la congelación.

- Es necesario tener un espacio de almacenamiento importante para mantener los productos congelados. Además, supone un aumento de los costes energéticos.

- Los productos congelados presentan una pérdida de calidad respecto a los productos completamente frescos, mayor o menor en función del tipo de productos y de la calidad del proceso de congelación.

Hay que tener en cuenta que si bien todos los productos admiten una buena congelación, cuando se regeneran no todos recuperan sus propiedades idóneas, por lo que nunca podemos evitar trabajar con productos frescos.

El requisito fundamental para una buena congelación, como explicaremos más detalladamente en los próximos capítulos, es que el alimento en cuestión tenga un contenido importante de agua, ya que es esta la que cambiará de estado de líquido a sólido. También es necesario que se combine con un buen envasado que preserve los productos de la oxidación y en el caso de las frutas y verduras de un escaldado que inactive las enzimas presentes en ellas.

Además, la congelación debe ser lo más rápida posible, ya que de esta forma conseguiremos que los cristales de hielo formados sean pequeños y las cualidades de los alimentos, especialmente la textura, se preservan mejor.

Para una óptima regeneración la descongelación ha de ser justo lo contrario, lo más lenta posible para que los alimentos recuperen poco a poco la estructura original. Hay que tener en cuenta la temperatura, el contacto con el aire, y poner los medios adecuados para evitar la contaminación cruzada. Existen tres técnicas para la correcta descongelación de materias primas y productos terminados, que serán explicadas en el Apartado 1.3.1.

1.2.2. Horneado de panes o bollería precocida

El pan es el alimento básico por excelencia de la dieta mediterránea, y aunque su consumo ha decaído en los últimos años en nuestro país, sigue siendo la referencia de nuestra la alimentación diaria. Puede estar presente en todas las comidas del día: en el desayuno en forma de tostadas, en el almuerzo y la merienda como parte de bocadillos, y en la comida y la cena como acompañamiento de casi cualquier plato.

Además de ser en sí mismo un producto estrella, su bajo precio, su consumo diario y su escasa durabilidad le otorgan la cualidad de atraer a los consumidores a nuestros puntos de venta todos los días, facilitando la compra de otros productos de bollería y pastelería que de por sí no se consumirían con tanta frecuencia.

El pan y la bollería de consumo diario son fáciles de producir, ya que se elaboran a partir de ingredientes básicos no perecederos como harina, levadura, agua, sal, azúcar o huevos. Sin embargo, es necesario disponer de importantes espacios, maquinaria y tiempo.

Necesidades de un obrador	
Espacios y maquinaria	Las necesidades de espacio y maquinaria para la elaboración de panes y bollería en un obrador de panadería-pastelería son las siguientes: • **Zona de recepción**: con mesas y bancadas; báscula y termómetro; cubos de basura y lavamanos; recipientes. • **Almacén**: con estanterías; recipientes. • **Zona de cámaras**: con estanterías; recipientes; carros y torres portabandejas; indicadores de temperatura. • **Pastelería fría**: climatizador con indicador de temperatura; mesas de trabajo, pilas, estanterías, equipos y utillaje; cubos de basura y lavamanos; útiles de limpieza y desinfección; guantes y mascarillas. • **Pastelería caliente**: con hornos y campanas extractoras; armario caliente y baño maría; elementos de cocción, abatidor de temperatura; mesas de trabajo, pilas, estanterías, equipos y utillaje; cubos de basura y lavamanos; útiles de limpieza y desinfección; guantes y mascarillas. • **Zona de fregadero**: mesas para el depósito de utensilios y menaje sucio; fregaderos, lavavajillas; estanterías y barras para el colgado de menaje y utillaje; campana para la extracción de vahos. • **Cuarto de basuras**: con contenedores con tapa hermética; sistema de lavado a presión. • **Aseos**: con lavamanos, dosificador de jabón, secado automático de manos o dispensador de papel; taquillas y zapatero. • **Otras dependencias**: como la oficina administrativa. • **Sala de venta**: con mostradores y expositores.

(Continúa en la siguiente página)

Necesidades de un obrador	
Tiempo	El proceso de producción de panadería y bollería requiere de largos tiempos de: • Amasado. • Fermentación. • Horneado. • Enfriamiento. • Conservación.

Si todos los establecimientos que venden pan y bollería tuvieran que tener estas instalaciones, la inversión y el riesgo del negocio serían muy elevados. Existen por tanto establecimientos sin obrador propio que también venden productos de panadería-pastelería:

- Panadería-pastelería.

- Despacho de pan.

- Confitería.

- Cruasantería.

- Supermercados.

- Tiendas minoristas.

- Restaurantes.

Figura 1.6. Trabajar con bollería congelada es muy habitual en establecimientos sin obrador propio.

En este tipo de empresas se trabaja con espacios, maquinaria y tiempos reducidos gracias al empleo de masas precocidas congeladas, que pueden ser horneadas poco tiempo antes de la venta en función de las necesidades diarias.

Las técnicas para el correcto horneado de panes o bollería precocida se explicarán en el Apartado 1.3.6.

1.2.3. Puesta a punto de diferentes productos para su uso concreto en elaboraciones o proceso y reciclaje de productos o elaboraciones de pastelería

Las técnicas de regeneración se emplean en la puesta a punto de productos que requieren una textura o unas condiciones específicas para su utilización en pastelería. Los productos más característicos que necesitan ese trabajo previo son los siguientes:

Figura 1.7. Los chocolates se funden y se enfrían sin que lleguen a solidificar para poder manipularlos adecuadamente.

Figura 1.8. La mantequilla se atempera hasta alcanzar la textura de pomada.

Figura 1.9. La levadura de panadero se activa mediante la hidratación en agua templada.

- **Chocolate:** los chocolates y las coberturas se conservan normalmente a temperatura ambiente o en refrigeración, lo que significa que estarán en estado sólido. Para poder manipularlos es necesario fundirlos con calor y enfriarlos nuevamente sin que lleguen a solidificar, lo que se conoce como atemperado del chocolate.

- **Mantequilla:** normalmente la mantequilla se conserva refrigerada, mientras que su utilización puede ser a esa temperatura o lo que llamamos en textura pomada. La técnica de puesta a punto más utilizada es el atemperado.

- **Levadura de panadero:** como su nombre indica está compuesta por levaduras, seres microscópicos vivos, deshidratados y prensados. La puesta a punto de la levadura consiste en su activación mediante la rehidratación en agua templada (nunca caliente) con una pequeña cantidad de azúcar.

Como las técnicas utilizadas para la puesta a punto de diferentes materias primas y productos de uso común en pastelería son las mismas que las utilizadas en su regeneración, se explicarán en el Apartado 1.3.

En lo que respecta al reciclado de productos o elaboraciones de pastelería, ya hemos comentado que se trata de productos de una vida útil muy corta, pero no porque dejen de ser seguros para el consumidor, sino porque al cambiar sus propiedades el valor comercial se desvanece. El caso más característico es el pan. A todos nos gusta comer pan crujiente del día. Si tenemos en casa pan del día anterior seguramente se habrá reblandecido debido a la humedad ambiental, y aunque no disfrutemos tanto con él todavía podemos comerlo porque sigue siendo seguro. Sin embargo, si vamos a una panadería y nos intentan vender pan del día anterior no estaremos dispuestos a pagar por él.

Por ser un producto ancestral y la base de la alimentación humana existe un gran recetario tradicional que utiliza pan del día anterior para la elaboración de todo tipo de productos como: pan rallado, *paninis*, migas, torrijas, *pizzas*, bucines, tostas, tostadas, pepitos y un largo etcétera.

1.3. CLASES DE TÉCNICAS Y PROCESOS

En la actualidad podemos regenerar los alimentos de muchas formas distintas, en primer lugar porque disponemos de equipamiento y maquinaria muy variada que nos permite obtener resultados excelentes en función de nuestras necesidades, y en segundo lugar porque conocemos las peculiaridades de emplear una técnica u otra en función de nuestras expectativas. El uso de unas técnicas de regeneración u otras depende de diversos factores:

- **Estado de conservación inicial:** no es lo mismo trabajar con alimentos naturales, congelados, deshidratados o envasados al vacío. En función del estado de conservación inicial elegiremos la técnica de regeneración más apropiada.

- **El alimento:** el tipo de alimento, sus características organolépticas, sus propiedades físico-químicas y su modo de presentación influirán en la forma de tratar cada producto.

- **El equipamiento y la maquinaria:** en función del equipamiento y la maquinaria de que dispongamos en nuestro establecimiento podremos emplear técnicas de regeneración diferentes.

- **La cantidad:** cada equipamiento o maquinaria nos permite trabajar con cantidades distintas de productos. En función de las necesidades de nuestras órdenes de trabajo elegiremos técnicas o maquinaria que se ajusten a las cantidades que debemos preparar en cada momento.

- **El tiempo:** para producir un mismo efecto existen técnicas más rápidas que otras, si bien en la mayoría de los casos tienen efectos muy distintos en las propiedades organolépticas de nuestras elaboraciones. Si el tiempo de regeneración es una prioridad, elegiremos las técnicas más rápidas que cumplan con el resto de criterios.

- **El resultado final:** no es lo mismo elaborar bollería industrial que pastelería fina, por lo minuciosos que debemos ser en la manipulación y la presentación final de nuestros productos. En función del resultado que deseamos elegiremos las técnicas de regeneración más adecuadas a nuestros intereses.

A continuación, explicamos las técnicas más habituales de regeneración en función del efecto que queremos conseguir en los alimentos y los productos que vamos a tratar.

1.3.1. Técnicas descongelación

Cuando trabajamos con productos congelados lo primero que debemos preguntarnos es si necesitamos una descongelación previa. A veces es posible un tratamiento térmico directo del producto (fritura, salteado u horneado), con lo que tenemos dos ventajas: aceleramos los tiempos de regeneración y aumentamos la seguridad del proceso de descongelación. En general, los productos precocidos o preelaborados admiten bien este cocinado directo, mientras que los crudos no.

Los productos que necesitan una descongelación previa recuperarán mejor sus propiedades si esta es lenta, ya que el agua se redistribuye uniformemente y se preserva la textura. Además, por cuestiones de seguridad es mejor que la descongelación sea uniforme, ya que dificultaremos el crecimiento microbiano.

Existen tres técnicas de descongelación permitidas por la legislación: en refrigeración, en agua fría fluyente y en microondas.

El mejor método de los tres, pero el más lento, es la descongelación en refrigeración. El alimento recupera la textura de forma progresiva y la calidad final es excelente. Conviene que el alimento tenga un envase adecuado para evitar la contaminación cruzada, y es necesario utilizarlo inmediatamente tras la descongelación.

Figura 1.10. La mejor descongelación es la que hacemos en cámara frigorífica.

El segundo método es con contacto con agua fría fluyente. Podemos sumergir el alimento en agua fría, dejando el grifo abierto para que la temperatura del agua no suba o ponerlo directamente bajo el grifo abierto. Es fundamental que el alimento esté perfectamente envasado para que no se pierdan nutrientes por disolución o arrastre. Se trata de un método más rápido que la descongelación en refrigeración y el resultado es muy aceptable, pero hay un consumo considerable de agua.

Figura 1.11. Descongelar en agua fría fluyente supone un elevado consumo de agua.

Aunque su uso está bastante extendido, sobre todo a nivel doméstico, no es un buen método para descongelar alimentos. Las microondas provocan el movimiento de las moléculas de agua y su calentamiento, pero puesto que el agua presente en los alimentos está congelada, esta no tiene movilidad. Esto se traduce en un deterioro importante de la textura. Además, hay otra desventaja y es que la descongelación no es uniforme, por lo que es posible tener el centro del alimento congelado mientras la parte externa empieza a cocinarse. Pese a todo, es un método aceptable en la descongelación de líquidos, es rápido, pero no podemos regenerar grandes cantidades de producto al mismo tiempo por lo que su uso a nivel comercial es residual.

Figura 1.12. La descongelación en microondas afecta notablemente a las propiedades físicas de los alimentos.

1.3.2. Técnicas de atemperado y recalentado

La puesta a punto de la temperatura de servicio es el sistema de regeneración más importante de los utilizados en pastelería. La clave está en alcanzar la temperatura necesaria en el centro del producto (70 °C), que permita garantizar su seguridad y al mismo tiempo ofrecer los productos en óptimas condiciones a nuestros clientes.

Para la comprobación de la temperatura utilizaremos termómetros de sonda, que nos permiten pinchar el alimento y asegurarnos de sus condiciones interiores.

Estos termómetros pueden ser portátiles o estar incorporados directamente en los hornos más modernos.

Las técnicas de atemperado y recalentado están relacionadas con el método de generación de calor, que depende a su vez de la maquinaria empleada para tal fin. Es la siguiente:

- **Atemperador de chocolate:** se utiliza para fundir el chocolate y mantenerlo a la temperatura adecuada de forma constante. Se puede programar de forma sencilla, por lo que nos permite un control preciso de la temperatura y así evitamos quemar el chocolate.

- **Baño maría:** se trata de un generador de calor indirecto, compuesto por un receptáculo estanco con agua caliente, donde se colocan recipientes para mantener calientes los alimentos. Puede ser a gas o eléctrico con toma de agua directa o indirecta. Se trata de un método de atemperado-recalentado envolvente que reparte el calor de forma homogénea y es delicado con los productos.

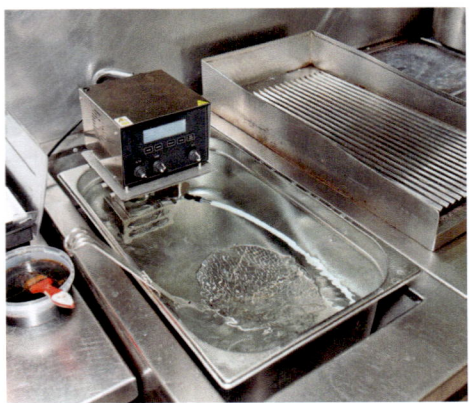

Figura 1.13. El baño maría es un equipo muy versátil que se utiliza tanto para conservar como para regenerar alimentos.

- **Cocedor de crema:** se trata de un cazo eléctrico que reparte el calor de forma uniforme desde la base. Es una herramienta muy versátil, utilizado para la elaboración de cremas, jarabes o caramelos.

- **Cocedor de vapor:** para cocinar algunos postres y tartas con una temperatura concreta mediante vapor de agua. Existen modelos que trabajan con y sin presión.

- **Fogones:** son generadores de calor directo empleados para el cocinado de materias primas, que permiten emplear las diferentes técnicas de cocinado. Pueden ser de gas o eléctricos (vitrocerámicas o de inducción).

Figura 1.14. Los fogones sirven tanto para la elaboración de productos como para su regeneración.

- **Freidora:** se trata de una sartén de grandes proporciones para hacer grandes frituras. Según el modelo, puede ser a gas, eléctrica o mixta, y disponer de una o varias cubetas. Se puede regular la temperatura del aceite para que la fritura sea uniforme y constante. En pastelería, se usa para regenerar masas fritas como churros o buñuelos. En su utilización es importante que el aceite tenga la temperatura adecuada antes de sumergir el alimento, ya que en caso contrario absorbería una cantidad de grasa excesiva. Además, es necesario cambiar el aceite con frecuencia evitando su sobreuso.

Figura 1.15. Las masas fritas como los buñuelos se regeneran utilizando la freidora.

- **Fermentadora:** se utiliza para la fermentación de masas que contengan levadura fresca mediante la generación de una temperatura adecuada y constante. Permite la fermentación de las masas con calor seco o con una cierta humedad (también regulable), facilitando la estandarización de la producción y disminuyendo la posibilidad de fallos en el horneado.

- **Hornos:** los hornos pueden utilizarse para recalentar los productos terminados. Ofrecen un calor envolvente y permiten trabajar con grandes cantidades de producto en poco tiempo, por lo que su uso está muy extendido. En el Apartado 1.3.6 explicaremos con más detalle el uso de los hornos para la cocción de productos, y definiremos sus características más importantes.

Figura 1.16. Los hornos son la maquinaria más habitual usada en pastelería.

1.3.3. Técnicas de rehidratación

Cuando rehidratamos un producto se producen tres fenómenos: el primero es la hidratación propiamente dicha, el segundo la transferencia de solutos del interior del alimento al líquido de rehidratación, y por último el aumento de volumen y la recuperación de la textura.

Rehidratar un alimento desecado es un proceso relativamente sencillo, pero la calidad del resultado final dependerá también del método de secado, la temperatura y la velocidad del mismo, la forma de envasado y la temperatura de almacenamiento.

Para una correcta rehidratación debemos sumergir el alimento desecado en un líquido y esperar que este penetre lentamente en el interior del mismo. La opción más común es utilizar agua, pero el alimento puede perder algunos nutrientes que se disuelvan en ella y además quedar insípido. En pastelería también es habitual rehidratar frutas desecadas y otros productos en una solución de agua con azúcar. Con este sistema, minimizaremos la pérdida de valor nutricional y potenciaremos su sabor dulce, aprovechándolo en la elaboración posterior. Otra opción es realizar la hidratación utilizando zumos de frutas, con lo que premeditadamente estamos añadiendo un sabor concreto que aprovecharemos después.

1.3.4. Técnicas de desalación

Cuando se sala un alimento se hace mediante la utilización de sal seca o de salmuera (solución de agua y sal). Se trata de un proceso lento, porque lo que se pretende es que la sal penetre en el interior del mismo extrayendo la mayor cantidad de agua posible.

Siendo la desalación el fenómeno inverso, parece evidente que un lavado superficial sería insuficiente porque aunque lográramos eliminar la sal exterior el alimento continuaría salado por dentro. Por tanto, la técnica más adecuada para la desalación es la inmersión en agua limpia tras un lavado superficial de cada pieza.

Cuando introducimos un alimento salado en agua limpia se produce un

Figura 1.17. La rehidratación depende del tamaño de la pieza.

gradiente (diferencia) de concentración salina que provoca la extracción de sal del interior del mismo y la entrada de agua en los tejidos del producto. La eficacia de la desalación es mayor cuanto mayor sea el gradiente de concentración, disminuyendo ambos con el paso del tiempo.

La forma de mejorar el proceso es cambiando el agua de remojo de producto cada cierto tiempo por agua completamente limpia hasta que alcancemos la concentración de sal adecuada. El tiempo de remojado y el número de cambios depende del alimento en cuestión y del tamaño de las piezas.

1.3.5. Técnicas de recuperación de la atmósfera normal

Para la recuperación de la atmósfera normal en alimentos envasados al vacío o en atmósfera modificada, lo primero que hay que tener en cuenta es si una vez abiertos necesitan frío para su conservación o no. En el caso de los alimentos perecederos la recuperación de la atmósfera normal se realizará en refrigeración y en el caso de los no perecederos se podrá realizar a temperatura ambiente con sistemas que permitan el control de la humedad y la temperatura.

Lo segundo que hay que tener en cuenta es el tiempo que necesita cada alimento para su regeneración. En el caso de frutas o verduras puede ser mínimo y en el caso de carnes podemos precisar de 20 a 30 minutos. Al recuperar panes y masas envasadas al vacío hay que pensar si requieren de una fermentación previa al horneado, en cuyo caso combinaremos el tiempo de recuperación de atmósfera con el de fermentado.

En último lugar, hay que tener en cuenta el uso final del producto en cuestión, para facilitar su procesado. Si el producto va a ser horneado con posterioridad recuperaremos la atmósfera directamente en las bandejas de horno que utilizaremos después, disminuyendo la manipulación y optimizando el trabajo.

1.3.6. Técnicas de horneado de panes o bollería precocida

Cuando utilizamos panes o bollería precocida, esta puede provenir de fabricación industrial o ser de elaboración propia. En el primer caso, es importante seguir las instrucciones del fabricante para una correcta regeneración, y en el segundo, debemos definir nuestro propio proceso mediante la realización de pruebas que nos permitan optimizar la calidad sensorial del producto final.

De forma general, los pasos del proceso de horneado de panes o bollería precocida son los siguientes:

Figura 1.18. El proceso de horneado de panes y bollería precocida consta de una serie de etapas que deben seguirse para conseguir la calidad deseada.

- **Almacenamiento adecuado:** en función del método de conservación se deberán almacenar en congelación o a temperatura ambiente. Si son de elaboración industrial se guardarán en el recipiente facilitado por el fabricante, mientras que los de fabricación propia se colocarán directamente en las bandejas de horno que utilizaremos con posterioridad. Al evitar trasvasar las piezas de un recipiente a otro facilitamos la manipulación a lo largo de todo el proceso y minimizamos el riesgo de rotura de las mismas.

- **Descongelación:** solo si es necesaria según indicaciones del fabricante o siguiendo nuestro propio criterio. En cualquier caso, utilizaremos las bandejas de horneado por los mismos motivos que en el caso anterior.

- **Fermentación:** cuando sea necesario fermentar la masa, lo haremos preferiblemente en la cámara de fermentación, ya que así conseguiremos resultados uniformes.

- **Horneado:** realizaremos la cocción de los productos siguiendo las instrucciones del fabricante o mediante los parámetros de tiempo y temperatura definidos por nosotros mismos. En cualquier caso, es importante que los productos estén completamente descongelados. Podemos humedecer la masa (lo que le aportará elasticidad) o pintar y decorar los productos antes de la cocción. El horno debe tener la temperatura adecuada antes de introducir el producto en su interior, y tendremos en cuenta que en función del modelo con el que trabajemos podemos necesitar más o menos tiempo.

Los **hornos** permiten cocer todo tipo de masas a temperaturas controladas y adecuadas a cada elaboración. Existen hornos convencionales y de convención. Pueden funcionar con electricidad, gas, gasoil o incluso leña. Algunos incorporan un sistema para la cocción con vapor. Puesto que el horneado en sí es bastante simple, la clave está en elegir el horno adecuado en función de los productos que ofrecemos en nuestro establecimiento. Nos fijaremos en su tamaño, su distribución, dónde está la fuente de calor, la temperatura que alcanza, y si dispone de calor envolvente o de horneado a vapor. Existen hornos específicos para pastelería, panes o *pizzas*.

- **Enfriamiento:** una vez cocidos los productos, estos deben refrigerarse en un lugar fresco y seco. Es un momento crítico porque un exceso de humedad puede reblandecer los productos, y una refrigeración muy lenta puede provocar una sobrecocción, y si esta es demasiado rápida, las masas pueden quebrarse.

- **Decoración:** después del enfriamiento podemos decorar la bollería según la receta de cada producto.

Figura 1.19. La decoración de los productos puede suponer un valor añadido.

1.4. RIESGOS EN LA EJECUCIÓN

Cuando regeneramos un producto que está en unas condiciones óptimas de conservación, estamos asumiendo dos riesgos: el primero es que lo contaminemos con una manipulación inadecuada (volviéndose inseguro), y el segundo es que la regeneración no sea óptima y el alimento no recupere el estado adecuado que necesitamos para su posterior manipulación o servicio.

En cualquiera de los dos casos nos encontraríamos con alimentos inservibles desde un punto de vista comercial: alimentos inseguros que hay que desechar o que en caso contrario pueden suponer un riesgo para la salud de los comensales, una merma de género (con su respectiva pérdida económica) o lo que es peor, una rotura de *stock* que nos impidiera servir un pedido a alguno de nuestros clientes.

1.4.1. Riesgos higiénico-sanitarios en el proceso de regeneración

Los productos semielaborados y terminados que se conservan para su posterior regeneración son alimentos que sin ser estériles en muchos casos, sí son muy seguros. Esto se debe a que han pasado por un proceso de elaboración y manipulación muy higiénico basado en las directrices de un sistema autocontrol llamado APPCC (análisis de peligros y puntos de control crítico), que explicaremos más detalladamente en la Unidad 5.

Los alimentos, durante la etapa de regeneración, a pesar de ser productos muy seguros, son muy vulnerables a la contaminación dado que es justo la última etapa antes del servicio. Una contaminación en este punto supondría la puesta en el mercado de alimentos inseguros con el consiguiente riesgo de contaminación de nuestros clientes.

Los errores más frecuentes que afectan a la calidad higiénico-sanitaria del producto final son los siguientes:

- **Temperatura de almacenamiento inadecuada:** un error frecuente, aunque no forma de manera estricta parte de la regeneración, es considerar que los alimentos conservados con cualquier método pueden mantenerse a temperatura ambiente sin ningún problema. En cualquiera de los casos, debemos tener en cuenta que regenerar un producto mal conservado previamente no garantiza su seguridad. De forma especial, consideraremos lo siguiente:

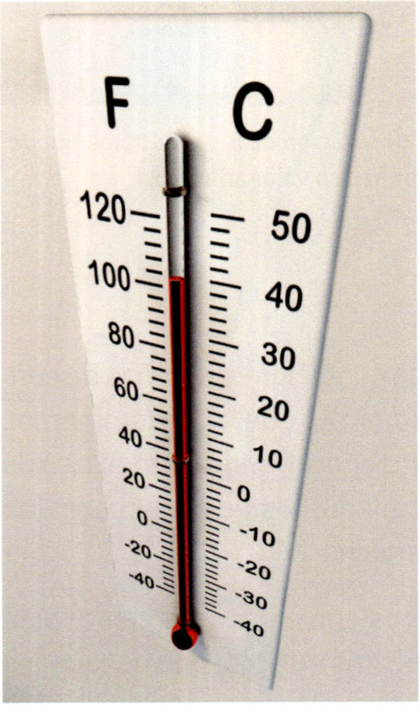

Figura 1.20. Regenerar un producto conservado a una temperatura incorrecta no garantiza su seguridad.

  - **Los productos envasados al vacío** se guardarán en refrigeración si siguen siendo perecederos.

  - **Los alimentos concentrados** no siempre son seguros a temperatura ambiente, puesto que la concentración puede ser solo parcial.

  - **Algunas semiconservas**, como las anchoas, es necesario guardarlas en refrigeración incluso cerradas.

  - **Las conservas abiertas** se conservarán en cámara frigorífica y además se cambiarán a un recipiente apto para uso alimentario.

- **Los alimentos en almíbar**, si no han recibido un tratamiento térmico específico, es necesario conservarlos en frío.

- **Solo algunos panes y masas precocidas** pueden conservarse a temperatura ambiente, el resto necesitan frío.

- **Errores durante la descongelación:** la congelación inhibe completamente el crecimiento de la mayoría de las bacterias patógenas de transmisión alimentaria, por lo que es uno de los métodos de conservación más seguros que existen y además de los que menos alteran las propiedades organolépticas de los alimentos. Puede parecer que la descongelación es también un proceso seguro, pero se trata de un momento crítico en el que no so o los microorganismos ya presentes en los productos pueden volver a crecer, sino que además estos se pueden contaminar en ese momento. Los errores más habituales que se cometen durante la descongelación son:

  - **Descongelación en agua caliente:** como hemos visto en el apartado anterior, podemos descongelar los alimentos en agua si estos están perfectamente envasados y siempre que se haga en agua fría fluyente. Utilizar agua caliente acelera el proceso de descongelación pero también el crecimiento microbiano, volviendo los alimentos muy inseguros.

  - **Descongelación a temperatura ambiente:** descongelar alimentos a temperatura ambiente es un error muy habitual que supone la rotura inmediata de la cadena de frío. Los microorganismos presentes en ellos comienzan a desarrollarse durante el tiempo en que los productos están a temperatura ambiente, y no se puede garantizar su seguridad.

- **Contaminación cruzada:** durante la regeneración es necesario prestar especial atención a aquellos errores que pueden provocar una contaminación cruzada del alimento que estamos manipulando. Entre los factores más importantes a tener en cuenta están:

  - Regenerar en zonas de trabajo de las denominadas «sucias», donde se elaboran o manipulan materias primas crudas.

  - Utilización de los mismos útiles y superficies de trabajo para los alimentos crudos y para aquellos que estamos regenerando.

  - Colocación incorrecta de productos en las cámaras. Los pro-

Figura 1.21. Descongelar alimentos sin el envase adecuado puede provocar una contaminación cruzada.

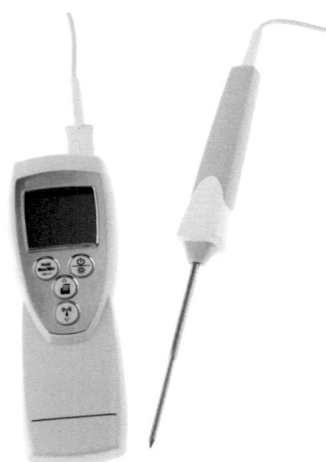

Figura 1.22. Nos aseguraremos de que la temperatura de regeneración es correcta mediante la utilización de termómetros de sonda.

Figura 1.23. Los alimentos elaborados a base de ovoproductos en crudo se consideran alimentos de riesgo por su facilidad para contaminarse.

ductos que estamos descongelando han de colocarse separados de alimentos «sucios» o crudos de forma estricta.

– Regeneración de alimentos crudos o fríos en zonas calientes.

– Uso inadecuado de guantes, no cambiándolos con la frecuencia correcta.

– Secar con paños de cocina en vez de con papel desechable.

• **Temperatura de regeneración inadecuada**: la temperatura de regeneración ha de ser de al menos 70 °C en el centro del producto de aquellos alimentos que se sirvan calientes o a temperatura ambiente. Un error frecuente es no comprobar la temperatura interior mediante termómetro de sonda y fiarnos solo del aspecto exterior de los productos.

• **Manipulación de alimentos de riesgo**: algunos productos que se sirven crudos, sin recibir tratamiento térmico, se consideran alimentos de riesgo y hay que seguir con ellos unas precauciones especiales. En pastelería, los alimentos crudos más habituales son por un lado las frutas, y por otro las salsas, cremas y postres a base de huevo crudo. Además de seguir una

prácticas de elaboración y almacenamiento adecuadas, en el momento de la regeneración (puesto que son productos que no van a recibir tratamiento térmico) prestaremos especial atención a la manipulación en esta fase.

1.4.2. Errores más frecuentes en la regeneración de alimentos que afectan a la calidad del producto final

Atendiendo al sistema de regeneración empleado, los errores más frecuentes que afectan a la calidad organoléptica y nutricional del producto final son las siguientes:

- **Errores durante la descongelación:** se trata de un proceso que necesita realizarse de forma lenta para que el alimento en cuestión recupere al máximo su textura y cualidades originales. Intentar adelantar el proceso puede provocar una descongelación insuficiente además de una pérdida importante de la calidad debido a una deficiente textura, pérdida de aromas, pérdida de jugosidad interna o cambios en la coloración exterior.

  - **Descongelación insuficiente:** las prisas y la mala planificación hacen que pensemos que los productos están completamente descongelados cuando no es así. Los panes o masas que siguen congelados en su interior se vuelven quebradizos en el horneado, además de cocinarse en exceso en la corteza y continuar crudos en el interior.

  - **Descongelación en agua caliente:** para evitar la lentitud del proceso de descongelación, muchas personas utilizan agua caliente en vez de fría, acortando el proceso pero afectando negativamente a las propiedades de los alimentos. El agua caliente actúa sobre la textura de los tejidos, ablandándolos, facilita el desprendimiento de aromas, comienza la degradación de ciertas vitaminas sensibles y en función de la temperatura comienza el cocinado de los alimentos.

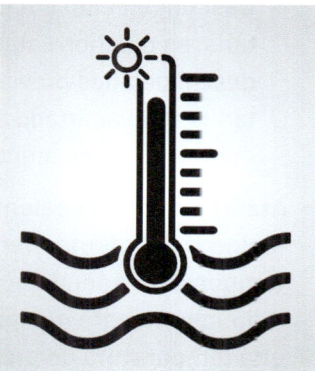

Figura 1.24. Descongelar alimentos en agua caliente supone un riesgo de contaminación microbiana.

  - **Descongelación a temperatura ambiente:** una falta de planificación hace que muchas personas decidan descongelar algún producto a temperatura ambiente en vez de hacerlo en refrigeración. Se acortan los tiempos, pero una vez que el producto está completamente descongelado sus propiedades organolépticas y su seguridad se ven afectadas muy negativamente.

  - **Uso inadecuado del microondas:** aunque es un aparato que utilizamos con frecuencia, es tecnológicamente una mala opción para la descongelación. El agua

Figura 1.25. Descongelar alimentos a temperatura ambiente supone una pérdida de propiedades innecesaria.

presente en el interior de los alimentos está formando cristales de hielo por lo que no gira de forma apropiada, rompiendo la textura interna de los tejidos. Además, un error muy habitual es que el alimento descongelado en microondas esté parcialmente cocinado en su parte exterior mientras su interior continúa helado.

- **Envasado inadecuado durante la descongelación:** los alimentos que se descongelan sin el envasado adecuado pueden perder propiedades organolépticas y nutricionales durante la descongelación. Cuando esta se realiza en frigorífico pueden originarse oxidaciones y cuando se efectúa en inmersión de agua se produce la disolución de nutrientes y la hidratación del producto.

- **Descongelación sucesiva:** aunque está prohibido por la legislación sanitaria, en muchos establecimientos siguen volviendo a congelar alimentos descongelados previamente. Además de los riesgos para la salud comentados en el apartado anterior los alimentos que sufren más de un ciclo de congelación ven afectadas notablemente sus propiedades.

• **Atemperado o recalentado inadecuado:** cuando atemperamos o recalentamos alimentos refrigerados previamente, es importante alcanzar la temperatura adecuada en el centro del producto. En caso de un recalentado insuficiente el alimento puede seguir frío por dentro, lo que supone una temperatura de producción o servicio inadecuados. Con un recalentado excesivo estamos resecando el producto, por lo que pierde gran valor comercial.

• **Fallos en la rehidratación:** regenerar un alimento deshidratado es un proceso relativamente simple. El error más habitual es hidratarlo de forma insuficiente o de forma excesiva. Cada alimento necesita un tiempo de rehidratación preciso que o bien puede marcar el fabricante o bien lo tenemos que determinar nosotros mediante la realización de pruebas sensoriales.

• **Cálculos equivocados en la dilución:** cuando diluimos un alimento concentrado es importante que ajustemos de forma precisa la cantidad de líquido que debemos añadir, ya que por defecto obtendríamos un producto demasiado potente de sabor y en exceso el resultado sería muy insípido.

• **Errores en la desalación:** al desalar un producto tenemos que conseguir el punto óptimo de sal. Una desalación insuficiente puede provocar que la elaboración final sea demasiado salada y por tanto comercialmente inservible. En el proceso de desalación es necesario cambiar el agua de remojo varias veces. Un cálculo erróneo de los cambios de agua puede ser el fallo más habitual.

- **Escurrido insuficiente:** el único riesgo en el escurrido es que este sea insuficiente y el producto en cuestión tenga demasiado líquido de cobertura. Al utilizar estos productos en la elaboración de productos de pastelería dulce o salada un exceso de líquido puede afectar a la textura.

- **Lavado excesivo:** cuando decidimos lavar algún alimento en conserva para quitarle un sabor muy marcado del líquido de gobierno, el riesgo más probable es un lavado excesivo que deje el producto insípido.

- **Mala recuperación de la atmósfera normal:** al abrir un alimento envasado al vacío o en atmósfera modificada el mayor riesgo que podemos correr es que el tiempo de exposición al oxígeno del aire sea inadecuado, por exceso o por defecto. En los productos sensibles a las oxidaciones como frutas o verduras es importante no exponerlos más tiempo del necesario, ya que se pardearían. En el caso de las carnes rojas o embutidos necesitamos una exposición de al menos 20 minutos para que recuperen su color característico.

- **Errores en el horneado de panes o bollería precocida:** para obtener el producto final en las condiciones ideales es necesario regular de forma precisa el tiempo y la temperatura de horneados. El riesgo más frecuente es un precalentamiento insuficiente del horno, una sobrecarga del mismo o un tiempo de horneado excesivo.

1.5. APLICACIONES

Las técnicas de regeneración tienen distintas aplicaciones en el sector de la pastelería y la repostería, en función del tipo de negocio (pastelería tradicional o industrial), de la clase de producto que estemos tratando y de la técnica de conservación empleada:

- **Descongelación:** puesto que la congelación es la técnica que mejor preserva las condiciones de las materias primas y los productos terminados, es una de las más utilizadas en pastelería. Utilizamos todo tipo de verduras, carnes y pescados congelados. También se utilizan, y en mayor importancia, masas o productos precocidos congelados, de producción artesanal o industrial. La descongelación programada de estos productos nos permite ajustar las necesidades de género a las órdenes de producción, optimizar recursos humanos y materiales y estandarizar nuestras elaboraciones.

- **Atemperado-recalentado:** se trata de dos técnicas de regeneración que se utilizan con dos fines distintos. En primer lugar atemperamos ingredientes o productos refrigerados con el fin de poder trabajar con ellos de forma más cómoda en nuestras elaboraciones y en segundo lugar recalentamos para alcanzar la temperatura de servicio idónea que esperan los clientes de nuestros productos de pastelería.

- **Hidratación:** en pastelería hidratamos todo tipo de productos desecados, deshidratados o liofilizados. Hidratamos las gelatinas en agua fría para su posterior disolución en la elaboración de cremas y postres semifríos. Hacemos lo propio con cacao en polvo, coberturas de chocolate o café soluble. También regeneramos con esta técnica frutas o verduras desecadas o confitadas, y otros como ovoproductos deshidratados o leche en polvo.

- **Dilución:** en repostería se utilizan salsas, saborizantes o colorantes concentrados que es necesario diluir antes de su correcta aplicación. No obstante, en vez de una dilución en agua la mayoría de las veces se aprovechan los ingredientes líquidos de las elaboraciones, como la leche o la nata, para diluir estos componentes.

- **Desalación:** algunos de los salazones que se utilizan en pastelería salada, como el bacalao o las sardinas de bota, es necesario desalarlos antes de su posterior utilización. Otros como jamón serrano, bacón o huevas de pescado pueden utilizarse tal cual controlando la sal que añadiremos a la elaboración.

- **Escurrido:** cuando no queremos utilizar el líquido de gobierno de las conservas por su escaso valor culinario, este se escurre antes de la utilización del producto en cuestión. A veces, como sucede con el caso de los almíbares de frutas, el líquido puede recuperarse para su utilización posterior.

- **Lavado:** puesto que con el lavado de las conservas arrastramos parte de sus nutrientes, no es muy habitual su aplicación a las mismas. No obstante, en algunas conservas que tienen un sabor muy marcado al líquido de cobertura se prefiere un lavado superficial que deje un sabor más neutro.

- **Recuperación de la atmósfera normal:** hoy en día son muchas las materias primas o productos semielaborados que se sirven envasados al vacío para mejorar su durabilidad. La recuperación de la atmósfera normal se emplea en todo tipo de productos: masas, panes y bollería precocida; productos de confitería; chocolates y coberturas; salsas y cremas; fiambres, embutidos, chacinas, quesos y salazones; carnes y pescados; y otros.

- **Horneado de panes o bollería precocida:** se utiliza en combinación con la congelación o refrigeración de masas y productos precocinados. En este caso utilizamos productos elaborados por nosotros mismos bien en el mismo establecimiento o bien en un obrador central, o algo que es muy habitual en pequeñas expendedurías o restaurantes, trabajamos con productos procedentes de la panadería y pastelería industrial.

Figura 1.27. La utilización de pan y bollería precocida permite estandarizar la calidad de nuestros productos.

MAPA CONCEPTUAL

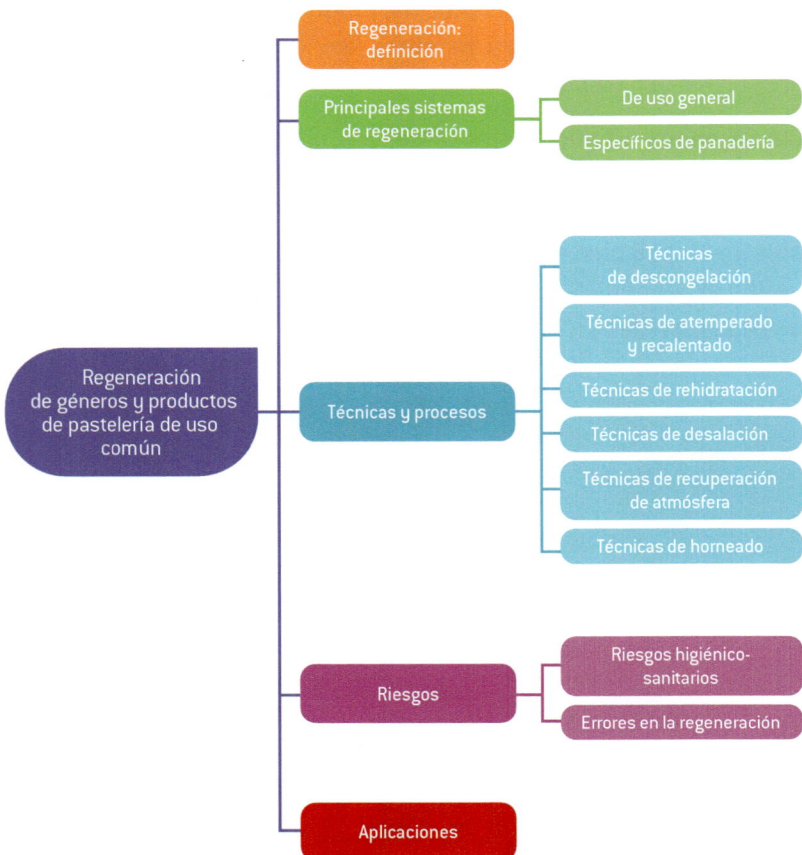

ACTIVIDADES FINALES

Marca si las siguientes afirmaciones son verdaderas o falsas:

1.1. Cuando regeneramos un alimento, el único requisito en que debemos fijarnos es la temperatura de servicio.

☐ Verdadero.

☐ Falso.

1.2. Una desventaja de trabajar con panes y masas precocidas es que es más complicado gestionar los turnos de trabajo, ya que podemos distribuirlos a lo largo de la semana independientemente de si esperamos ventas esos días o no.

☐ Verdadero.

☐ Falso.

1.3. El pan y la bollería de consumo diario son fáciles de producir, ya que se elaboran a partir de ingredientes básicos no perecederos como harina, levadura, agua, sal, azúcar o huevos.

☐ Verdadero.

☐ Falso.

1.4. La puesta a punto de la levadura consiste en su activación mediante la rehidratación en agua caliente con una pequeña cantidad de azúcar.

☐ Verdadero.

☐ Falso.

1.5. Existen tres técnicas de descongelación permitidas por la legislación: en refrigeración, en agua fría o caliente y en microondas.

☐ Verdadero.

☐ Falso.

1.6. El atemperador de chocolate se utiliza para fundir el chocolate y mantenerlo a la temperatura adecuada de forma constante.

☐ Verdadero.

☐ Falso.

1.7. Rehidratar un alimento desecado es un proceso sencillo, independiente del método de secado, la temperatura y la velocidad del mismo, la forma de envasado y la temperatura de almacenamiento.

☐ Verdadero.

☐ Falso.

1.8. De forma general, los pasos del proceso de horneado de panes o bollería precocida son los siguientes: almacenamiento, descongelación, fermentación y horneado.

☐ Verdadero.

☐ Falso.

1.9. Durante la regeneración es necesario prestar especial atención a aquellos errores que pueden provocar una contaminación cruzada del alimento que estamos manipulando.

☐ Verdadero.

☐ Falso.

1.10. En pastelería, una aplicación muy común de la hidratación es rehidratar las gelatinas en agua fría para su posterior disolución en la elaboración de cremas y postres semifríos.

☐ Verdadero.

☐ Falso.

ACTIVIDADES DE COMPROBACIÓN

1.1. La regeneración es un proceso que:

    a) Comprende las activi dades y técnicas necesarias para restaurar las propiedades de los alimentos y alcanzar la temperatura óptima de servicio.

    b) Comprende las actividades y técnicas necesarias para conservar las propiedades de los alimentos y alcanzar la temperatura óptima de almacenamiento.

    c) Comprende las actividades y técnicas necesarias para mejorar las propiedades de los alimentos y alcanzar la temperatura óptima de conservación.

1.2. Los alimentos descongelados:

    a) Recuperan gran parte de sus propiedades iniciales y además son resistentes a la contaminación microbiana.

    b) No recuperan ninguna de sus propiedades iniciales y además son vulnerables a la contaminación microbiana.

    c) Recuperan parte de sus propiedades iniciales, pero vuelven a ser vulnerables a la contaminación microbiana.

1.3. La rehidratación permite:

    a) Recuperar la textura adecuada, aunque se pierdan las propiedades iniciales.

    b) Recuperar la textura adecuada y parte de sus propiedades iniciales.

    c) Recuperar parte de sus propiedades iniciales, aunque se pierda la textura.

1.4. Algunos alimentos en salazón deben regenerarse:

    a) Mediante lavado por inmersión en agua limpia.

    b) Calentando a la temperatura óptima de servicio.

    c) Hidratando el alimento en una salmuera ligera.

1.5. La recuperación de una atmósfera normal permite:

    a) Una recuperación de color y de otras propiedades inherentes del alimento.

    b) Una recuperación de color y una pérdida de propiedades nutricionales.

    c) Una pérdida de color a la vez que se mantienen las propiedades nutricionales.

1.6. La temperatura de regeneración ha de ser al menos:

a) 70 ºC en el centro del producto para aquellas alimentos que se sirvan calientes o a temperatura ambiente.

b) 5 ºC en el centro del producto para aquellos alimentos que se sirvan a temperatura ambiente.

c) 100 ºC en el centro del producto para aquellos alimentos que se sirven calientes.

1.7. Un uso inadecuado del microondas es:

a) Utilizarlo para la descongelación de carnes y pescados.

b) Utilizarlo para calentar líquidos.

c) Utilizarlo para preparar compotas de frutas.

1.8. El error más frecuente en el atemperado es:

a) Un recalentado excesivo que reseca el producto.

b) Una temperatura insuficiente que deja el alimento frío en su interior.

c) Las respuestas anteriores son correctas.

1.9. La dilución se usa en pastelería para:

a) Desalar productos en salazón como el bacalao.

b) Mejorar la aplicación de salsas, saborizantes o colorantes concentrados.

c) Hidratar todo tipo de productos desecados.

1.10. El horneado de panes o bollería precocida se utiliza para:

a) Mejorar su durabilidad y la calidad de las masas.

b) Estandarizar la calidad de nuestros productos y controlar de forma precisa la cantidad de aquellos que necesitamos en un servicio.

c) Ninguna de las respuestas anteriores es correcta.

ACTIVIDADES DE APLICACIÓN

1.1. Haz un listado de la maquinaria necesaria para la conservación/regeneración de un obrador de pastelería.

1.2. Haz una investigación de hornos de pastelería: tipología, características y modelos.

1.3. Investiga abatidores de temperatura. Tamaños, características y modelos.

1.4. Busca maquinaria de envasado al vacío y transformación de atmósfera modificada. Reflexiona sobre las necesidades de espacio, la instalación necesaria y los costes.

1.5. Busca distribuidores de almíbares. Haz una comparación de formatos y calidades, y reflexiona sobre cuál de todos los encontrados te parece el ideal.

ACTIVIDADES DE AMPLIACIÓN

1.1. **Hiperchef** es un proveedor de utillaje y maquinaria para hostelería especializado en el canal *online*. Entra en https://hiperchef.com y revisa su amplio catálogo, prestando especial atención a la maquinaria necesaria para las operaciones de regeneración en pastelería: tipología y características.

1.2. **Valrhona** es un fabricante y distribuidor de chocolates para pastelería. Entra en https://www.valrhona.com/es, entra en el apartado L'École Valrhona y busca la clase donde explican las diferentes técnicas de atemperado de chocolate.

1.3. **Panamar** es un distribuidor de bollería que ofrece productos con distintas opciones de acabado: para fermentar, para hornear y ya decoradas. Entra en panamar-bakery.com, descarga el catálogo de productos y observa la amplia variedad de productos que ofrece.

1.4. **Sales del centro** es un fabricante y distribuidor de sales y salmueras, especializado en hostelería. Entra en salesdelcentro.es y analiza las presentaciones y formatos de los diferentes productos que ofrece.

1.5. **Dispan** es un distribuidor de maquinaria de pastelería. Entra en disipan.es e investiga las fermentadoras que tiene a la venta. Compara los tipos, tamaños y formatos.

CASO PRÁCTICO

Contexto:

Eres el jefe de obrador de una panadería-pastelería tradicional, que comercializa sus productos en puntos de venta propios, pero también a establecimientos hosteleros como bares, restaurantes y hoteles.

Los pedidos han ido en aumento, y debes organizar el sistema de producción, conservación y regeneración de productos, de manera que permita una óptima elaboración y servicio manteniendo una excelente calidad de los mismos.

Reto:

- Define la carta de productos congelados para establecimientos de hostelería, especificando el sistema de conservación y el método de regeneración adecuado.

- Calcula las necesidades de almacenamiento para el servicio semanal de productos de bollería para seis hoteles con un servicio de desayuno medio de cien comensales.

2. Almacenamiento y conservación de géneros de pastelería

Contenidos

Introducción

2.1. Sistemas de conservación

2.2. Clasificación de los géneros en productos frescos o perecederos o no perecederos

2.3. Necesidades de conservación de los productos o géneros en base a la clasificación anterior

2.4. Conservación de productos no perecederos: acondicionamiento y normas básicas para el almacenaje de productos

2.5. Conservación en frío positivo o negativo: aplicaciones y características básicas

Actividades finales

INTRODUCCIÓN

Para elaborar productos de pastelería en nuestro establecimiento necesitamos grandes cantidades de materias primas con las que trabajar, y cuando estos están terminados tenemos grandes cantidades de género que es necesario gestionar hasta su distribución o venta.

Comprar y recibir materias primas nuevas todos los días no resulta operativo, debido a varios factores:

- No siempre podemos prever con exactitud la cantidad de materias primas que necesitamos cada día, ya que estas dependen de las ventas que son impredecibles.

- Los proveedores a veces trabajan con rutas de reparto y días de servicio pre-establecidos.

- Es más práctico gestionar el aprovisionamiento cada cierto tiempo en vez de todos los días, ya que optimizamos el tiempo que nuestros trabajadores dedican a las tareas de pedido y recepción del mismo.

- En ocasiones, compramos grandes cantidades de ciertos productos que no necesitamos de forma inmediata para aprovechar ofertas y descuentos.

Figura 2.1. En un negocio de pastelería tenemos grandes cantidades de materias primas almacenadas.

Por otro lado, los productos semielaborados o terminados son la base de nuestro negocio, así que no podemos arriesgarnos a una rotura de *stock*. Esta se produce cuando no somos capaces de servir un género a nuestros clientes, lo que significa que muchas veces tendremos que producir más género del que tenemos previsto vender y conservarlo adecuadamente hasta su venta posterior.

Figura 2.2. Conservar adecuadamente los productos semielaborados aumenta su vida útil y mantiene sus propiedades.

Las necesidades de conservación de un alimento cambian en función de su composición, los tratamientos previos que haya recibido y el uso esperado del mismo. En esta unidad vamos a estudiar por qué conservamos los alimentos, qué características de los mismos influyen en el sistema de conservación elegido y cómo los clasificamos en función de su tiempo de vida útil. Además, analizaremos las condiciones básicas de almacenamiento y conservación de géneros en pastelería.

Figura 2.3. Los métodos de conservación tradicionales y modernos buscan aumentar el período de vida útil de los alimentos.

2.1. SISTEMAS DE CONSERVACIÓN

Cuando conservamos un alimento lo hacemos teniendo en cuenta un doble objetivo. Por un lado queremos mantener el alimento listo para su consumo en condiciones de seguridad por más tiempo, y por otro deseamos que sus propiedades organolépticas sigan siendo óptimas. En ambos casos estaríamos hablando de aumentar el tiempo de vida útil del alimento, ya sea desde un punto de vista sanitario o comercial.

2.1.1. Peligros potenciales en alimentos

Entendemos por peligro a cualquier agente físico, químico o biológico que puede provocar una alteración de la salud de la persona que consume un alimento. Decimos que son potenciales en primer lugar porque no aparecerán en todos los alimentos y en segundo lugar porque aun estando presentes en ellos no siempre van a alterar la salud de quienes los consumen.

La clasificación de peligros físicos, químicos y biológicos se realiza atendiendo a su naturaleza, pero además cada tipo comparte causas, consecuencias y formas de prevención.

Los **peligros físicos** son objetos o materiales físicos que normalmente no se encuentran en un alimento concreto y por encontrarse de forma excepcional suponen un riesgo.

Encontramos en este grupo objetos que nada tienen que ver con los alimentos como cristales, restos de envases y embalajes, objetos personales, anzuelos o perdigones, desconchados de las instalaciones o piezas de metal, madera o plástico procedentes de equipos y maquinaria. Dentro de una elaboración siempre debemos considerarlos un peligro.

Además hay otros objetos físicos que sí están relacionados con alimentos como huesos y espinas, procedentes de carnes y pescados, restos de tierra presentes en frutas o verduras

Figura 2.4. Los cristales son un riesgo físico.

e incluso trozos de cáscara de huevo. Suponen un peligro cuando el cliente considera que no deben encontrarse en la elaboración que va a ingerir.

Las consecuencias de los peligros físicos son lesiones en la cavidad orofaríngea, atragantamientos y lesiones en el estómago.

Para prevenirlos en primer lugar debemos darles la importancia que se merecen y en segundo lugar fijarnos más cuanto mayor sea el riesgo. Como normas genéricas tendremos en cuenta:

- Evitar la entrada de cristales en la zona de elaboración y desechar aquellos alimentos cercanos a la rotura de un recipiente de cristal.

- Ser cuidadosos en el tratamiento de envases y embalajes.

- No trabajar con objetos personales como relojes, pulseras, anillos o pendientes.

- No introducir objetos innecesarios en la cocina.

- Limpiar las frutas y verduras con agua abundante.

- Identificar cuándo huesos y espinas pueden suponer un peligro para el cliente.

- Comprobar la presencia de anzuelos o perdigones cuando sea probable su aparición.

- Mantener las instalaciones en un correcto estado de reparación.

Los sistemas de conservación relacionados con la prevención de peligros físicos son todos los tipos de envasado.

Los **peligros químicos** se deben a la exposición no controlada a agentes químicos que pueden producir en el cliente efectos agudos o crónicos y la aparición de ciertas enfermedades.

Los peligros químicos más habituales son la intoxicación por: setas, mohos, moluscos bivalvos, productos de limpieza, productos de desinsectación y desratización, productos tóxicos procedentes de recipientes no aptos para uso alimentario, la presencia de alérgenos y metabolitos tóxicos procedentes de la degradación del aceite de fritura.

Las consecuencias de una intoxicación química pueden ser agudas (síntomas gastrointestinales y neurológicos, erosiones en la cavidad orofaríngea y estómago y reacciones alérgicas e irritantes) o crónicas (aparición de enfermedades a medio y largo plazo).

Figura 2.5. Los productos de limpieza son el peligro químico más frecuente en pastelería.

La prevención de los peligros químicos pasa por el cumplimiento de una serie de normas y recomendaciones:

• Elegiremos proveedores autorizados

• Seremos especialmente cautelosos en el consumo y elaboración de setas.

• Haremos un uso adecuado de los productos de limpieza (no se rellenarán recipientes alimentarios con productos de limpieza, no se almacenarán juntos alimentos y productos de limpieza, los alimentos no se almacenarán en el suelo y no se limpiará en presencia de alimentos).

• Seremos estrictos en lo que a la utilización de insecticidas y plaguicidas se refiere.

• Conoceremos de forma precisa los ingredientes de nuestras elaboraciones.

• Cambiaremos el aceite de fritura con frecuencia con lavado completo de la freidora.

Al igual que ocurría con los peligros físicos, la mejor forma de prevención de los peligros químicos es la utilización de diferentes tipos de envases.

Los **peligros biológicos** por su parte son provocados por la presencia de microorganismos patógenos en los alimentos que provocan enfermedades por infección y/o intoxicación. Existen muchos microrganismos patógenos, pero no todos son de transmisión alimentaria. De estos últimos destacan:

- *Salmonella spiralis.*

- *Clostridium perfringens.*

- *Clostridium botulinum.*

- *Staphylococcus aureus.*

- *Bacillus cereus.*

- *Escherichia coli.*

- *Listeria monocytogenes.*

- *Anisakis.*

- *Trichinella spiralis.*

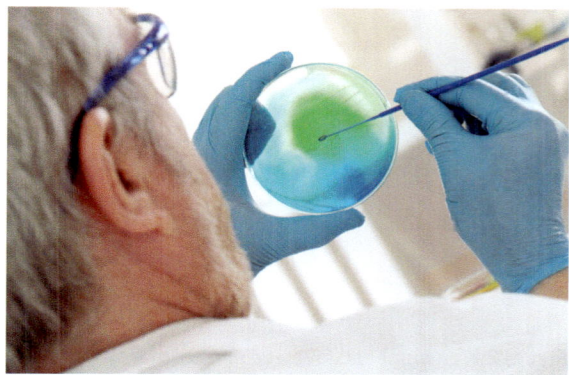

Figura 2.6. Los peligros microbiológicos causan gran temor al no poder identificarlos a simple vista.

Las consecuencias de una toxiinfección alimentaria pueden ser múltiples, pero casi siempre se presenta cansancio, dolores musculares y cuadros intestinales.

Para prevenir una toxiinfección alimentaria tendremos en cuenta lo siguiente:

- Comprar a proveedores de confianza.

- Evitar la contaminación cruzada.

- Evitar contaminar el alimento por nosotros mismos.

- Utilizar prácticas correctas de higiene.

- Poner medios para evitar el crecimiento microbiano.

Aunque no podemos decir que uno de los tipos de peligros explicados sea más grave que otro, siempre se le ha dado más importancia a los peligros biológicos debido a varios motivos:

- Estadísticamente son los más frecuentes.

- No se ven a simple vista y son difíciles de detectar de forma rutinaria.

- Pueden producir una contaminación masiva que afecte a cientos de personas al mismo tiempo.

La importancia de la prevención de los peligros biológicos podemos comprobarla a lo largo de la historia, ya que la mayoría de sistemas de conservación de alimentos, tradicionales y modernos, se centran en el control de los microorganismos causantes de enfermedades alimentarias alterando su entorno e impidiendo su proliferación. Las necesidades de crecimiento y desarrollo de los microorganismos y su relación con los sistemas de conservación son los siguientes:

Figura 2.7. La humedad favorece el crecimiento de todo tipo de microorganismos.

Figura 2.8. Los microorganismos crecen mal en ausencia de aire.

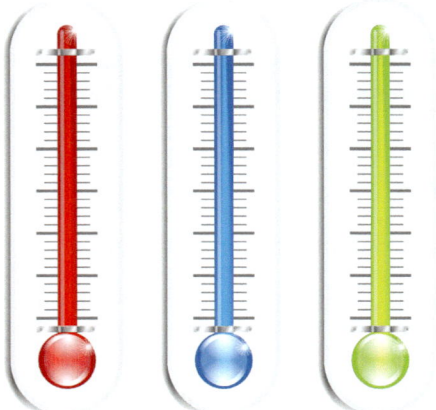

Figura 2.9. La temperatura es el mejor factor de crecimiento que podemos controlar para evitar la proliferación microbiana.

- **Humedad:** las bacterias necesitan de agua libre para el desarrollo de sus reacciones metabólicas. Cuando no disponen de esta el crecimiento se bloquea, pero no mueren. Los sistemas de conservación de alimentos que aprovechan este aspecto son: el desecado o deshidratación, la liofilización, la salación, el confitado y el ahumado.

- **Oxígeno:** aunque habitualmente los microorganismos necesitan oxígeno para desarrollarse hay algunos que pueden crecer perfectamente en ausencia de este. Aun así, es cierto que la mayoría de ellos crece mal en ausencia de aire, por lo que el envasado al vacío o en atmósfera modificada es capaz de aumentar considerablemente la vida útil de los alimentos.

- **Temperatura:** los microorganismos empiezan a morir por encima de los 60 °C. Los sistemas de conservación que utilizan calor como la pasteurización, la uperización o la esterilización tienen en cuenta este factor. La temperatura óptima de crecimiento de los patógenos se sitúa alrededor de los 37 °C, por lo que tendremos en cuenta no almacenar alimentos perecederos a temperatura ambiente. Entre 0 y 10 °C los microorganismos crecen lentamente. La refrigeración consigue ralentizar el crecimiento microbiano pero no vuelve los alimentos estériles. A temperatura de congelación los microorganismos no son capaces de crecer, pero no mueren. El frío negativo es un buen sistema de conservación pero una vez descongelado el alimento ha de tratarse de forma adecuada para garantizar su seguridad.

- **pH:** mide la acidez o alcalinidad de una sustancia. Las bacterias crecen mal en medios ácidos, por lo que tradicionalmente se han utilizado métodos de conservación de alimentos como el escabechado o el encurtido.

2.1.2. Preservación de las propiedades organolépticas de un alimento

Las propiedades organolépticas o sensoriales de los alimentos son aquellas que se pueden percibir por los sentidos y están directamente relacionadas con estos. Aunque hay cinco sentidos, hablamos de cuatro propiedades sensoriales:

- **Sabor:** está relacionado con los sentidos del gusto y del olfato, ya que cuando ingerimos un alimento la lengua y el olfato transmiten al cerebro las sensaciones gustativas y olfativas detectadas, que se entremezclan dando lugar al sabor.

Figura 2.10. El sabor está relacionado con el sentido del gusto y el del olfato.

- **Textura:** está relacionada con el sentido del tacto y del oído. Cuando mordemos un alimento en boca, mediante el tacto podemos detectar su grado de dureza, su aspereza o suavidad, si tiene textura granulosa o terrosa, si se trata de un líquido fluido o viscoso, si es jugoso, seco, etc. Además, cuando un alimento es crujiente podemos oírlo.

- **Olor:** relacionado con el sentido del olfato, que es capaz de percibir sensaciones olfativas en el aire en relación a las sustancias presentes en él (generalmente gases, vapores o micropartículas sólidas en suspensión).

Figura 2.11. Los aromas los asociamos con recuerdos
en nuestro cerebro.

- **Color:** relacionado con el sentido de la vista. El cerebro interpreta las seña-
les nerviosas enviadas por los fotorreceptores presentes en la retina del ojo,
transformándolas en lo que denominamos percepción visual.

Todos los alimentos tienen estas cuatro propiedades en mayor o menor medida
excepto el agua, que es incolora, inodora e insípida.

Las propiedades organolépticas de los alimentos dependen de muchos factores, como por ejemplo: en el caso de frutas, verduras y hortalizas, la variedad,
la exposición al sol, el suelo de cultivo, el grado de madurez, el tratamiento
poscosecha; en el caso de carnes, la raza, la alimentación, el clima, la edad
de sacrificio y la forma en que este se realiza, etc.; en el caso de pescados, la
especie, el agua de cría, la alimentación, el sistema de extracción, etc. Si hablamos de huevos, influye la raza de la gallina, su alimentación, el sistema de
cría, etcétera.

Otros grupos de alimentos se ven influenciados por otros factores, pero la idea
es la misma y es que la variedad o raza y las condiciones ambientales y cultu-
rales influyen en la calidad sensorial del producto final. Cuando hablamos de
conservar las propiedades organolépticas de un alimento se trata de que estas,
sean como sean e independientemente de su calidad se mantengan inaltera-
bles con el paso del tiempo.

Para conseguir una conservación óptima, tenemos que entender qué factores
pueden influir en la alteración de las propiedades organolépticas y buscar una
forma eficaz de prevención.

Humedad

Aunque la humedad es la causante de importantes deterioros de los alimentos que utilizamos en pastelería, podemos controlarla de forma sencilla.

- **Efectos negativos:** una humedad excesiva hace que los alimentos se reblandezcan, afectando por tanto a la textura y favoreciendo el crecimiento de mohos, lo que contribuye a la aparición de olores y sabores desagradables. A su vez, la presencia de mohos en la capa exterior de los alimentos influye negativamente en su aspecto visual.

- **Formas de prevención:** un envasado adecuado (al vacío o en atmósfera modificada), y un control de la humedad ambiental de la zona de almacenamiento y conservación.

Figura 2.12. La humedad favorece el crecimiento de bacterias saprófitas que provocan malos sabores, aromas desagradables y un mal aspecto visual.

Temperatura

El control de la temperatura es tan esencial que forma parte del trabajo diario en un obrador de pastelería.

- **Efectos negativos:** cuando se congelan alimentos sin el envasado adecuado se producen quemaduras por frío que afectan a su textura y a su aspecto visual. Además, si la congelación es lenta se forman grandes cristales de hielo que rompen las estructuras internas de los tejidos. Las bajas temperaturas hacen que los aromas naturales presentes en los alimentos pierdan fuerza. Por su parte, las altas temperaturas aceleran el proceso de maduración de frutas y verduras, y el proceso de degradación del resto de alimentos favoreciendo cambios en todas sus propiedades organolépticas.

- **Formas de prevención:** un control de la velocidad de congelación, así como el envasado adecuado de los alimentos. En función del tipo de alimento elegiremos una temperatura adecuada de almacenamiento que proteja los aromas y ralentice el deterioro del resto de propiedades.

Figura 2.13. Los alimentos grasos se enrancian con facilidad en presencia de aire.

Contacto con el aire

El aire deteriora rápidamente los alimentos, por lo que es esencial controlar el contacto de los alimentos con el mismo desde el primer momento.

- **Efectos negativos:** el oxígeno presente en el aire produce oxidaciones en los alimentos con claros efectos negativos en sus cualidades. En el caso de frutas y verduras cortadas, la oxidación produce un color pardo que afecta a su calidad visual, mientras que en los alimentos con un alto contenido de materia grasa produce que se enrancien con la consiguiente aparición de olores y sabores desagradables. Por su parte, las corrientes de aire pueden secar en exceso los alimentos mal envasados.

- **Formas de prevención:** en el caso de las frutas y verduras cortadas podemos utilizar antioxidantes, además de envasar en atmósfera modificada. Los alimentos ricos en grasas los envasaremos al vacío o al menos de forma hermética.

Figura 2.14. La luz interviene en el proceso de deterioro de las grasas.

Incidencia de la luz

La luz es uno de los factores de deterioro que más olvidamos y quizá uno de los más sencillos de controlar.

- **Efectos negativos:** la luz acelera las reacciones metabólicas internas que se producen en los alimentos, como por ejemplo que se enrancien las grasas.

- **Formas de prevención:** controlaremos la incidencia de la luz en el almacenamiento de aquellos alimentos sensibles a la luz.

2.2. CLASIFICACIÓN DE LOS GÉNEROS EN PRODUCTOS FRESCOS O PERECEDEROS O NO PERECEDEROS

Los alimentos tienen lo que se conoce como una vida útil, que es el tiempo en que se mantienen en condiciones sanitarias o comerciales adecuadas. Pasado ese tiempo el alimento no es apto para su consumo por ser potencialmente peligroso para el consumidor o bien no es adecuado para su comercialización ya que sus propiedades organolépticas se han visto afectadas y el consumidor rechaza comprar el producto.

En función de su vida útil, y en relación a los factores explicados en el apartado anterior podemos clasificar los alimentos en frescos o perecederos, semiperecederos y no perecederos.

- Los **productos frescos o perecederos** tienen una vida útil corta, ya que su descomposición se inicia de forma rápida. Normalmente, esto es debido a que se trata de alimentos ricos nutricionalmente hablando y con un elevado contenido de agua, lo que favorece el crecimiento bacteriano. Son alimentos perecederos las carnes, los pescados, los huevos,

Figura 2.15. Los yogures y otros productos lácteos son un ejemplo de productos perecederos.

la leche y sus derivados, las frutas y las verduras. La mayoría de productos perecederos han de conservarse refrigerados o congelados para garantizar su seguridad.

- Los **productos semiperecederos** tienen una durabilidad mayor que los perecederos debido a que sus procesos de descomposición son más lentos, a pesar de tener un contenido alto de agua y normalmente no es necesario conservarlos en refrigeración. Son alimentos semiperecederos los tubérculos (como la patata o el boniato), los bulbos (como las cebollas y los ajos), algunas frutas o las semiconservas (que en ocasiones sí deben conservarse en refrigeración). Hay que puntualizar que de forma estricta los huevos podrían considerarse alimentos semiperecederos, ya que

Figura 2.16. Las patatas, cebollas y ajos son considerados alimentos semiperecederos.

su durabilidad es de cuatro semanas después de la fecha de puesta y podríamos conservarlos a una temperatura ambiente controlada. Sin embargo, la legislación alimentaria los considera alimentos de riesgo por su facilidad para la transmisión de la salmonela y es mejor pensar en ellos como alimentos perecederos.

- Los **alimentos no perecederos** son aquellos que tienen una vida útil larga, generalmente debido a que han sido sometidos a procesos de conservación o a su bajo contenido en agua. En este grupo encontramos los frutos secos, los cereales y derivados, el azúcar y la miel, los chocolates y los derivados del cacao, las conservas y muchos productos semielaborados y elaborados.

Figura 2.17. Los alimentos no perecederos tienen una vida útil larga.

La utilidad más importante de esta clasificación es discriminar de forma rápida qué alimentos pueden almacenarse a temperatura ambiente en condiciones de seguridad y cuáles han de conservarse necesariamente a temperaturas de refrigeración o congelación.

2.3. NECESIDADES DE CONSERVACIÓN DE LOS PRODUCTOS O GÉNEROS EN BASE A LA CLASIFICACIÓN ANTERIOR

En base a la clasificación anterior, y según los criterios que hemos explicado, las necesidades de conservación se basan en la limpieza de las instalaciones (para restringir el acceso a nutrientes por parte de los microorganismos), además del control de:

- Humedad.
- Temperatura.

- Contacto con el aire.

- Incidencia de la luz.

- Acidez del medio de conservación.

- Envasado.

Para todos los productos, tanto los perecederos como los no perecederos, existen unas condiciones de almacenamiento que son comunes para todo tipo de alimentos, independientemente de si esta se va a realizar en la zona de cámaras o en el almacén, y son las siguientes:

- **Humedad:** una humedad demasiado elevada contribuye al crecimiento de microorganismos, especialmente mohos, por lo que los alimentos se conservarán mejor en espacios con baja humedad relativa. Como no es conveniente dejarla al azar, existen higrómetros analógicos o digitales que permiten medirla con exactitud. En el caso de estar descontrolada, hay deshumidificadores que secan el ambiente.

Figura 2.18. Existen medidores de humedad ambiente analógicos o digitales.

- **Ventilación:** una ventilación adecuada contribuye a que el aire no se estanque, que no se acumule humedad y que el espacio permanezca fresco. Además, la ventilación es especialmente importante en la refrigeración de los alimentos dentro de las cámaras. Evitaremos sobrecargar el almacén y las cámaras para que la ventilación sea adecuada.

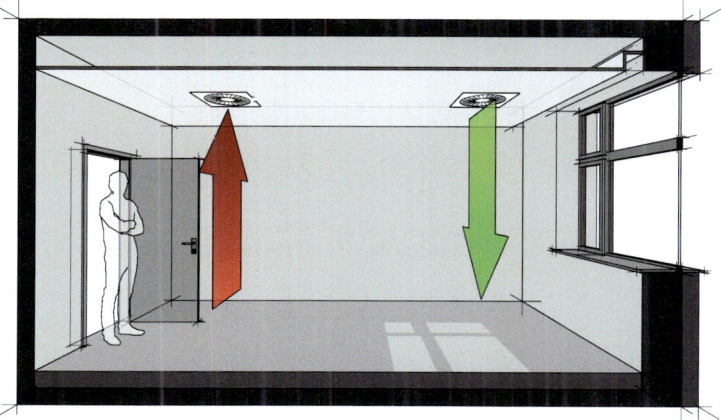

Figura 2.19. La ventilación es esencial en el almacenamiento de los alimentos.

- **Iluminación:** la luz puede acelerar la degradación de los alimentos, por lo que es importante que los almacenemos en lugares oscuros. La iluminación de estos espacios será blanca y de una intensidad adecuada que permita ver con facilidad la suciedad y las alteraciones de los alimentos.

- **Envasado:** los envases de los alimentos son necesarios, ya que ayudan a protegerlos de golpes, suciedad, polvo o contaminaciones cruzadas, además de facilitar el transporte. Las cajas de cartón o madera se pueden utilizar para transportar alimentos si no contactan de forma directa con ellos (cuando hay un envasado previo de estos), pero no se pueden introducir en cámaras frigoríficas o en el almacén, ya que son materiales porosos que absorben humedad.

Figura 2.20. Los envases protegen los alimentos de golpes, suciedad o polvo.

- **Etiquetado:** todos los alimentos que almacenemos en nuestro establecimiento estarán perfectamente etiquetados con el fin de mantener su información obligatoria y asegurar su trazabilidad. Aquellos alimentos que por cuestiones operativas hayamos fraccionado llevarán una etiqueta elaborada por nosotros mismos que permita identificar de forma inequívoca las características del alimento en cuestión. En la Figura 2.21 se muestra un ejemplo de una etiqueta identificativa personalizada.

ETIQUETA IDENTIFICATIVA				
Código	**Alimento**	**Proveedor**	**Fecha recepción**	**Albarán**
T.ª recepción	**Cantidad**	**Presentación**	**Fecha duración máxima**	**Lote**
Evento				

Figura 2.21. Etiqueta identificativa personalizada.

- **Rotación de *stocks* (norma FIFO):** con el fin de dar salida a los productos almacenados dentro de su período de durabilidad, existe una norma de rotación de *stocks*, llamada FIFO por sus siglas en inglés (*First In, First Out*), mediante la cual los alimentos que entren en el almacén o cámaras en primer lugar serán los primeros en salir. Cuando guardemos los alimentos, lo haremos de tal forma que facilitemos la rotación de *stocks*.

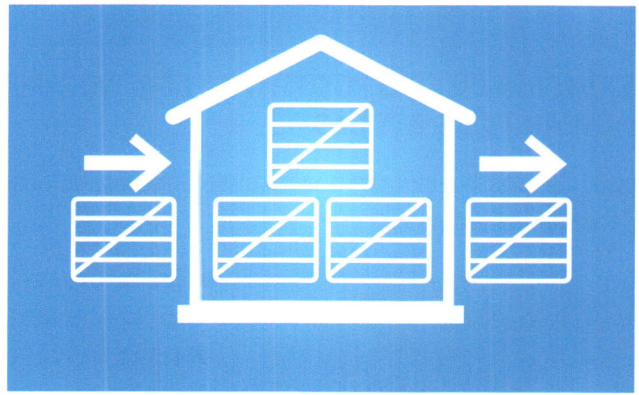

Figura 2.22 Lo primero que entre en el almacén será lo primero en salir.

- **Almacenamiento en estanterías:** para facilitar la limpieza y el control de plagas está prohibido almacenar alimentos directamente en el suelo. Utilizaremos estanterías cuyo primer estante esté a una altura adecuada que permita limpiar por debajo (aproximadamente, 20-30 cm), separadas de la pared, con estantes de plástico desmontables que permitan la circulación del aire.

- **Incompatibilidades:** en aquellos espacios donde se almacenan alimentos, no se puede guardar nada que no sea un alimento. Es necesario que tengamos almacenes independientes para vajilla y utillaje y especialmente, por su riesgo de contaminación, para productos de limpieza.

2.4. CONSERVACIÓN DE PRODUCTOS NO PERECEDEROS: ACONDICIONAMIENTO Y NORMAS BÁSICAS PARA EL ALMACENAJE DE PRODUCTOS

Cumpliendo con las condiciones generales que hemos explicado con anterioridad, el factor específico más importante de aprovisionamiento en el almacén es la temperatura. Aunque en el almacén guardemos alimentos no perecederos que no necesitan frío para su conservación, no quiere decir que la temperatura pueda estar descontrolada.

- La temperatura recomendada de aprovisionamiento en almacén no excederá los 20-22 °C.

- Tendremos un termómetro que nos mida la temperatura interior del almacén situado en un lugar visible.

- En caso de que se sobrepase por cualquier motivo, el almacén deberá ser climatizado.

2.5. CONSERVACIÓN EN FRÍO POSITIVO O NEGATIVO: APLICACIONES Y CARACTERÍSTICAS BÁSICAS

Además de todo lo expuesto, existen unas condiciones específicas de almacenamiento en la zona de cámaras:

Figura 2.23. Las cámaras tendrán termómetro que indique de forma precisa su temperatura.

- **Temperatura:** cada alimento necesita una temperatura óptima de conservación, ya que una temperatura demasiado elevada puede suponer un riesgo sanitario, y una demasiado baja puede producir en ciertos alimentos quemaduras por frío. Si en nuestro establecimiento tenemos varias cámaras, podemos regularlas a temperaturas distintas en función del tipo de alimento. En caso contrario, la temperatura de referencia será la de aquellos productos que por su seguridad necesiten más frío. En la Tabla 2.1 se muestra un cuadro con las temperaturas idóneas de almacenamiento en cámaras.

Tabla 2.1. Temperaturas idóneas de almacenamiento en cámaras

ALIMENTO	TEMPERATURA
Cualquier producto congelado y ultracongelado.	−18 °C
Pescados y mariscos frescos.	1 °C a 2 °C
Carne (incluimos carnes rojas, aves de corral, conejos y carne de caza).	1 °C a 4 °C
Productos lácteos (yogur, kéfir, crema, nata y queso fresco).	4 °C
Comidas refrigeradas.	4 °C
Frutas y verduras frescas.	5 °C a 8 °C

- **Orden de alimentos en las cámaras:** las cámaras tienen que estar ordenadas y los alimentos agrupados por categorías para evitar contaminaciones cruzadas, especialmente en lo que se refiere a alimentos crudos y a alimentos elaborados. En la medida de lo posible, la separación será estricta: carnes, pescados, fiambres, lácteos, frutas y verduras, huevos y productos elaborados, los guardaremos en cámaras distintas o cuando menos compartimentadas. En aquellos establecimientos pequeños en los que por cuestiones logísticas no podamos tener tantas cámaras, los alimentos, perfectamente envasados, los separaremos por estantes. En los superiores, guardaremos siempre los alimentos elaborados. En los inferiores, las frutas, verduras y hortalizas. En los estantes centrales situaremos el resto de alimentos de forma organizada.

- **Rotación de producto terminado (norma FEFO):** en las cámaras no solo vamos a guardar materias primas crudas, también almacenaremos productos semielaborados o terminados, limpios y listos para su regeneración y servicio. Existe una norma de rotación de estos productos, llamada FEFO por sus siglas en inglés (*First End, First Out*), mediante la cual tenemos que darle prioridad en la salida a aquellos alimentos que se hubieran terminado en primer lugar. Facilitaremos la rotación de *stock* al ordenar adecuadamente los alimentos terminados en las cámaras.

Figura 2.24. En la zona de cámaras también guardamos productos terminados.

MAPA CONCEPTUAL

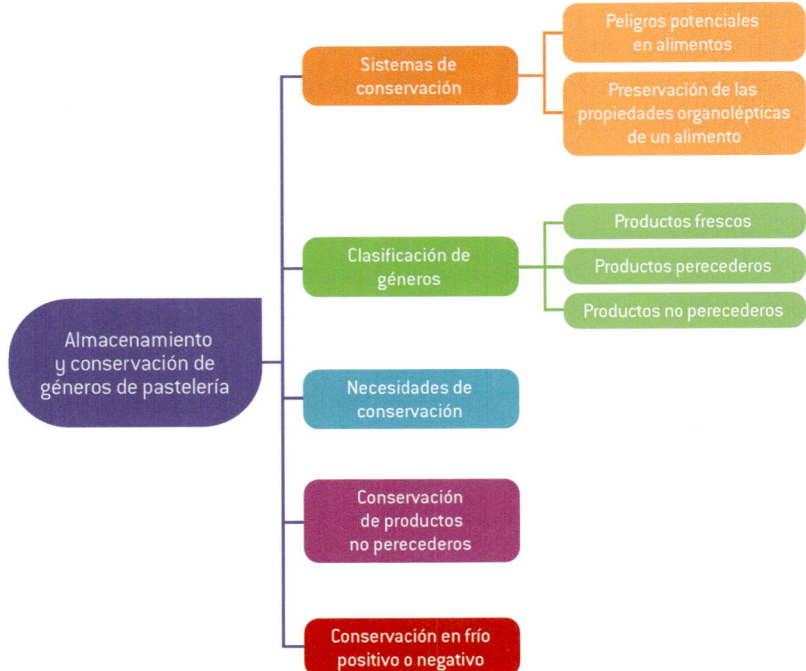

ACTIVIDADES FINALES

Marca si las siguientes afirmaciones son verdaderas o falsas:

2.1. Peligro es cualquier agente físico, químico o biológico que puede provocar una alteración de la salud de las personas que trabajan en un establecimiento de pastelería.

　☐ Verdadero.

　☐ Falso.

2.2. Los sistemas de conservación que ayudan a evitar los peligros físicos y químicos son los distintos sistemas de envasado.

　☐ Verdadero.

　☐ Falso.

2.3. La mayoría de sistemas de conservación, tradicionales y modernos, se centran en el control de los microorganismos causantes de enfermedades alimentarias.

　☐ Verdadero.

　☐ Falso.

2.4. El envasado al vacío es un sistema de conservación que consigue tener alimentos completamente seguros que se conservan largos períodos de tiempo.

　☐ Verdadero.

　☐ Falso.

2.5. Una humedad excesiva afecta a la textura, el sabor, el olor y el aspecto visual de los alimentos.

　☐ Verdadero.

　☐ Falso.

2.6. La mayoría de productos perecederos tienen un alto contenido en agua y para conservarse en condiciones de seguridad debemos almacenarlos en refrigeración o congelación.

　☐ Verdadero.

　☐ Falso.

2.7. **La ventilación contribuye a la acumulación de humedad en almacenes y cámaras.**

☐ Verdadero.

☐ Falso.

2.8. **Todos los alimentos refrigerados se guardarán a una temperatura de 1 °C a 3 °C.**

☐ Verdadero.

☐ Falso.

2.9. **Si envasamos adecuadamente los alimentos perecederos, es indiferente el estante en que los guardemos en las cámaras.**

☐ Verdadero.

☐ Falso.

2.10. **Existe una norma de rotación de estos productos, llamada FEFO por sus siglas en inglés** *(First End, First Out)*, **mediante la cual tenemos que darle prioridad en la salida a aquellos alimentos que se hubieran terminado en primer lugar.**

☐ Verdadero.

☐ Falso.

ACTIVIDADES DE COMPROBACIÓN

2.1. Objetos o materiales que por encontrarse de forma excepcional en un alimento suponen un peligro son:

a) Peligros físicos.

b) Peligros químicos.

c) Peligros biológicos.

2.2. Una forma de evitar los peligros físicos es:

a) Introducir objetos innecesarios en la cocina.

b) Evitar la entrada de cristales en la zona de elaboración.

c) Trabajar con objetos personales como relojes, pulseras o anillos.

2.3. Síntomas gastrointestinales y neurológicos, erosiones en la cavidad orofaríngea y estómago, y reacciones alérgicas e irritantes son:

a) Síntomas de una intoxicación biológica.

b) Síntomas de una intoxicación química.

c) Síntomas de una intoxicación física.

2.4. Favorece el crecimiento de todo tipo de microorganismos:

a) La humedad.

b) La ausencia de aire.

c) Las bajas temperaturas.

2.5. Las propiedades organolépticas o sensoriales son:

a) Oído, olfato, gusto, tacto y vista.

b) Las respuestas a) y c) son correctas.

c) Sabor, textura, olor y color.

2.6. Son efectos negativos de la humedad:

a) Cambios en la textura y crecimiento de mohos.

b) Aparición de olores y sabores desagradables.

c) Las respuestas a) y b) son correctas.

2.7. El aire deteriora los alimentos produciendo los siguientes efectos negativos:

a) Acelera las reacciones metabólicas internas.

b) Produce oxidaciones en los alimentos afectando a sus cualidades.

c) Las respuestas a) y b) son correctas.

2.8. Los géneros se clasifican en:

a) Productos frescos, perecederos y no perecederos.

b) Productos frescos o perecederos y no perecederos.

c) Productos frescos o perecederos, semiperecederos y no perecederos.

2.9. Las frutas y verduras frescas se conservarán a una temperatura:

a) De 5 ºC a 8 ºC.

b) De 4 ºC.

c) De -18 ºC.

2.10. La norma que establece la rotación de producto terminado se denomina:

a) FIFO.

b) FEFO.

c) FAFO.

ACTIVIDADES DE APLICACIÓN

2.1. Investiga cuáles son los microorganismos más habituales en pastelería, y asócialos a su origen y a su forma de prevención.

2.2. Identifica los riesgos más habituales de los productos no perecederos de uso común en pastelería.

2.3. Averigua cómo afecta la humedad en el deterioro de las materias primas utilizadas en pastelería, y cómo afecta a su riesgo de contaminación.

2.4. Identifica las alteraciones organolépticas más habituales en los productos de pastelería, que hacen que los productos pierdan el valor comercial.

2.5. Clasifica las materias primas de uso más frecuente en pastelería en relación a su temperatura de conservación.

ACTIVIDADES DE AMPLIACIÓN

2.1. **Fedacova** es la federación empresarial de alimentación de la comunidad valenciana. Busca en su página web, fedacova.org, la guía de prácticas correctas de higiene del sector de pastelería.

2.2. **Aesan** es la agencia española de seguridad alimentaria y nutrición. Entra en aesan.gob.es y busca en la red de alertas alimentarias posibles riesgos declarados de salud pública.

2.3. La **FAO** es la organización mundial de la alimentación y la agricultura. Entra en fao.org busca los principios y directrices que propone para el control y evaluación de los riesgos biológicos.

2.4. La **Agència Catalana de Seguretat Alimentària** es el organismo oficial catalán que regula la seguridad alimentaria. Entra en acsa.gencat.cat e investiga cómo describen los peligros químicos asociados a la cadena alimentaria.

2.5. **AINIA** es el instituto tecnológico alimentario más importante de España. Entra en su web ainia.com y consulta las formaciones y eventos que tienen acerca de la seguridad alimentaria.

CASO PRÁCTICO

Contexto:

Eres el jefe de obrador de una panadería-pastelería tradicional, que comercializa sus productos en puntos de venta propios, pero también a establecimientos hosteleros como bares, restaurantes y hoteles.

Los pedidos han ido en aumento, y debes organizar el sistema de producción, conservación y regeneración de productos, de manera que permita una óptima elaboración y servicio manteniendo una excelente calidad de los mismos.

Reto:

- Identifica los peligros físicos, químicos y biológicos que afectan a tu negocio.

- Describe cómo vas a conservar las materias primas que vas a utilizar en el obrador, atendiendo a su clasificación.

3. Envasado de géneros de pastelería

Contenidos

Introducción

3.1. Envasado definición

3.2. Identificación de los principales equipos de envasado: atmósfera modificada, envasado al vacío

3.3. Etiquetado de productos: normativa y ejecución según la misma

3.4. Procesos. Riesgos en la ejecución. Aplicaciones

Actividades finales

INTRODUCCIÓN

El envasado de los alimentos es una de las etapas más importantes de cualquier proceso de conservación. De hecho, podríamos decir que muchos de los sistemas de conservación no se entienden sin un envasado adecuado:

- **Refrigeración y congelación:** refrigerar y/o congelar alimentos sin envasado previo puede suponer un riesgo de contaminaciones cruzadas, transferencia de olores de unos alimentos a otros, pérdida de aromas, resecación excesiva, crecimiento de mohos y quemaduras por frío en el caso de la congelación.

- **Deshidratación:** los alimentos deshidratados son muy higroscópicos, lo que significa que tienen tendencia a absorber agua ambiental y reblandecerse con facilidad.

- **Liofilización:** además de una rehidratación parcial, los alimentos liofilizados mal envasados son sensibles a la oxidación de las grasas y a la pérdida de aromas.

- **Confitado:** los alimentos ricos en azúcar, como las frutas confitadas, tienen mucha tendencia a humedecerse lo que favorece el crecimiento de mohos en su superficie además de un cambio en su textura.

- **Compotas:** las compotas se conservan por el efecto combinado de la cocción, la adición de azúcar y la deshidratación de la fruta utilizada. De no envasarse podrían contaminarse una vez elaboradas, humedecerse con el ambiente y oxidarse.

- **Conservación por calor (pasterización, esterilización y uperización):** estos métodos de conservación se basan en la eliminación total o parcial de la flora microbiana presente en los alimentos. De no envasar estos adecuadamente antes del tratamiento térmico, podrían recontaminarse haciendo que este fuera ineficaz.

Figura 3.1. El envasado es una parte de los sistemas de conservación, además de dar información valiosa al consumidor.

Además, tenemos los métodos de conservación cuyo principio es el envasado, tales como envasado al vacío y en atmósfera modificada. No es posible generar vacío o cambiar la atmósfera si no existe envasado.

3.1. ENVASADO: DEFINICIÓN

Entendemos por envasado cuando un alimento se envasa en un recipiente que lo contenga para su transporte o venta, cumpliendo con dos funciones principales. En primer lugar permite identificar el producto dando información sobre él, y en segundo lugar lo protege de forma adecuada para ayudar a que se conserve aumentando su período de vida útil.

Un envasado eficaz ha de cumplir con las siguientes premisas:

- Proteger al alimento de golpes que provoquen daños físicos en su estructura.

- Separar el producto de contaminantes físicos y químicos.

- Evitar los efectos negativos de las condiciones ambientales en los productos (humedad, oxígeno, temperatura, iluminación, etc.).

- Preservar los alimentos de la contaminación microbiana.

Diferenciamos tres tipos de envases, en relación al contacto que estos tienen con el producto:

- **Envases primarios:** son los que están en contacto directo con los alimentos, conteniéndolos (Tetra Briks©, paquetes de cartón o papel, cajas de distintos materiales, latas, tarros de vidrio, botellas, bidones, bandejas, bolsas de plástico, etc.).

Figura 3.2. Los envases primarios son los que están en contacto directo con el alimento.

- **Envases secundarios:** son los que contienen uno o más envases primarios (cajas de plástico, madera o cartón; bolsas).

- **Envases terciarios:** sirven para unificar los productos en bloques más fácilmente transportables y mejorar su distribución (paquetes o *packs* envueltos en film transparente, palés filmados, etc.).

Cuando hablamos de envasado como sistema de conservación nos estamos refiriendo exclusivamente a os envases primarios.

Los envases primarios pueden clasificarse en función del material con el que han sido fabricados:

- Envases metálicos.

- Envases de aluminio.

- Papel de aluminio.

- Vidrio.

- Films flexibles: simples, recubiertos o laminados.

- Envases plásticos rígidos y semirrígidos.

- Papel y cartón.

La elección de un tipo de envase u otro depende de una serie de factores. Por un lado los envases no deben afectar a las características del producto (transmitiéndole sabores u olores desagradables, sustancias tóxicas o facilitando la contaminación microbiana). Por otro lado, han de proteger el alimento de golpes durante el almacenamiento, la exposición en la sala de ventas y el transporte que realizará el cliente. Además, han

Figura 3.3. La elección del tipo de envase depende del alimento que vayamos a envasar.

de resistir adecuadamente a las temperaturas a las que van a ser sometidos (congelación, cocinado a baja temperatura o conservación por calor). También es importante tener en cuenta su permeabilidad a gases o humedad, sobre todo si los vamos a utilizar en el envasado al vacío o en atmósfera modificada. Por último, el precio del envase ha de ser adecuado en relación al precio del producto que vamos a envasar.

3.2. IDENTIFICACIÓN DE LOS PRINCIPALES EQUIPOS DE ENVASADO: ATMÓSFERA MODIFICADA, ENVASADO AL VACÍO

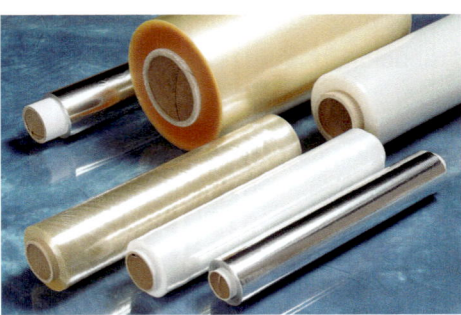

Figura 3.4. En el envasado de alimentos se utiliza una gran variedad de materiales.

En pastelería, podemos usar materias primas contenidas en todo tipo de envases (latas, aluminio, vidrios, films flexibles, envases plásticos rígidos y semirrígidos, papel o cartón).

Cuando somos nosotros los que tenemos que envasar un producto, por regla general la elección es más limitada:

- Normalmente no se envasa en latas o envases de aluminio.

- Hay pastelerías que elaboran confituras y compotas tradicionales, por lo que realizan envasados en tarros de vidrio.

- Los films flexibles son muy utilizados en el día a día, si bien el envasado no es hermético ni aséptico.

- Se utilizan bolsas de envasado específicas en aquellos productos o materias primas que es necesario envasar al vacío o en atmósfera modificada.

- Es muy habitual en pastelería utilizar papel para servir panes o productos de bollería a los clientes. Además, se utilizan cajas de cartón para el servicio de tartas o pasteles, y bollería y pastelería salada en grandes cantidades.

Figura 3.5. El film flexible es uno de los materiales más utilizados en el día a día.

Para realizar envasados simples no es necesario el uso de ningún equipo. Así, en la pastelería tradicional la utilización de films flexibles, el embolsado en papel o el embalaje en cajas de cartón se realiza de forma manual. El envasado de confituras o compotas en botes de vidrio puede realizarse de forma manual o mediante la utilización de llenadoras automáticas o semiautomáticas, pero su uso solo es frecuente con grandes volúmenes de fabricación.

En el envasado de alimentos al vacío o en atmósfera modificada, es absolutamente imprescindible utilizar por cuestiones técnicas equipos específicos y bolsas de envasado con unas características especiales.

Una **envasadora al vacío** profesional consta de una campana donde se introduce el alimento dentro de una bolsa de vacío. Al cerrar la campana y accionar el vacío se produce la extracción del aire de dentro y de fuera de la bolsa. Como la presión es la misma dentro de la bolsa y en la campana de vacío el alimento no se deforma. Una vez alcanzada la presión deseada (menos de 10 mbar) sellamos la bolsa y es entonces cuando podemos abrir la campana.

Una **envasadora en atmósfera modificada**, además de contar con un sistema de vacío, dispone de un sistema de inyección de gas en el interior de la bolsa antes del sellado.

Las **bolsas de vacío** deben ser resistentes a las altas presiones y tener una permeabilidad adecuada a los gases empleados. En el caso del envasado al vacío elegiremos bolsas de gran hermeticidad sin microporos y sin defectos de sellado. Para atmósferas modificadas quizá nos interese bolsas con microporos que permitan una pequeña entrada de oxígeno en cantidad controlada.

Los **gases** más utilizados en el envasado en atmósfera modificada son el nitrógeno, el oxígeno y el dióxido de carbono. La proporción de cada uno de ellos dependerá del tipo de alimento a envasar. Hay proveedores que suministran mezclas de gases adaptadas a determinados productos.

Figura 3.6. La elección de las bolsas depende del tipo de envasado utilizado.

Figura 3.7. Los gases más utilizados en atmósfera modificada son el oxígeno, el nitrógeno y el dióxido de carbono.

3.3. ETIQUETADO DE PRODUCTOS: NORMATIVA Y EJECUCIÓN SEGÚN LA MISMA

Un aspecto muy importante del envasado es transmitir información sobre el mismo al consumidor mediante su correcto etiquetado, además de identificarlo con claridad cuando este se encuentra en nuestras instalaciones. Existe normativa que no deja al azar la información contenida en el etiquetado de los productos con el fin de evitar la presencia de fraudes o los vacíos de información que confundan al consumidor.

Figura 3.8. Es obligatorio realizar un etiquetado correcto de los alimentos.

Según la normativa, **el etiquetado no deberá**:

- Inducir a error al comprador, especialmente:
  - Sobre las características del producto alimenticio (su naturaleza, identidad, cualidades, composición, cantidad, duración, origen o procedencia, y modo de fabricación o de obtención).
  - Atribuir al producto alimenticio efectos o propiedades que no posea.
  - Sugerir que el producto alimenticio posee características particulares, cuando todos los productos similares posean estas mismas características.

- Atribuir a las aguas minerales y a los productos alimenticios destinados a una alimentación especial propiedades de prevención, tratamiento y curación de una enfermedad humana, ni mencionar dichas propiedades.

Figura 3.9. El etiquetado ha de cumplir con una serie de obligaciones y prohibiciones para informar adecuadamente al cliente y advertirle de posibles riesgos en el consumo de alimentos.

El etiquetado de los productos alimenticios (salvo las excepciones previstas) llevará las **indicaciones obligatorias siguientes**:

- Denominación de venta del producto: es aquella denominación con la que el producto se fabrica o comercializa. No hay que confundir con la marca.

- La lista de ingredientes: se incluirán todos los ingredientes del alimento, en orden decreciente en peso. Como excepciones tenemos las frutas y verduras frescas; las aguas carbónicas; los vinagres de fermentación; el queso, la mantequilla, la leche, y la nata fermentada fabricados con los ingredientes tradicionales; los alimentos que consten de un único ingrediente y su denominación permita identificarlo sin confusión.

- Etiquetado de determinadas sustancias o productos que causan alergias o intolerancias.

- La cantidad de determinados ingredientes: tendremos que especificar la cantidad de aquellos ingredientes que figuren en la denominación del alimento, que se destaque en el etiquetado por medio de palabras o imágenes, o que sea esencial para definir el alimento y distinguirlo de productos con los que se pudiera confundir.

- La cantidad neta: en litros, centilitros, mililitros, kilogramos o gramos en función de la naturaleza del producto.

- La fecha de duración mínima o fecha de caducidad: todos los productos llevarán la fecha de duración mínima, a excepción de aquellos productos muy perecederos que pueden suponer un riesgo para la salud humana, en los que esta se sustituirá por fecha de caducidad.

- Las condiciones especiales de conservación y utilización: cuando estas sean necesarias para almacenar el alimento en condiciones de seguridad.

- El nombre o razón social y dirección del fabricante o importador: es quien se responsabiliza del producto que se está comercializando.

- El lugar de origen o la procedencia en el caso en que su omisión pudiera inducir a error al consumidor sobre la procedencia real del producto.

- El modo de empleo: cuando este sea necesario para garantizar la seguridad del producto.

- El grado alcohólico de las bebidas con un grado alcohólico en volumen superior al 1,2 %.

Uno de los aspectos más actuales de la legislación sobre etiquetado alimentario, y que afecta de lleno a los establecimientos de pastelería, es la obligación de identificar las sustancias o los productos causantes de alergias o intolerancias alimentarias.

Figura 3.10. Son muchos los alimentos que tienen algún componente alérgeno.

Se consideran alimentos o productos alérgenos los siguientes:

- Cereales que contengan gluten, a saber: trigo, centeno, cebada, avena, espelta, Kamut® o sus variedades híbridas y productos derivados, salvo:

  - Jarabes de glucosa a base de trigo, incluida la dextrosa; maltodextrinas a base de trigo; jarabes de glucosa a base de cebada; cereales utilizados para hacer destilados alcohólicos, incluido el alcohol etílico de origen agrícola.

- Crustáceos y productos a base de crustáceos.

- Huevos y productos a base de huevo.

- Pescado y productos a base de pescado, salvo:

  - Gelatina de pescado utilizada como soporte de vitaminas o preparados de carotenoides; gelatina de pescado o ictiocola utilizada para clarificar la cerveza y el vino.

- Cacahuetes y productos a base de cacahuetes.

- Soja y productos a base de soja, salvo:

  - Aceite y grasa de semilla de soja totalmente refinados; tocoferoles naturales mezclados (E306), d-alfa tocoferol natural, acetato de d-alfa tocoferol

© Ediciones Paraninfo

natural y succinato de d-alfa tocoferol natural derivados de la soja; fitosteroles y ésteres de fitosterol derivados de aceites vegetales de soja; ésteres de fitostanol derivados de fitosteroles de aceite de semilla de soja.

- Leche y sus derivados (incluida la lactosa), salvo:

  - Lactosuero utilizado para hacer destilados alcohólicos, incluido el alcohol etílico de origen agrícola; lactitol.

- Frutos de cáscara, es decir: almendras (*Amygdalus communis L.*), avellanas (*Corylus avellana*), nueces (*Juglans regia*), anacardos (*Anacardium occidentale*), pacanas [*Carya illinoensis (Wangenh.) K. Koch*], nueces de Brasil (*Bertholletia excelsa*), alfóncigos (*Pistacia vera*), nueces *macadamia* o nueces de Australia (*Macadamia ternifolia*) y productos derivados, salvo:

  - Los frutos de cáscara utilizados para hacer destilados alcohólicos, incluido el alcohol etílico de origen agrícola.

- Apio y productos derivados.

- Mostaza y productos derivados.

- Granos de sésamo y productos a base de granos de sésamo.

- Dióxido de azufre y sulfitos en concentraciones superiores a 10 mg/kg o 10 mg/litro en términos de SO_2 total, para los productos listos para el consumo o reconstituidos conforme a las instrucciones del fabricante.

- Altramuces y productos a base de altramuces.

- Moluscos y productos a base de moluscos

3.4. PROCESOS. RIESGOS EN LA EJECUCIÓN. APLICACIONES

Los procesos de envasado al vacío y en atmósfera modificada difieren entre sí únicamente en que en el segundo método se sustituye la atmósfera inicial por una mezcla de gases controlada.

Procesos

El esquema del proceso de envasado al vacío o en atmósfera modificada (como etapa opcional del primero) es el siguiente:

- Se introduce el alimento en la bolsa de vacío procurando un reparto equitativo.

- Se coloca la bolsa de vacío dentro de la campana con la parte abierta encarada en la barra de sellado. Procuramos que la parte de la bolsa que está tocando la barra esté lisa para garantizar un correcto sellado.

- Iniciamos el proceso de vacío:

  - Aspiración del aire del interior de la campana, seguido del que está dentro de la bolsa y por último del aire interno del alimento.

  - Inyección de gas (etapa opcional correspondiente al envasado en atmósfera modificada).

  - Sellado de la bolsa.

  - Aireación de la campana.

  - Apertura de la campana.

- Etiquetado de la bolsa.

- Almacenamiento del alimento envasado a la temperatura adecuada.

El proceso de envasado, en función del equipo del que dispongamos, podemos regularlo siguiendo dos criterios. El primero es el tiempo de vacío: la máquina se parará cuando pase el tiempo que hayamos programado. El segundo es el porcentaje de vacío: la máquina seguirá extrayendo aire hasta que alcance el porcentaje de vacío deseado.

Riesgos en la ejecución

En la ejecución del envasado al vacío o en atmósfera modificada prestaremos especial atención a:

- **La higiene de los manipuladores:** una mala higiene durante el proceso de envasado puede hacer que envasemos un producto contaminado que sea inseguro.

- **La calidad de las materias primas:** las materias primas que envasemos han de ser muy frescas ya que de lo contrario no podremos calcular su período de vida útil en condiciones de seguridad.

- **El proceso de vacío:** procuraremos no llenar en exceso las bolsas, especialmente cuando envasemos líquidos para evitar que se derramen y dañen la máquina. Además, nos aseguraremos de que el vacío es el adecuado para cada tipo de producto y de que el sellado se ha realizado correctamente. Un mal sellado supone un envasado ineficaz.

- **Etiquetado:** cumplirá con la normativa vigente. Uno de los fallos más habituales es no garantizar que la información no se borrará al tocar la bolsa o al entrar esta en contacto con un ambiente húmedo.

- **Conservación posterior:** tendremos que almacenar los alimentos envasados a la temperatura y a las condiciones apropiadas según sus características. Un error habitual es considerar que el alimento envasado al vacío no precisa de condiciones especiales.

Aplicaciones

El envasado al vacío o en atmósfera modificada puede utilizarse con varios fines:

- Como envasado simple, para prolongar el tiempo de vida útil de un alimento por la extracción de oxígeno o la modificación de la atmósfera.

- Para realizar una conservación por calor posterior (pasterización o esterilización).

- Para realizar un cocinado posterior al vacío.

Figura 3.11. El envasado en atmósfera modificada es ideal para la conservación de frutas, verduras y hortalizas.

MAPA CONCEPTUAL

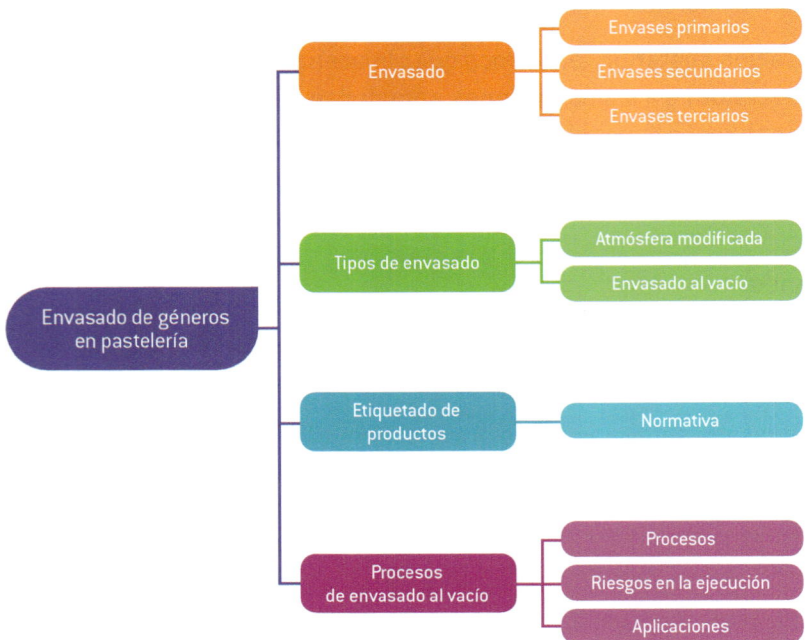

ACTIVIDADES FINALES

Marca si las siguientes afirmaciones son verdaderas o falsas:

3.1. Podemos afirmar que muchos procesos de conservación no se entienden sin un envasado adecuado.

☐ Verdadero.

☐ Falso.

3.2. Los envases que están en contacto directo con los alimentos, conteniéndolos, se denominan envases secundarios.

☐ Verdadero.

☐ Falso.

3.3. Los envases no deben afectar a las características del producto (transmitiéndole sabores u olores desagradables, sustancias tóxicas o facilitando la contaminación microbiana).

☐ Verdadero.

☐ Falso.

3.4. Los films flexibles permiten un envasado hermético y aséptico.

☐ Verdadero.

☐ Falso.

3.5. Utilizar papel para el servicio de productos de pastelería a los clientes está prohibido según normativa.

☐ Verdadero.

☐ Falso.

3.6. La envasadora de vacío más utilizada a nivel profesional es la de campana.

☐ Verdadero.

☐ Falso.

3.7. Las bolsas de vacío deben ser resistentes a las altas presiones y tener una permeabilidad adecuada a los gases empleados.

☐ Verdadero.

☐ Falso.

3.8. El etiquetado podrá sugerir que el producto alimenticio posee propiedades medicinales.

☐ Verdadero.

☐ Falso.

3.9. En la lista de ingredientes incluiremos todos los ingredientes del alimento en orden aleatorio.

☐ Verdadero.

☐ Falso.

3.10. Es necesario identificar en la etiqueta todos los ingredientes potencialmente causantes de alergias e intolerancias alimentarias.

☐ Verdadero.

☐ Falso.

ACTIVIDADES DE COMPROBACIÓN

3.1. La conservación por calor (pasterización, esterilización y uperización):

a) No tiene sentido sin un envasado adecuado, ya que los alimentos se podrían recontaminar.

b) Es eficaz aun cuando los alimentos no se envasen de forma hermética.

c) Solo es eficaz para alimentos con bajo contenido en agua.

3.2. Cuando un alimento se guarda en un recipiente que lo contenga para su transporte o venta identificando el producto y protegiéndolo, se denomina:

a) Envasado.

b) Conservación.

c) Etiquetado.

3.3. Los envases que están en contacto directo con los alimentos, conteniéndolos, se denominan:

a) Envases primarios.

b) Envases secundarios.

c) Envases terciarios.

3.4. Los envases terciarios sirven para:

a) Contener uno o más envases primarios.

b) Contener los alimentos, en contacto directo con ellos.

c) Unificar los productos en bloques, más fácilmente transportables.

3.5. Los envases pueden clasificarse:

a) Según el material con el que han sido fabricados.

b) En relación con el contacto que tienen con el producto.

c) Las respuestas a) y b) son correctas.

3.6. La envasadora al vacío tradicional:

a) Cuenta con un sistema de vacío, además de un sistema de inyección de gas en el interior de la bolsa antes del sellado.

b) Consta de una campana donde se introduce el alimento dentro de una bolsa de vacío.

c) Utiliza como gases de envasado nitrógeno, oxígeno y dióxido de carbono.

3.7. Los gases más utilizados en el envasado en atmósfera modificada son:

a) Nitrógeno, oxígeno y dióxido de carbono.

b) Helio, nitrógeno y oxígeno.

c) Hidrógeno, nitrógeno y oxígeno.

3.8. El etiquetado de un alimento deberá:

a) Inducir a error al comprador.

b) Informar al consumidor de los alérgenos de obligada declaración.

c) Indicar, de forma obligatoria, el grado alcohólico de las bebidas con un grado alcohólico en volumen superior al 0,2 %.

3.9. Se consideran alimentos o productos alérgenos los siguientes:

a) Cereales que contengan gluten, crustáceos y productos a base de crustáceos, huevos y derivados.

b) Pescado y productos a base de pescado, cacahuetes, soja y derivados.

c) Las respuestas a) y b) son correctas.

3.10. Los frutos de cáscara son considerados alérgenos:

a) Siempre.

b) Solo cuando se presentan con su propia cáscara y no pelados.

c) Excepto los frutos de cáscara utilizados para hacer destilados alcohólicos, incluidos el alcohol etílico de origen agrícola.

ACTIVIDADES DE APLICACIÓN

3.1. Relaciona los sistemas de conservación reflejados en la introducción de esta unidad, con el tipo de envase adecuado para preservar sus propiedades y ofrecer una excelente presentación al consumidor.

3.2. Investiga los tipos de envases primarios existentes y haz una tabla donde los clasifiques, de mayor a menor, en relación a su resistencia, seguridad y presentación.

3.3. Identifica, para cada tipo de envase primario, cuáles son las alteraciones organolépticas más frecuentes.

3.4. Haz un estudio de los gases más utilizados en el envasado en atmósfera modificada, identificando cuáles de ellos son más apropiados para el tipo de alimento que se desea conservar.

3.5. Busca distintos tipos y formatos de bolsas termosellables para envasado al vacío. Identifica las diferentes calidades y la adecuación a los diferentes alimentos que se van conservar en ellas.

ACTIVIDADES DE AMPLIACIÓN

3.1. **Zermat** es una empresa que distribuye todo tipo de envasadoras al vacío, termoselladoras, máquinas de retractilado y accesorios. Entra en zermat.es y compara las características de las envasadoras al vacío que ofrecen.

3.2. **Air liquide** es una empresa que ofrece soluciones para el envasado en atmósferas modificadas. Entra en es.airliquide.com e investiga las soluciones que ofrece en cuanto a gases, modos de suministro, equipos y servicios.

3.3. El Reglamento (UE) n. º 1169/2011 regula la información obligatoria de etiquetado y publicidad de productos alimenticios en la Unión Europea. Entra en la página del Boletín Oficial del Estado (boe.es), encuentra el citado reglamento y contrasta la información aprendida en esta unidad.

3.4. La **OCU** es la Organización de Consumidores y Usuarios que se encarga de defender los intereses de los usuarios. Si entras en ocu.org y buscas etiquetado de los alimentos en su web, podrás identificar errores y fraudes en el etiquetado de distintas marcas de alimentos.

3.5. **ITENE** es el Instituto Tecnológico del Embalaje, Transporte y Logística. Entra en itene.com e investiga las soluciones que ofrece en materiales para el envasado y tecnologías para la economía circular.

CASO PRÁCTICO

Contexto:

Eres el jefe de obrador de una panadería-pastelería tradicional, que comercializa sus productos en puntos de venta propios, pero también a establecimientos hosteleros como bares, restaurantes y hoteles.

Los pedidos han ido en aumento, y debes organizar el sistema de producción, conservación y regeneración de productos, de manera que permita una óptima elaboración y servicio manteniendo una excelente calidad de los mismos.

Reto:

- Identifica los equipos de envasado y envasado al vacío que necesitarás en tu negocio de pastelería.

- Describe los tipos de envases que necesitarás para la presentación y conservación de productos de pastelería de tu negocio.

4. Sistemas de conservación y presentación comercial habitual de productos de pastelería

Contenidos

Introducción

4.1. Conservación: definición

4.2. Presentación comercial de los géneros, productos y materias primas más comunes

4.3. Identificación de sistemas y métodos habituales de conservación

4.4. Asociación de los sistemas/métodos de conservación con su adecuación a los distintos productos y equpos necesarios

4.5. Fases de los procesos y riesgos en la ejecución

4.6. Operaciones sencillas de conservación y presentación comercial de géneros y productos culinarios de uso común: técnicas y métodos adecuados

Actividades finales

INTRODUCCIÓN

No sabemos con certeza desde cuándo el ser humano conserva sus alimentos con la intención de prolongarlos en el tiempo. Pero, sin duda alguna, en la prehistoria ya se almacenaban los alimentos que cazaban o recolectaban, en lo más profundo de las cavernas, para preservarlos y poder consumirlos posteriormente.

Es por ello que el ser humano, desde la antigüedad, no ha parado de buscar la manera de conservar los alimentos, alargar su vida útil y poseer, de esta forma, una disponibilidad inmediata que le proporcione seguridad y garantía para su subsistencia.

Con el paso de los años, las técnicas de conservación se han ido perfeccionando hasta nuestros días, aunque en la actualidad se siguen utilizando algunas tradicionales, como salazones, encurtidos, adobos, etcétera.

4.1. CONSERVACIÓN: DEFINICIÓN

En el sector de la alimentación, la conservación es el proceso al que sometemos a los alimentos mediante el cual conseguimos evitar o ralentizar su deterioro, aumentando su período de vida útil y mejorando sus condiciones de seguridad.

4.2. PRESENTACIÓN COMERCIAL DE LOS GÉNEROS, PRODUCTOS Y MATERIAS PRIMAS MÁS COMUNES

Las materias primas más habituales en pastelería son las harinas y sus derivados, las levaduras, los ovoproductos, los aceites y grasas, la leche y los productos lácteos, las frutas, los chocolates y las coberturas, los frutos secos y los azúcares. Aunque la producción de pastelería salada es significativamente menor que la dulce, no hay que olvidar que también se utilizan carnes, pescados y moluscos y verduras y hortalizas.

4.2.1. Harinas y derivados

Las harinas se comercializan en el mercado como sémolas, harinas o harinas finas, envasadas normalmente en paquetes o sacos de papel.

Figura 4.1. Las harinas, aunque parecidas entre sí, tienen propiedades muy diferentes.

4.2.2. Levaduras y otros aditivos

Figura 4.2. Las hojas de gelatina son el gelificante más utilizado.

La levadura se comercializa fresca o seca (prensada o granulada). En el mercado encontramos impulsores, conocidos como «levaduras quími-cas» que se comercializan en polvo. Los edulcorantes se comercializan líquidos, en polvo o en pastillas. Los colorantes se encuentran líquidos, en polvo o en forma de pasta. Los gelificantes se presentan en polvo, en hojas o líquidos.

4.2.3. Ovoproductos

Los huevos se comercializan envasados en función de su peso: XL (más de 73 g), L (de 63 g a 73 g), M (de 53 g a 63 g) y S (53 g o menos). Para mejorar su conservación se comercializan huevos pasteurizados en distintos formatos: huevo líquido, yema líquida, albúmina líquida, yema en polvo y albúmina en polvo.

Figura 4.3. Los huevos se distinguen comercialmente por su tamaño.

Figura 4.4. Las grasas comestibles son de origen animal o vegetal.

4.2.4. Aceites y grasas

Los aceites y grasas, como productos semielaborados que son, se comercializan embotellados o envasados en distintos formatos. Podemos encontrar en el mercado aceites aromatizados con hierbas, setas o trufas. Las mantequillas y margarinas se elaboran con o sin sal.

4.2.5. Leche y productos lácteos

La leche se comercializa envasada, pasteurizada o esterilizada. En cuanto al contenido en grasa, tenemos leche entera, semidesnatada o desnatada. La encontramos
líquida o concentrada (evaporada, condensada o en polvo). Los quesos los podemos clasificar según siete criterios distintos (materia grasa, consistencia de la pasta,
período de maduración, tipo de leche utilizada, intensidad del sabor e intensidad
fresca o dulce). Vienen presentados enteros, en cuñas, en lonchas, rallados, fundidos
o para untar. Diferenciamos las natas en función de su contenido en materia grasa
(MG): doble nata (50 % de MG), nata (30 % de MG) y nata delgada (18 % de MG).

4.2.6. Frutas

Normalmente, las frutas se comercializan frescas. La norma de calidad de
cada tipo define las condiciones que
deben tener las distintas categorías
comerciales (extra, primera, segun-
da y tercera) y el calibre según dicha
categoría. También podemos encontrar
algunas frutas congeladas, deshidrata-

Figura 4.5. Las frutas se dividen en pomos,
bayas y frutas tropicales y subtropicales.

das o cortadas y envasadas en atmósferas modificadas. Compotas, confituras, mermeladas y zumos son los productos elaborados a base de frutas más característicos.

4.2.7. Chocolates y coberturas

Los chocolates se presentan en el mercado en polvo, en tabletas, líquidos o en diferentes formas (gotas, fideos, etc.). Como productos elaborados podemos encontrar
cremas de cacao, salsas y siropes.

Figura 4.6. El buen chocolate es apreciado por su brillo, aroma, textura y sabor.

4.2.8. Frutos secos

Los frutos secos se comercializan en crudo, tostados o fritos. Podemos encontrarlos enteros, triturados o en polvo. Como productos elaborados, tenemos crema de cacahuete o leche de almendras.

Figura 4.7. Los frutos secos se comercializan crudos, tostados o fritos.

Figura 4.8. Los azúcares más consumidos son el blanco, el moreno y el glasé.

4.2.9. Azúcares

Los azúcares se comercializan en terrones, granulados, finos, superfinos, sin refinar, líquidos o en forma de pasta (*fondant*). Es posible encontrar en el mercado azúcares aromatizados con jengibre, vainilla o canela. Los siropes de distintos sabores son productos elaborados cuyo ingrediente principal es el azúcar. Por su parte, las mieles las podemos adquirir líquidas o semisólidas.

4.2.10. Carnes

Las carnes se comercializan como animal de abasto, en canal, medio canal, cuarto delantero o cuarto trasero. Podemos encontrarlas frescas o congeladas. También se presentan fileteadas o picadas. Como cortes específicos de ganado vacuno tenemos pistola, pierna, lomo, falda, despojos y vísceras. De entre ellas, las piezas con denominación propia son escalope, escalopín, chuletón, entrecot, *tournedos*, *chateaubriand*, *filet mignon*, *chop* y *ossobuco*. Las partes del cerdo más características son jamón, paleta, panceta, chuleta, solomillo, codillo, manos, tocino y cabeza. Encontramos derivados cárnicos en salazón, en escabeche o enlatados.

4.2.11. Pescados y mariscos

Los pescados y mariscos se comercializan vivos, frescos, cocidos, congelados o en conserva. Podemos encontrarlos enteros, en filetes o en rodajas. Tradicionalmente, se han conservado y comercializado ahumados, en salazón y en escabeche. Como derivados de pescado tenemos harinas y *surimis*.

4.2.12. Verduras y hortalizas

Se comercializan frescas, congeladas, deshidratadas, envasadas en atmósfera modificada o en conserva.

4.3. IDENTIFICACIÓN DE SISTEMAS Y MÉTODOS HABITUALES DE CONSERVACIÓN

Son innumerables las causas que pueden incidir de manera negativa sobre la calidad de nuestros alimentos y disminuir el grado óptimo de frescura de estos para su consumo.

Actualmente, podemos conservar los alimentos de múltiples formas, apoyándonos en la utilización de:

- Eliminación del contenido en agua, total o parcial: deshidratación, liofilización.

- Bajas temperaturas, refrigeración y congelación que ralentizan o impiden el crecimiento de microorganismos y retrasan los procesos de envejecimiento.

- Elevadas temperaturas que destruyen los microorganismos: esterilización, pasteurización, uperización.

- Adición de sustancias que modifican el medio interno o externo del alimento: conservantes, vinagre, limón, azúcar, sal, etcétera.

- Adición de fermentos que dan lugar a subproductos como el yogur o el queso.

- Uso de aditivos autorizados.

- Tratamiento con radiaciones ionizantes, controlado y autorizado, para lograr la eliminación de bacterias patógenas.

Todos estos procedimientos se pueden clasificar en:

- Métodos de conservación por irradiación.

- Métodos de conservación físicos.

- Métodos de conservación químicos.

Aunque los métodos que se utilizan son muy diversos, se estima que los países desarrollados desperdician un 20 % de los alimentos, debido a la falta de tratamiento adecuado. Cifra que aumenta si hablamos de países subdesarrollados.

Objetivos de la conservación

La conservación de alimentos surge por necesidad y por intuición y solo con el paso del tiempo hemos verificado los objetivos de la misma:

- Prevenir la proliferación natural de microorganismos en los alimentos.

- Paliar la acción de agentes como el aire, el calor, el frío, la humedad, la sequedad, etcétera.

- Impedir las reacciones químicas, como la oxidación.

- Evitar las reacciones bioquímicas.

- Disminuir el deterioro irreversible del alimento por los procesos naturales de maduración de los animales o vegetales gracias a enzimas propias de cada especie.

- Prevenir el ataque de insectos, roedores o plagas en general.

Para lograr una óptima conservación de los alimentos, debemos seguir unas pautas mínimas, como las siguientes:

- **Asepsia:** extremar la higiene en las manipulaciones del personal, de los utensilios, de los recipientes y de las instalaciones.

- **Tratamiento:** aplicar el sistema o los sistemas de conservación más idóneos para cada tipo de alteración.

- **Acondicionamiento:** proteger el alimento una vez se haya tratado con envases o medios adecuados, para prolongar así la vida del producto.

Sistemas de conservación adecuados

Las posibilidades de conservación son diversas y por ello es recomendable que se observen ciertas condiciones al elegir el método o sistema de conservación. Dichas condiciones son las siguientes:

- Que el tratamiento sea eficaz, es decir, capaz de parar o limitar la posible alteración.

- Que se produzcan las mínimas modificaciones sensoriales.

- Que no presente ningún riesgo toxicológico, y se garantice la seguridad del alimento conservado.

Los métodos tradicionales son la salazón, la deshidratación y el secado, e ahumado, las especias y el calor.

Los métodos modernos son la pasteurización, la uperización (UHT), la esterilización, la irradiación, los aditivos, la liofilización, la refrigeración y la congelación, el envasado al vacío y el envasado en atmósfera modificada.

A continuación veremos los más destacados.

4.3.1. Conservación por frío positivo y/o negativo

Realmente, la refrigeración no está considerada como frío, sino como la ausencia o reducción de la temperatura. Durante la refrigeración, las células de los tejidos animales y vegetales reducen su metabolismo, lo que disminuye la velocidad de las reacciones químicas, bioquímicas y microbiológicas, que son las causantes del deterioro de los alimentos durante su almacenamiento, por lo que ayuda a su conservación y mantenimiento de la calidad.

Este método de conservación es uno de los más antiguos, sobre todo si pensamos que ya en el Neolítico guardaban los alimentos en la zona más fría de las cavernas, con el fin de preservar sus cualidades el mayor tiempo posible.

Existen dos grandes procesos de reducción del calor de un alimento para su conservación a baja temperatura: la refrigeración y la congelación.

La refrigeración y la congelación se sirven del descenso de la temperatura para prolongar el período de conservación de los alimentos. La diferencia esencial entre ambos métodos, dejando a un lado las distintas temperaturas, radica en la formación de cristales de hielo en los productos congelados.

La refrigeración es uno de los procesos de conservación más utilizados, pues constituye un paso obligado entre el productor y el consumidor. A partir del primer momento en que el alimento es recolectado, sacrificado, capturado, etc., se realiza una primera fase de enfriamiento, anterior a la refrigeración. Este enfriamiento debe ser lo más rápido posible, pasando de la temperatura natural de los alimentos (carnes: de 30 °C a 39 °C, pescados y mariscos: entre 13 °C y 30 °C, verduras: hasta 45 °C) a una bastante inferior (5 °C o menos en carnes, pescados y mariscos, y 9 °C o menos en frutas y verduras).

Tipos de refrigeración

- Refrigeración mecánica.
- Inmersión en soluciones refrigerantes.
- Sistemas criogénicos.
- Aspersión de agua.

Ventajas

- Reducción de bacterias patógenas.
- Ralentización de las enzimas naturales de los alimentos.
- Conservación de los alimentos a largo plazo.
- Método económico.
- Método muy efectivo.
- Se pueden congelar casi todos los alimentos.
- Permite el consumo fuera de temporada.
- Facilita el transporte.
- Mejora el precio.

Inconvenientes

- Puede enranciar las grasas de los alimentos.
- Puede modificar su sabor, color, textura, etcétera.
- No permite disponibilidad inmediata.

Figura 4.9. Setas deshidratadas.

- Requiere almacenamiento.
- Precaución de no romper la cadena de frío.

4.3.2. Deshidratación

Es uno de los métodos más antiguos usado por el ser humano para la conservación de alimentos. Lo que intenta conseguir este sistema de conservación es, como en el caso de la salazón, la deshidratación del alimento, pero no por la adición de otros elementos.

Procesos

- **Deshidratación**: reducción del contenido de agua de los alimentos por acción del calor artificial. Consiste en hacer circular un flujo de aire caliente sobre el alimento.

- **Desecación**: proceso natural de secado de alimentos que reduce el contenido de agua de estos utilizando las condiciones ambientales naturales, como por ejemplo el sol.

Ventajas

- La deshidratación tiene la ventaja de la calidad del producto final, la reducción de tiempos en el proceso y en los espacios de almacenamiento.

- La desecación o secado natural tiene la ventaja de su bajo coste, ya que el alimento se seca en la propia planta y, por tanto, no son necesarios equipos ni espacios adicionales.

Inconvenientes

- Por el contrario, el inconveniente principal estriba en la inversión necesaria en equipos y espacios para la planta de deshidratación.

- Además, tiene el inconveniente de que en numerosas ocasiones las condiciones climáticas no ayudan en el proceso.

Resultados

- El resultado en los tres procesos anteriores (salazón, secado y deshidratado) es un alimento seco, es decir, en el que se ha eliminado el contenido líquido para inhibir la acción microbiana.

- Se obtienen mejores resultados y mayor calidad del alimento en los procesos controlados que en el método de secado natural.

4.3.3. Liofilización

También llamada deshidrocongelación, consiste en la reducción del contenido de agua de los alimentos, vigilando las condiciones climáticas dentro de una cámara o del control de un micromedio circundante. Es decir, es un proceso de conservación para productos perecederos, por deshidratación al vacío y a bajas temperaturas, para lograr una mejor conservación. Una vez liofilizados, su tiempo de conservación aumenta hasta los dos años. Esto se debe a que la reducción o eliminación del agua en los alimentos disminuye la acción de los microorganismos patógenos que los deterioran.

Ventajas

- Se puede incorporar las vitaminas y los minerales necesarios para compensar las pérdidas originadas en el proceso.

- Se puede transportar carnes y platos preparados, sin necesidad de una cadena de frío.

- Reduce peso y volumen.

- Gran capacidad de almacenaje, bajo cualquier situación, por largos períodos.

Inconvenientes

- El proceso es complejo y más caro que otros sistemas.

- Requiere un alto grado de manipulación.

- Maquinaria muy específica.

- Manipulación cualificada.

- En algunos alimentos, se necesita la adición de otros elementos (antioxidantes) para evitar la maduración y oxidación natural de estos.

Figura 4.10. Las confituras son un ejemplo de conservación por confitado.

4.3.4. Confitado

El confitado es la técnica que se utiliza para la conservación en almíbar, generalmente de frutas. La conservación se basa en la reducción de la actividad de agua del alimento y el aumento de su vida útil. Con esta técnica podemos elaborar confituras, mermeladas o jaleas y frutas confitadas.

Las **confituras** son un método tradicional de realizar una conserva de frutas. Consisten en la cocción en un almíbar caliente de puré o pulpa de fruta, con la adición de un gelificante (generalmente, pectina) que le aporta su textura característica.

Las **frutas confitadas** se cocinan sumergidas en almíbar hasta que conseguimos deshidratarlas, aumentando su concentración interior de azúcar y, por tanto, su conservación.

Ventajas

- Método de conservación que utiliza elementos naturales y no requiere de grandes equipos para su proceso.

Inconvenientes

- Las propiedades originales de las frutas se ven alteradas por la gran ganancia de azúcar, y el alimento además de conservarse se transforma. También cambian sus propiedades nutricionales.

4.3.5. Compotas

La compota es un método de conservación de frutas en el que estas se cuecen, se secan y se amasan, con o sin la adición de un almíbar azucarado. Los métodos de conservación que intervienen son en primer lugar la cocción de la fruta y en segundo lugar la deshidratación de la misma.

Figura 4.11. Se pueden elaborar compotas de cualquier tipo de frutas.

Ventajas

- Método de conservación que utiliza elementos naturales y no requiere de grandes equipos para su proceso.

Inconvenientes

- Las propiedades nutricionales de las frutas se ven alteradas negativamente por la cocción, especialmente en lo que a pérdida de vitaminas se refiere. También cambian notablemente sus propiedades organolépticas.

4.3.6. Esterilización

La podríamos definir como la técnica de eliminación total de la forma de vida de los microorganismos presentes en los alimentos, sean patógenos o no. Esta técnica implica un daño irreversible en algunas estructuras moleculares celulares.

Ventajas

- Disponibilidad del alimento en cualquier época del año y no solo cuando se cosecha.

- Accesibilidad al producto, lejos del lugar de cosecha.

- Eliminación de la totalidad de microorganismos.

- Fácil transporte.

- No necesita refrigeración.

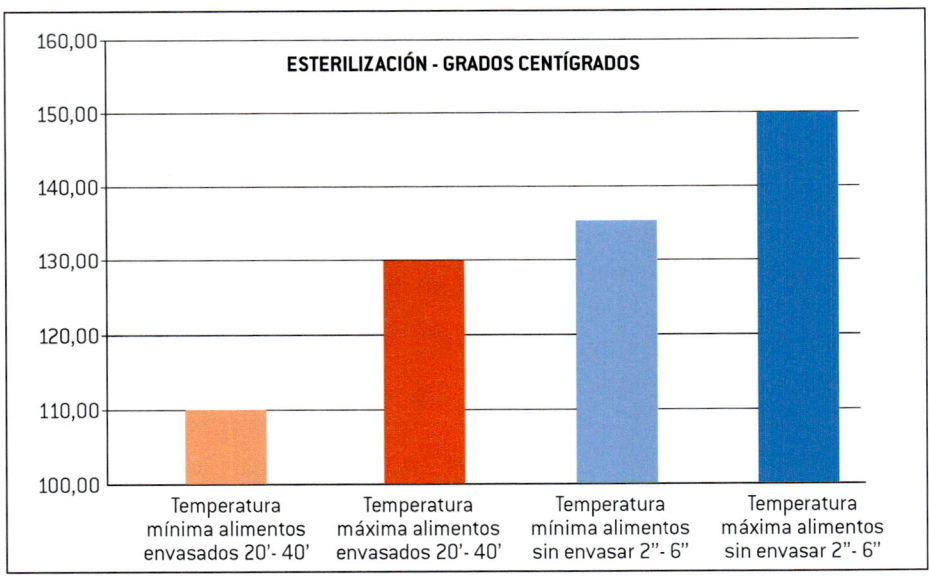

Figura 4.12. Temperaturas y tiempos de la esterilización.

Inconvenientes

- Desnaturalización de las proteínas.

- Alteración del sabor.

- No todos los alimentos se pueden esterilizar.

Las temperaturas oscilan entre los 100 °C y los 150 °C, dependiendo del tiempo de exposición y de si el alimento está envasado o no.

4.3.7. Pasteurización y envasado al vacío o atmósfera modificada

La pasteurización es un proceso de conservación por calor que destruye parcialmente los microorganismos presentes en los alimentos, mejorando la durabilidad de estos pero por tiempo limitado. La pasteurización está asociada normalmente a un proceso de envasado que impide que el alimento se vuelva a contaminar de forma inmediata.

La pasteurización

Es el proceso por el cual se eliminan las formas vegetativas de los microorganismos patógenos de los alimentos, y se destruye o inactiva la casi totalidad de la flora banal, al someter a los alimentos a temperaturas variables, en función del tiempo de tratamiento, de forma que no sufran modificaciones esenciales en su composición, y se asegure su conservación a una temperatura adecuada, durante un período de tiempo no inferior a 48 horas.

Procesos

- La pasteurización somete los alimentos a unas temperaturas cercanas a los 80 °C durante tiempos cortos y ajustados, lo cual es suficiente para inactivar los posibles microorganismos patógenos, pero no sus esporas si es que las han elaborado.

- Por ello, este método normalmente necesita otro soporte como puede ser la refrigeración.

- Existen dos tipos de pasteurización, dependiendo del alimento de que se trate:

  - Pasteurización lenta: se efectúa a una temperatura de 61 °C a 63 °C, durante un tiempo mínimo de 30 minutos y, posteriormente, se enfría a entre 4 °C y 10 °C.

  - Pasteurización a altas temperaturas: en este caso se realiza a una temperatura de 72 °C a 76 °C, durante un tiempo de entre 15 y 17 minutos. Posteriormente, se enfría de igual forma que la pasteurización lenta.

Generalmente, esta fórmula tiempo/temperatura se refiere a líquidos, en especial a la leche.

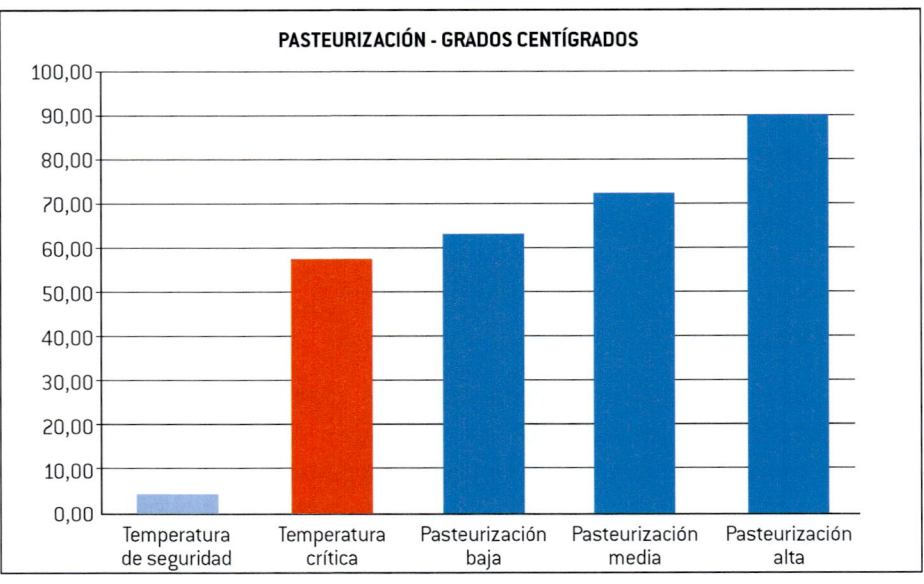

Figura 4.13. Temperaturas de la pasteurización.

Ventajas

- Este es un método que no lesiona apenas los nutrientes, con lo cual el producto queda higienizado y no pierde ninguna de sus propiedades.

Inconvenientes

- Por el contrario, existe la desventaja de que se debe llevar a cabo acompañado de otro soporte conservador. Como ejemplo más claro tenemos la leche pasteurizada, que precisa además su conservación en frío y tiene una duración limitada.

Envasado al vacío

La técnica de conservar al vacío consiste en introducir un alimento en una bolsa impermeable, que posteriormente se sella y se la somete a una extracción de aire, lo que lo elimina hasta en un 99 %, tanto en el exterior como en el interior del producto.

Este tipo de conservación tiene el objetivo de detener, eliminar o ralentizar las bacterias aeróbicas que existen en el exterior de los alimentos, y prolongar así su vida útil, aunque no se eliminan las bacterias anaeróbicas, que no necesitan oxígeno, ni sus esporas, que podrían reproducirse al abrir el envase.

Ventajas

- Aumenta la vida útil de los alimentos sin utilizar aditivos ni tratamientos térmicos.

- Mantiene todas las propiedades organolépticas de los alimentos.

- Reduce las bacterias aeróbicas.

- Mejora la distribución, porque se pueden llevar alimentos frescos a lugares donde haya demanda, a la vez que se reducen costes.

Inconvenientes

- Necesidad de un equipo específico y caro.

- Precaución de no romper el vacío.

- No todos los alimentos se pueden envasar al vacío.

- Los alimentos frágiles pueden aplastarse.

Envasado en atmósfera modificada

La mayoría de alimentos se pueden conservar con la menor cantidad de oxígeno posible, eliminar en gran parte los microorganismos aeróbicos y reducir el grado de oxidación. Sin embargo, existen algunas excepciones, porque el oxígeno ayuda a mantener la forma oxigenada de la mioglobina en las carnes, lo que les aporta su color rojo, y es necesario para la respiración de las frutas y verduras.

Esta técnica es similar a la del envasado al vacío, con la particularidad de que se utiliza en un envase rígido llamado barqueta, y la ausencia de aire se sustituye por gases inertes. Estos gases pueden utilizarse puros o mezclarlos en la proporción adecuada para cada alimento y formato de envasado. Los gases más utilizados son:

- El **dióxido de carbono (CO_2)** es el gas más importante en este tipo de conservación, ya que los mohos, así como la mayoría de las bacterias aeróbicas, se ven eliminados o perjudicados seriamente.

- El **nitrógeno (N)** tiene la capacidad de desplazar al oxígeno; de esta manera, parte del nitrógeno sustituye al oxígeno dentro del envase, lo que permite mantener el volumen en su interior y no aplastar el alimento.

- El **oxígeno (O)** permite a los organismos vivos de los alimentos que necesitan respirar su maduración.

También se utilizan otro tipo de gases como el óxido nitroso, el argón o el hidrógeno, que se emplean en proporciones muy bajas y ayudan a ralentizar o inhibir el crecimiento de cierta cantidad de bacterias.

Ventajas

- No se aplasta el alimento dentro del envase ni al almacenarlo.
- Mejora su aspecto al no eliminar el oxígeno.
- Los alimentos pueden respirar y se inhibe su degradación natural.
- Mantiene las cualidades organolépticas del alimento, sin modificar su color, aroma, textura o sabor.
- Minimiza o elimina el uso de conservantes.
- Aumenta la vida útil del alimento.
- Los gases que se emplean se adaptan al alimento por conservar.

Inconvenientes

- Se necesita un equipo específico y caro.
- Se requiere precaución de no romper el envase.
- Los gases utilizados pueden alterar las cualidades organolépticas del alimento.
- Maduración anormal de los alimentos que lo necesitan.

4.3.8. Otros métodos de conservación

Existen métodos de conservación, que si bien no son de uso habitual en el proceso de elaboración de productos de pastelería, sí pueden haber sido aplicados a materias primas y géneros de uso común. En ese sentido, consideramos que su estudio es interesante para conocer las propiedades inherentes de los alimentos conservados con estos métodos, por lo que serán explicados en este apartado.

La salazón

Realmente no se conoce el mecanismo de la acción conservadora de la sal, pero parece ser que actúa únicamente por su efecto osmótico (acción por la cual el líquido de un elemento pasa a otro; en este caso, del alimento a la sal). Se trata de impedir que el alimento contenga agua, con lo cual la actividad microbiana es mínima y el alimento es más duradero.

Figura 4.14. Carne en salazón.

Procesos

- Salazón en seco: el proceso consiste en el enterramiento del alimento en sal en las proporciones necesarias, para que esta, por el efecto osmótico, reduzca el contenido líquido del alimento al máximo y así disminuir la acción microbiana al mínimo.

- Salazón en salmuera: consiste en tratar los alimentos con soluciones salinas de concentración variable para conseguir el efecto anterior.

Ventajas

- Método de conservación que utiliza elementos naturales y no requiere de grandes equipos para su proceso.

Inconvenientes

- El inconveniente es que la disposición del alimento no es inmediata, ya que requiere una hidratación previa a su utilización.

Resultados

- Como resultado del proceso, obtenemos un alimento con un contenido mínimo de líquido y, por tanto, con una acción microbiana muy reducida que nos permite conservar el alimento durante bastante tiempo.

El ahumado

Consiste en someter a los alimentos a la acción de productos procedentes de la combustión incompleta de maderas autorizadas de primer uso, y que se pueden mezclar en distintas proporciones con plantas aromáticas inofensivas.

Métodos

- El ahumado de la carne y el pescado se realiza después del salado, sometiéndolos al humo de un serrín de madera que arda sin llama.

- Generalmente, para la producción de humo, se prefieren maderas duras, tales como roble, fresno y olmo. Las maderas blandas resinosas son inadecuadas, puesto que contienen sustancias volátiles que producen sabores desagradables.

Procesos

- El ahumado se realiza normalmente suspendiendo el alimento directamente sobre la madera productora del humo u originándolo en una cámara y llevándolo por medio de conductos y ventiladores a otra que contenga el alimento.

Ventajas

- Además de tener un marcado efecto conservador, el humo imprime un sabor agradable al alimento.

Inconvenientes

- Como inconveniente debemos saber que para conseguir un alimento de calidad es necesario un riguroso control del proceso.

Resultados

- Durante la operación, las capas superficiales del alimento se impregnan de aldehídos, fenoles y ácidos alifáticos que ejercen la acción conservadora.

- Estos constituyentes bactericidas del humo hacen que las bacterias se destruyan en gran cantidad.

Las especias

La acción conservadora de algunas especias y hierbas empleadas para dar sabor a los alimentos es bien conocida, y en ocasiones con mejores efectos que algunos conservantes químicos. En todos los casos, el efecto inhibidor de las especias se debe a los aceites esenciales de estas.

Figura 4.15. Especias.

Figura 4.16. Encurtidos en conserva.

Procesos

- Encurtido: consiste en someter a la acción del vinagre de origen vínico, con o sin adición de sal, azúcares u otros condimentos, los alimentos en su estado natural, los que han sido tratados con salmueras o los que han sufrido una fermentación láctica.

- Escabechado: consiste en someter los alimentos de origen animal, cocidos o fritos, a la acción del vinagre de origen vínico y de la sal, con o sin la adición de otros condimentos.

Ventajas

- No se requieren equipos especiales.

- Además, es un sistema de conservación puramente natural y no requiere elaboraciones posteriores para el consumo del alimento.

Inconvenientes

- Como inconveniente, podemos decir que, para algunos alimentos, las especias más poderosas en la acción conservadora pueden no ser las más apropiadas gastronómicamente.

- Además, hay que añadir que las cantidades de especias mínimas que deben usarse para que tengan un efecto conservador están frecuentemente muy limitadas a causa de su sabor.

Figura 4.17. Uno de los platos más representativos del escabechado son los mejillones.

- Como ejemplo, diremos que el clavo, la mostaza o el ajo, siendo este una de las especias de mayor efecto conservador, con frecuencia no se pueden usar en la cantidad necesaria para que den resultado, por su fuerte sabor.

Resultados

- Con este sistema, obtenemos un alimento protegido de ciertos microorganismos, a la vez que inhibimos o retardamos el efecto de otros.

La uperización (UHT)

La UHT somete a los alimentos (líquidos o semilíquidos) a un flujo constante, a una temperatura de entre 138 °C a 150 °C, durante un tiempo determinado, que va desde dos a cinco segundos. Este tratamiento en tan corto espacio de tiempo produce una mínima degradación del alimento.

Ventajas

- Ahorro energético.

- Envases más baratos.

- Mayor automatización.

- Vida útil superior a seis meses, sin refrigeración.

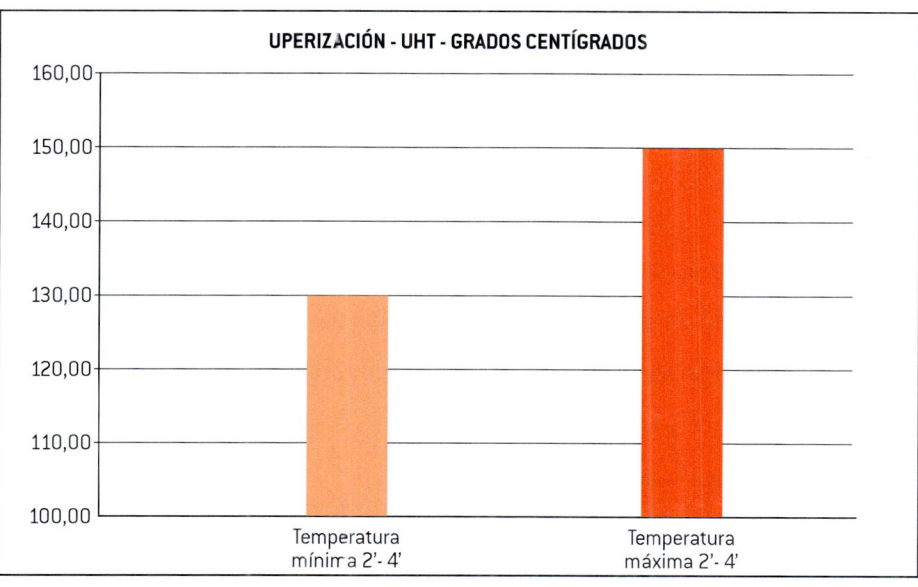

Figura 4.18. Temperaturas y tiempos de la uperización (UHT).

Inconvenientes

- Esterilización previa de materiales de envasado.

- Se necesita un equipo complejo y una planta para envasado aséptico.

- Mantenimiento de la zona estéril de envasado.

- Mano de obra especializada.

- Coste inicial y complejidad.

La irradiación

La irradiación tiene los mismos objetivos que otros métodos de conservación de los alimentos, es decir, reducir las pérdidas debidas a la alteración y descomposición natural y combatir las bacterias y los organismos patógenos causantes de enfermedades de transmisión alimentaria.

Métodos

- La irradiación de los alimentos emplea la forma particular de energía electromagnética de la radiación ionizante.

- Los rayos X, que son una forma de radiación ionizante, destruyen las bacterias.
- La irradiación inactiva los organismos que generan la descomposición de los alimentos, y en particular las bacterias, los mohos y las levaduras.

Ventajas

- Prolonga el tiempo de los alimentos sin aplicarles calor.
- Retrasa la maduración y la germinación de las verduras.
- Destruye los organismos causantes de enfermedades.
- Mata los gusanos parásitos y los insectos.
- Produce cambios químicos útiles.

Inconvenientes

- La dosis que puede usarse es limitada.
- Sabor desagradable.

Los aditivos

Se utilizan desde que el hombre aprendió a conservar sus alimentos en la antigüedad y así logró mejorar la presentación y su valor nutritivo. Es por ello que encontramos aditivos que podríamos definir como tradicionales y otros modernos. Los primeros aditivos utilizados por el hombre como sistema de conservación fueron la salazón, el almíbar y el ahumado.

Desde hace unas pocas décadas, empezaron a descubrirse nuevas sustancias que cumplen las mismas funciones beneficiosas y que están hoy al alcance de todos. Entre ellas destacan los emulsionantes de la margarina, las levaduras químicas de los preparados para hacer bizcochos y los gelificantes utilizados en la mermelada. Los avances en nutrición y tecnología, así como los cambios en los hábitos de consumo, han llevado a un uso cada vez mayor de aditivos alimentarios en los últimos años. Así, el consumidor dispone de alimentos de mejor calidad y más uniformes.

Ventajas

- Método sencillo y económico.
- Mejora la conservación.

- Preserva sus propiedades iniciales.

- Asegura la textura y consistencia de los alimentos.

- Puede mejorar su sabor, color y olor.

- Impide el desarrollo de microorganismos al añadir sustancias como sal, vinagre o aditivos químicos.

- Modifica su valor nutritivo al poderse añadir sustancias como vitaminas, grasas omega 3, calcio, etcétera.

Inconvenientes

- Puede cambiar sus características organolépticas y se destruyen nutrientes.

4.4. ASOCIACIÓN DE LOS SISTEMAS/MÉTODOS DE CONSERVACIÓN CON SU ADECUACIÓN A LOS DISTINTOS PRODUCTOS Y EQUIPOS NECESARIOS

Los avances en medicina, tecnología y gastronomía nos han ayudado a modificar y adaptar el mejor método de conservación, con el fin de evitar que no se produzcan cambios significativos en el alimento o bien, al contrario, se busca darles matices diferentes y mejorar así sus cualidades organolépticas.

Para todo ello, en la conservación de los alimentos, podemos encontrar una maquinaria que requiere una tecnología compleja y necesita de personal muy cualificado o, por el contrario, podemos seguir utilizando los métodos de conservación que se emplean desde la antigüedad y que apenas requieren maquinaria.

4.4.1. Equipos para la conservación por frío positivo y/o negativo

Los equipos asociados a la conservación por refrigeración positiva o negativa (por encima de cero o por congelación) son cámaras muy similares. La diferencia estriba en el poder refrigerante y el grosor de las paredes del equipo. Podemos clasificar estos equipos en:

- Cámaras de refrigeración por compresión mecánica de gases (refrigeración/ congelación lenta **por aire**).

- Túneles **de contacto** frío por donde pasan los alimentos para refrigerarlos/congelarlos (refrigeración media).

- **Por inmersión** en nitrógeno líquido (refrigeración rápida).

4.4.2. Equipos para la deshidratación

No son necesarios equipos para el secado natural, mientras que para la deshidratación se requieren plantas de deshidratación de aire caliente.

4.4.3. Equipos para la conservación por liofilización

Para la liofilización se necesitan cámaras muy complejas de control de micromedio circundante, es decir, que suma tres pasos independientes pero que se realizan en un mismo equipo (la cámara de ultracongelación, la cámara de secado y condensación y el equipo de vacío).

4.4.4. Equipos para la conservación por confitado

El confitado no requiere de equipos específicos, ya que se puede utilizar cualquier maquinaria capaz de generar calor: baño maría, cazo eléctrico, fogones, etcétera.

4.4.5. Equipos para la elaboración de compotas

Al igual que en el confitado, la elaboración de compotas solo requiere equipos de generación de calor.

Figura 4.19. La elaboración de confituras o compotas no requiere de un equipamiento especial.

4.4.6. Equipos para la conservación por calor (pasteurización, uperización y esterilización)

Como hemos visto anteriormente, los principales métodos que utilizamos con calor son la pasteurización, la esterilización y la uperización (UHT). Estos métodos de conservación utilizan equipos similares que inciden sobre los alimentos con calor directo o indirecto, a diferentes temperaturas y por tiempos muy concretos.

Entre los diferentes equipos, podemos encontrar: fogones, planchas, baños María, hornos de convección vapor, autoclaves, etcétera.

Figura 4.20. Autoclave.

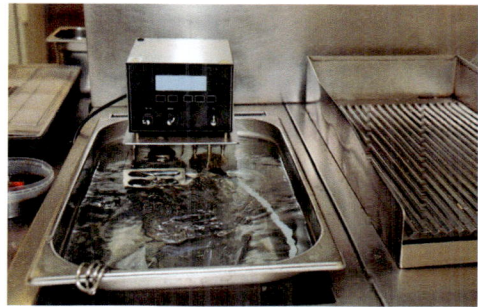

Figura 4.21. Baño maría controlado por «sistema Sous Vide®».

4.4.7. Equipos para la conservación por envasado al vacío y en atmósfera modificada

Para ello, es necesario disponer de una maquinaria específica como es la envasadora al vacío. Su funcionamiento es relativamente complejo, ya que se trata de una máquina capaz de extraer el aire del interior de la bolsa y sellarla al mismo tiempo.

En el envasado en atmósfera modificada o atmósfera protectora se utiliza el mismo equipo que al vacío, con la particularidad de que se le adaptan unos tubos para inyectar los diferentes gases al envase.

4.4.8. Equipos para la salazón

No son necesarios grandes equipos especiales para la aplicación de este método de conservación, aunque sí es importante medir el grado de densidad salina a la que estemos sometiendo el producto con un medidor de grados Baumé llamado densímetro.

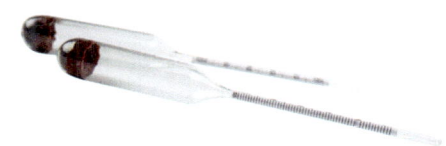

Figura 4.22. Termómetro Baumé o densímetro.

4.4.9. Equipos para el ahumado

Por un lado, para el ahumado tradicional no se requiere de equipos especiales, ya que bastaría con exponer los alimentos al humo (en caliente o frío) de maderas nobles no resinosas, hasta que el producto adquiera el aroma y sabor deseados.

Por otro lado, para un ahumado minuciosamente controlado, sí se necesitan equipos sofisticados, como autoclaves o túneles refrigerados, por los que se hace pasar el humo en proporciones controladas.

Figura 4.23. Estufa caliente tradicional.

4.4.10. Equipos para la conservación con especias

No se requieren equipos especiales, ya que en la mayoría de los casos, como en salmueras, adobos, marinados, encurtidos, etc., la adición de las especias se realiza a mano.

4.4.11. Equipos para la conservación con irradiación

Los equipos utilizados para la conservación por irradiación van desde un simple aunque a la vez complejo microondas, pasando por cámaras de radiación ionizante, hasta barras de rayos X.

4.4.12. Equipos para la conservación con aditivos

No se requieren equipos específicos para la conservación con aditivos, ya que, como su nombre indica, se adicionan directamente en los alimentos.

4.5. FASES DE LOS PROCESOS Y RIESGOS EN LA EJECUCIÓN

Para obtener un resultado óptimo de conservación de los alimentos, es necesario controlar y ejecutar correctamente el funcionamiento de los equipos utilizados, así como los procesos realizados, siguiendo en todo momento unos parámetros definidos de higiene y seguridad alimentaria.

4.5.1. Procesos para la conservación por frío positivo y/o negativo

El proceso para la conservación por refrigeración o por congelación es muy sencillo, siempre que sigamos unas pautas previas durante el almacenamiento, así como las temperaturas idóneas para cada tipo de alimento.

El riesgo en su ejecución solo existe si no seguimos las pautas marcadas ni controlamos que no se rompa la cadena de frío.

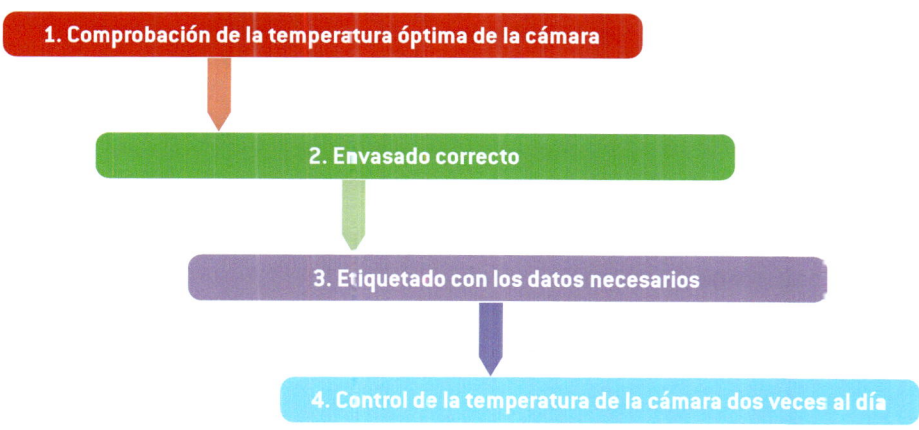

Figura 4.24. Esquema de los procesos para la conservación por refrigeración.

4.5.2. Procesos para la deshidratación

La selección se realiza separando las partes dañadas o no comestibles, posteriormente se lavan y se calibran, para tener un control exhaustivo del tamaño de las piezas.

El **tratamiento previo** se refiere a la modificación que pueden necesitar algunos alimentos para facilitar su secado, como por ejemplo, el troceado de las frutas y hortalizas para reducir su tamaño, así como al proceso físico o adición de sustancias químicas para evitar el deterioro de la calidad del alimento durante el procedimiento.

Una vez finalizado el proceso de secado, se tomarán muestras al azar para hacer un **control de calidad** según los parámetros marcados.

Posteriormente, se procederá al **envasado y almacenaje**.

Figura 4.25. Esquema de los procesos para la desecación y deshidratación.

4.5.3. Procesos para la conservación por liofilización

El proceso de conservación consiste en congelar el producto dentro de una cámara de vacío y, por el método de sublimación, eliminar casi la totalidad del agua que posee y conservar así su estructura molecular intacta.

Los pasos a seguir son:

- En el primer paso es fundamental el acondicionamiento del alimento. En algunos casos, el alimento requiere ser hecho porciones o agujereado para permitir el proceso de secado.

- El segundo paso es el proceso de congelación del alimento a temperaturas entre $-20\ °C$ y $-40\ °C$.

- El tercer paso consiste en la desecación del producto por sublimación (agua en la mayoría de los casos).

- El cuarto paso, y último, trata de la eliminación del líquido no congelable para lograr que la humedad final sea menor al 2 %.

El riesgo en la ejecución de los procesos de liofilización es el riguroso control que necesita y la alta cualificación del personal que lo manipula.

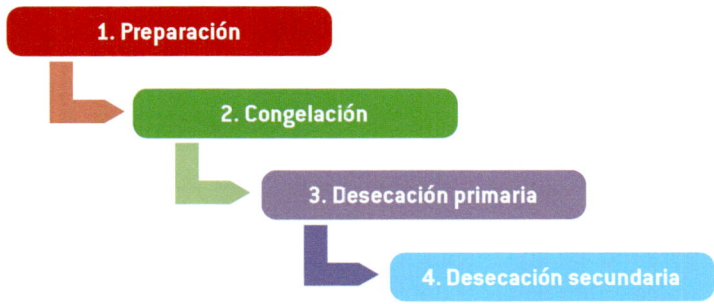

Figura 4.26. Esquema de los procesos para la conservación por liofilización.

4.5.4. Procesos para el confitado

El proceso de elaboración de **confituras** consiste en la cocción de la fruta elegida en un almíbar caliente. En función de su contenido en fruta, podemos diferenciar entre confitura (con un mínimo del 35 % de fruta) y confitura extra (con al menos un 45 %).

Los pasos a seguir son:

- Se elabora el almíbar con la cantidad de azúcar deseado y una pequeña cantidad de agua.

- Se añade la fruta. Podemos añadir pulpa o puré de fruta en función del tipo de fruta elegida y de la textura deseada.

- Se adiciona un gelificante, que ayudará a obtener la textura de la confitura.

- Se cuece la mezcla hasta alcanzar la textura deseada.

Los riesgos de ejecución de confituras son el calentamiento excesivo, que produciría aromas a caramelos que camuflarían el sabor de la fruta y un error en el cálculo de la cantidad de gelificante que provocaría una textura indeseada.

Por su parte, las **frutas confitadas** se cocinan enteras o en rodajas sumergidas en almíbar hasta conseguir deshidratarlas. Después de la deshidratación las frutas escarchadas pueden glasearse o escarcharse (cubriéndolas con azúcar de forma uniforme o no). El mayor riesgo en la ejecución es de nuevo que el azúcar se caramelice.

4.5.5. Procesos para la elaboración de compotas

El proceso de elaboración de compotas es bastante simple. La fruta seleccionada se pela, se trocea y se cocina. Tras el tiempo de cocción se escurre, se deja secar y se amasa hasta obtener la textura de compota. También es posible añadir azúcar o especias.

El riesgo de la ejecución de las compotas es no cocer adecuadamente la fruta, por exceso o por defecto, lo que afectaría a sus propiedades organolépticas.

Figura 4.27. El proceso para la elaboración de compotas puede incluir la adición de azúcar y especias.

4.5.6. Procesos para la conservación por calor (pasteurización, uperización y esterilización)

Los procesos de conservación por calor están controlados por cualquier cocinero con las diferentes técnicas de cocción habituales. Sin embargo, cuando nos referimos a un tratamiento térmico con unos parámetros muy definidos, esos procesos deben ser muy meticulosos y debemos controlar la temperatura y los tiempos de exposición del alimento con gran precisión.

- En los procesos para la conservación por la pasteurización de los alimentos, distinguimos entre pasteurización lenta, rápida o ultrarrápida (UHT). Los riesgos durante la ejecución en los diferentes sistemas de pasteurización estriban en el control de la cadena de frío.

Figura 4.28. Esquema de los procesos para la conservación por pasteurización lenta.

Figura 4.29. Esquema de los procesos para la conservación por pasteurización rápida.

Figura 4.30. Esquema de los procesos para la conservación por pasteurización ultrarrápida (UHT).

- El proceso para la esterilización de alimentos es el que se muestra en la Figura 4.31. Podemos diferenciar cuatro etapas generales.

  El riesgo en la ejecución de este proceso de conservación es controlar minuciosamente los parámetros de calor, tiempo y enfriado, según la naturaleza del alimento, aunque no suele presentar problemas, debido a que está totalmente automatizado y con estándares de control muy definidos.

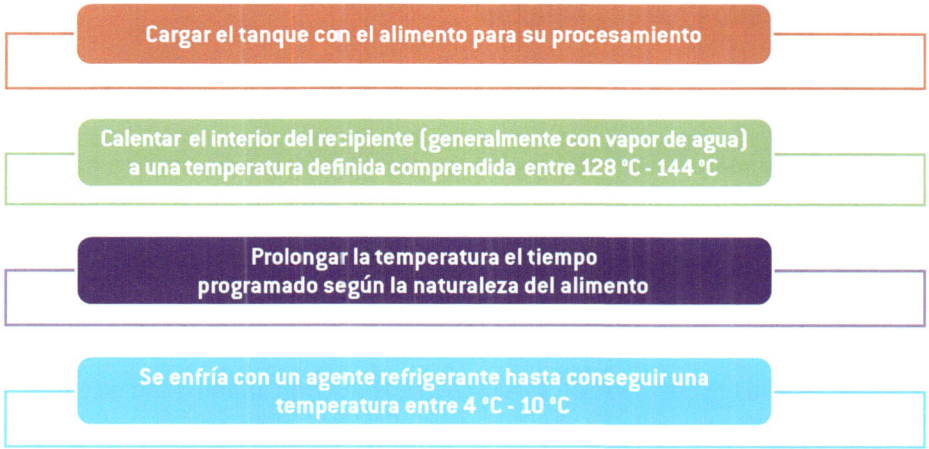

Figura 4.31. Esquema de los procesos para la conservación por esterilización.

4.5.7. Procesos para la conservación por envasado al vacío o en atmósfera modificada

Los procesos para la conservación de los alimentos al vacío o en atmósfera modificada son:

- Limpiar, secar, filetear, fraccionar, etc., el alimento según se desee.

- Introducir los alimentos en una bolsa o recipiente idóneo.

- Procurar no ensuciar la zona interior del envase por donde se sellará.

- Seleccionar el tiempo o porcentaje de succión del vacío.

- Determinar el tiempo de sellado.

- Conectar y proporcionar los gases por introducir, en el caso de atmósfera protectora.

- Bajar la campana presionando ligeramente para que succione.

- Esperar a que la máquina finalice el proceso.

Para evitar correr riesgos en la ejecución del proceso de este tipo de conservación, debemos seguir minuciosamente las pautas siguientes:

- Calcular bien el tiempo o porcentaje de vacío para evitar aplastar el alimento.

- Comprobar el recipiente y aplicarle el sellado necesario.

- Evitar llenar en exceso el recipiente para que no se salga el género.

- Aplicarle un sistema de conservación soporte, una vez envasado.

4.5.8. Procesos para la salazón

Para definir el proceso de la salazón, debemos clasificar esta en dos tipos diferentes:

- **Salazón en seco**: el alimento se cubre con sal sin refinar hasta que absorbe la proporción de sal deseada y a su vez elimina parte del agua que contiene.

- **Salazón en salmuera líquida**: el alimento se sumerge en un líquido con una alta concentración de sal o bien se le inyecta una salmuera con proporciones muy definidas.

A cualquiera de los dos tipos de salazones se le pueden añadir aditivos conservantes, aromáticos, especias, etc. La cantidad de sal y el tiempo que el alimento estará expuesto variarán en función de los resultados que queramos obtener.

Son procesos muy simples que no causan riesgos en su ejecución si se complementan con otro sistema de conservación en caso de necesitarlo, como es la refrigeración.

4.5.9. Procesos para el ahumado

El proceso del ahumado lo podemos dividir en cuatro tipos:

- El **ahumadero tradicional**, que se realiza desde la antigüedad y apenas se ha modificado su técnica. Se realiza directamente encima de una hoguera con maderas nobles y cuando las llamas se han apagado.

  El método es el siguiente:

  - Seleccionamos el alimento y lo hacemos porciones en caso necesario.

  - Encendemos la hoguera y dejamos que se apaguen las llamas, para posibilitar solo la salida de humo.

  - Colgamos las piezas encima del humo y el calor restante de la hoguera (40 °C o 50 °C).

  - Vamos añadiendo más madera o serrín húmedo para crear más humo y controlando que no arda.

  - Este proceso se puede prolongar de 6 horas a 72 horas, dependiendo del tamaño y la naturaleza de la pieza.

- El **ahumadero en frío** consiste en una cámara cerrada y en ocasiones refrigerada por donde se hace pasar el humo, para impregnar así los alimentos.

El método es el siguiente:

- Las piezas se hacen porciones (en caso de necesitarlo) y se cuelgan en el interior de la cámara o se disponen en bandejas.

- Se provoca el humo, bien de manera tradicional o con maquinaria específica para ello, y se pasa a la cámara por conductos.

- El tiempo de exposición de los alimentos variará dependiendo del tamaño de la pieza o del sabor marcado que queramos aportar.

- Una vez ahumada la pieza, procederemos al envasado y almacenaje o consumo.

• El **ahumadero en caliente** consiste en la aportación de humo junto a una temperatura controlada por encima de los 70 °C, en un horno al que se le adapta un conducto para insertar dicho humo.

El método es el siguiente:

- Las piezas se hacen porciones (en caso de necesitarlo) y se introducen en el horno ahumadero, bien colgadas o en bandejas.

- Se provoca el humo, de manera tradicional o en maquinaria específica para ello, y se pasa al horno por conductos.

- El tiempo de exposición de los alimentos variará dependiendo del calor, del tamaño de la pieza o del sabor marcado que queramos aportarle.

- Una vez ahumada la pieza, procederemos al enfriamiento rápido, envasado y almacenaje o consumo.

• El **humo líquido o en polvo** es otra técnica utilizada para aportar a los alimentos ese sabor a ahumado de una manera rápida, eficaz y controlada. El único proceso que hay que seguir es impregnar el alimento con el líquido o el polvo en las cantidades recomendadas, ya que en la mayoría de los casos se trata de extractos muy concentrados.

Los riesgos en los procesos de ejecución del ahumado son similares al resto de métodos de conservación tradicionales, es decir, necesitan un sistema de conservación soporte, que generalmente suele ser el de refrigeración.

4.5.10. Procesos para la conservación con especias

Como la mayoría de los sistemas de conservación tradicionales, las especias no necesitan de equipos especiales. Es suficiente con adicionar las especias directamente sobre el alimento o aportarlas disueltas en un líquido o mezcladas con una grasa.

Los riesgos en la ejecución de este tipo de conservación tienen que ver con la limitada cantidad de especias que podemos añadir al alimento, ya que, en caso de exceso, sería imposible de comer. Este método de conservación necesita otro sistema soporte como la refrigeración.

4.5.11. Procesos para la conservación por irradiación

El proceso de irradiación de los alimentos es común para casi todas las formas de radiación, bien sean rayos X, microondas, rayos gamma, etcétera.

El proceso es el siguiente:

Figura 4.32. Esquema de los procesos para la conservación por irradiación.

- **La selección de los alimentos:** se deben descartar los que hayan comenzado a deteriorarse por oxidación natural y atender a su buena calidad en general.

- **La limpieza de los alimentos:** se deben retirar todos los residuos y elementos extraños visibles para reducir así los posibles microorganismos perjudiciales.

- **El envasado:** el alimento que va a ser expuesto a irradiación se introduce en envases adaptados para que, una vez irradiados, queden protegidos.

- **El blanqueo o la desactivación enzimática:** ante la baja dosis de radiación a la cual sometemos el alimento, es necesario tratarlo térmicamente con el objetivo de inactivar las enzimas de este para que, posteriormente, se produzcan los mínimos cambios posibles en el alimento.

- **El almacenamiento:** es sumamente importante debido que cada tipo de alimento necesita unas condiciones y temperaturas diferentes para su conservación.

Los riesgos que podemos encontrar en este tipo de conservación son mínimos, debido al riguroso control que conlleva. Se observa que en radiaciones por encima de los parámetros óptimos soportados por el alimento la calidad se resiente y pueden encontrarse modificaciones como color pardo, cambio de textura, olor, sabor o incluso cambios indeseables que nos obligarán a retirar el alimento. También ocurre en el caso contrario, es decir, cuando no se irradia suficientemente el alimento y este continúa su proceso natural de oxidación.

4.5.12. Procesos para la conservación con aditivos

Los aditivos existen desde que el hombre tuvo la necesidad de conservar sus alimentos y se han ido incluyendo nuevos tipos a lo largo de los años.

Entre la multitud de aditivos que existen, podemos encontrar edulcorantes, colorantes, acidulantes, preservantes, potenciadores del sabor, conservantes, aditivos para mejorar el producto, antioxidantes, estabilizantes, emulgentes, aditivos para evitar que el producto se apelmace, correctores de la acidez, etcétera.

El proceso de conservación, a pesar de la diversidad de aditivos, es similar en la mayoría de ellos. Este procedimiento consiste en añadir o adicionar el aditivo al alimento en las dosis recomendadas.

El bajo riesgo en su ejecución deriva de que los aditivos empleados son seguros siempre que estén en las dosis autorizadas. Las autoridades sanitarias permiten un aditivo después de un exhaustivo control y de la comprobación de que es absolutamente seguro.

4.6. OPERACIONES SENCILLAS DE CONSERVACIÓN Y PRESENTACIÓN COMERCIAL DE GÉNEROS Y PRODUCTOS CULINARIOS DE USO COMÚN: TÉCNICAS Y MÉTODOS ADECUADOS

Por lo general, las materias primas siguen un proceso común que lo podríamos clasificar en cría o siembra y sacrificio o recolección, dependiendo de si es un alimento animal o vegetal.

Una vez llega el producto a nuestro establecimiento, le daremos un tratamiento u otro dependiendo de para qué tipo de elaboración lo vayamos a utilizar y de si la elaboración es inmediata o no.

Hay que tener en cuenta que muchos de los productos usados en pastelería como azúcares, chocolates, harinas o levaduras no reciben tratamiento alguno, sino que simplemente son almacenados de forma adecuada en función de su naturaleza perecedera o no perecedera tal y como hemos explicado en la Unidad 2.

A continuación, vamos a ver las operaciones más utilizadas según las diferentes materias primas. Puesto que los productos de pastelería pueden elaborarse con una amplia variedad de ingredientes (especialmente aquellos que forman parte de la pastelería salada) haremos mención a todos los grupos de alimentos de uso común.

4.6.1. Hortalizas, frutas y verduras

Lo recomendable es obtenerlas frescas, si es posible directamente del productor, en su punto óptimo de maduración y recién recolectadas. Una vez lleguen a nuestra cocina, haremos una serie de operaciones para cada tipo de hortaliza. Generalmente, el proceso es el siguiente:

- **Desbrozado** (para hortalizas de hoja): retirar las hojas innecesarias o deterioradas.

- **Trabucado:** cambiar de recipiente, ya que generalmente nos lo sirven en cajas de cartón o sucias.

- **Almacenaje:** en cámaras de frío positivo entre 4 °C y 9 °C y con una humedad relativa del 90 %. En caso de no poseer este tipo de cámaras, se pueden tapar las verduras para que no se resequen.

Las hierbas aromáticas se colocarán en recipientes con agua en el fondo para que se conserven frescas durante más tiempo, y se debe cambiar cada veinticuatro horas.

4.6.2. Lácteos

Diferenciaremos los lácteos pasteurizados o frescos de los uperizados UHT (los cuales no necesitan conservación en cámara).

Los productos lácteos se conservan en cámara de frío positivo a una temperatura de entre 4 °C y 9 °C, generalmente en el mismo envase en que los hemos recibido.

© Ediciones Paraninfo

4.6.3. Huevos

Por un lado, los huevos no necesitan cámara, aunque sí es recomendable para evitar excesos de calor o cambios muy significativos que puedan afectar a su calidad.

Por otro lado, tenemos los ovoproductos, que son derivados del huevo y que normalmente están pasteurizados y sí es necesario almacenarlos en cámara de frío positivo a una temperatura de entre 4 °C y 9 °C, generalmente en el mismo envase en que los hemos recibido.

4.6.4. Especias

Lo más recomendable es adquirirlas enteras y molerlas justo antes de su utilización, no almacenarlas en grandes cantidades y guardarlas en un lugar fresco, seco y bien tapadas, a fin de que no pierdan su aroma.

4.6.5. Legumbres

Las legumbres secas es conveniente que sean del año, es decir, que no haya pasado más de un año desde su recolección. Por tanto, se debe adquirir la cantidad necesaria para utilizar y conservarlas en un lugar fresco y seco.

4.6.6. Carnes

En la conservación de las carnes podemos distinguir entre:

- **Carne fresca:** la conservaremos entre 1 °C y 4 °C. Este tipo de carne se recomienda no guardarla más de cinco días para evitar que pierda sus cualidades. Una vez que la carne llegue a nuestro establecimiento, la taparemos con papel transparente o la envasaremos, para evitar que se reseque hasta que vayamos a utilizarla.

- **Carne refrigerada:** es aquella a la que se le ha dado un único tratamiento de temperaturas por debajo de −6 °C y tiene una duración de entre dos y cuatro meses. La debemos descongelar por refrigeración antes de utilizarla, al igual que la carne fresca.

- **Carne congelada:** ha recibido el mismo tratamiento que la carne refrigerada, con la particularidad de que ha recibido una temperatura de −18 °C y tiene una duración de hasta un año.

4.6.7. Pescados

El pescado es la más delicada de las materias primas que vamos a recibir en nuestros establecimientos, es por ello que debemos prestar especial atención a cada una de las fases de manipulación:

- **Recepción:** se debe comprobar su calidad, frescura y temperatura para evitar la pérdida de sus cualidades organolépticas.

- **Limpieza:** retirar las vísceras (en caso que las contenga), ya que se corrompen antes que la carne.

- **Porcionado:** en caso de requerirlo.

- **Trabucado:** cambiar de recipiente, ya que generalmente nos lo sirven en recipientes inadecuados para nuestras cámaras.

- **Tapado:** con plástico y hielo para que se mantenga en las mismas condiciones que nos lo han servido. Otra opción es envasarlo al vacío o en atmósfera protectora para alargar su vida útil.

- **Almacenaje:** a una temperatura de entre 1 °C y 4 °C.

Por un lado, la vida útil de un pescado oscila entre dos y cuatro días desde su captura, y pasan entre uno y dos días hasta que llega a nuestro establecimiento, por lo que es sumamente importante asegurarse de que nuestro proveedor es de confianza y nos sirve un producto lo más fresco posible.

Por otro lado, hoy día existen métodos de conservación que permiten alargar la calidad del alimento, como son el envasado al vacío y el envasado en atmósfera protectora o modificada, y llegan a prolongar su estado óptimo de consumo hasta siete días, dependiendo del tipo de tratamiento aplicado.

4.6.8. Crustáceos

Los crustáceos pueden llegar a nuestro establecimiento de diferentes formas:

- **Vivos:** los crustáceos que generalmente nos llegan vivos suelen ser centollos, bogavantes, langostas, almejas, mejillones, etc., y podemos conservarlos en viveros varios meses o en cámaras hasta cuarenta y ocho horas.

- **Refrigerados:** llegarán frescos y cubiertos de hielo a nuestro establecimiento, y los debemos utilizar antes de 48 horas, preferiblemente dentro de las primeras 24 horas.

- **Congelados:** los podemos encontrar durante todo el año a precios estables.

- **Cocidos:** una opción muy válida para grandes cantidades es comprarlos directamente a cocederos especializados.

Tabla 4.1. Esquema de la presentación comercial por gamas

1.ª Gama	Frescas - sin modificación alguna.
2.ª Gama	Industrializadas - productos en semiconserva.
3.ª Gama	Congeladas - ultracongeladas.
4.ª Gama	Productos lavados, cortados y refrigerados.
5.ª Gama	Precocinados.

Tabla 4.2. Esquema de la presentación comercial por alimentos

Hortalizas	• Frescas, enteras por piezas o a granel. • Lavadas, cortadas y envasadas.
Lácteos	• Por litros (en el caso de la leche) o kilogramos (en los quesos y cerivacos). • Pasteurizados, uperizados, esterilizados.
Huevos	• Frescos, enteros y por docenas. • Ovoproductos envasados, pasteurizados o uperizados (UHT).
Especias	• Enteras o molidas. • En botes o a granel.
Legumbres	• Frescas o secas. • A granel por peso, en botes cocidas, elaboradas.
Carnes	• Frescas, refrigeradas, congeladas. • Enteras o porcionadas.
Pescados	• Frescos o congelados. • Enteros, fileteados, en rodajas, tranchas, supremas, etc.
Crustáceos	• Vivos, refrigerados, congelados o cocidos. • Enteros, apendices o pelados desprovistos de piel.
Hierbas aromáticas	• Frescas, secas o liofilizadas. • En manojos, frescos, botes, etc., admiten varios formatos.

MAPA CONCEPTUAL

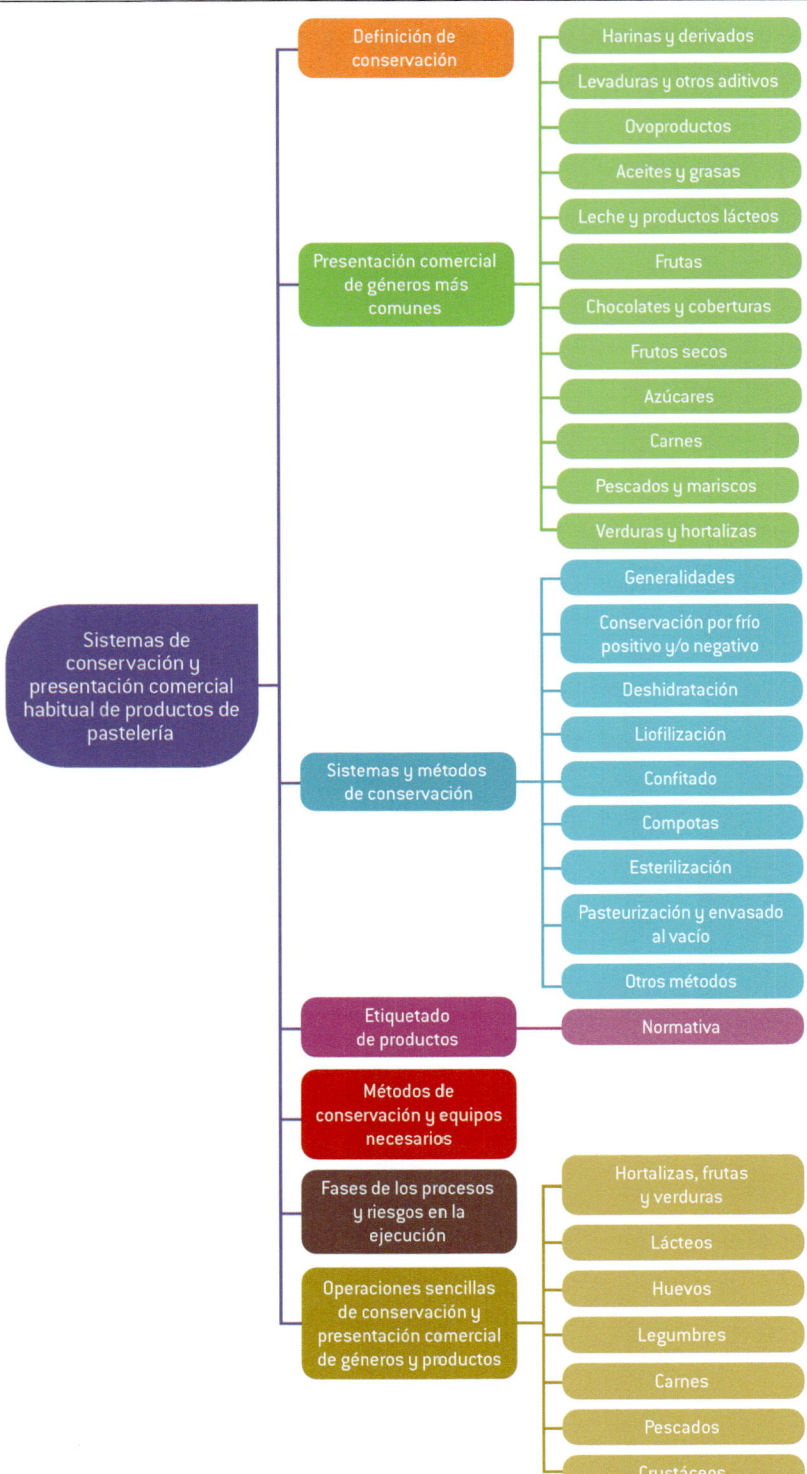

ACTIVIDADES FINALES

Marca si las siguientes afirmaciones son verdaderas o falsas:

4.1. **Los métodos de conservación pueden ser por irradiación, físicos o químicos.**

☐ Verdadero.

☐ Falso.

4.2. **Entre los métodos modernos de conservación, podemos encontrar pasteurización, esterilización, uperización, desecación, refrigeración, congelación, ultracongelación, irradiación, etcétera.**

☐ Verdadero.

☐ Falso.

4.3. **La desecación es el proceso natural de secado de alimentos que reduce el contenido de agua de estos utilizando las condiciones ambientales naturales, como el sol.**

☐ Verdadero.

☐ Falso.

4.4. **Los principales tratamientos con calor son: pasteurización, esterilización, uperización (UHT).**

☐ Verdadero.

☐ Falso.

4.5. **La pasteurización lenta se efectúa a una temperatura de 61 °C a 63 °C, durante un tiempo mínimo de 30 minutos.**

☐ Verdadero.

☐ Falso.

4.6. **La UHT somete a los alimentos (líquidos o semilíquidos) a un flujo constante de una temperatura de entre 158 °C y 160 °C.**

☐ Verdadero.

☐ Falso.

4.7. **Los tipos de refrigeración son refrigeración mecánica, inmersión en soluciones, refrigerantes, sistemas criogénicos y aspersión de agua.**

☐ Verdadero.

☐ Falso.

4.8. **El ahumado en caliente consiste en la aportación de humo a una temperatura controlada por encima de los 90 °C, en un horno al que se le adapta un conducto para insertar dicho humo.**

☐ Verdadero.

☐ Falso.

4.9. **El alto riesgo en la ejecución del uso de aditivos como conservantes deriva de que los aditivos empleados son inseguros para la alimentación.**

☐ Verdadero.

☐ Falso.

4.10. **Carne refrigerada se denomina a la que se le ha dado un único tratamiento de temperaturas por debajo de −6 °C y tiene una duración de entre dos y cuatro meses.**

☐ Verdadero.

☐ Falso.

ACTIVIDADES DE COMPROBACIÓN

4.1. Las frutas confitadas:

a) Se cocinan sumergidas en salmueras hasta que conseguimos deshidratarlas.

b) Se cocinan sumergicas en almíbar hasta que conseguimos deshidratarlas.

c) Las respuestas a) y b) son correctas.

4.2. Introducir el alimento en una bolsa impermeable, que posteriormente se sella, y se la somete a una extracción de aire es:

a) Uperización.

b) Liofilización.

c) Envasado al vacío.

4.3. La elaboración de compotas necesita de la siguiente maquinaria:

a) Equipos de generación de calor.

b) Estufa caliente tradicional.

c) Deshidratadores.

4.4. La estufa caliente tradicional es una maquinaria que se utiliza para:

a) La salazón.

b) El ahumado.

c) La irradiación.

4.5. Las fases de la liofilización son:

a) Calibrado, tratamiento previo y envasado.

b) Preparación, congelación, desecación primaria y desecación secundaria.

c) Calentamiento, mantenimiento y enfriado.

4.6. Confitura extra es aquella elaborada con al menos un:

a) 25 % de fruta.

b) 35 % de fruta.

c) 45 % de fruta.

4.7. Calentar el alimento a 72 ºC y mantener el calor durante 15 segundos es:

a) Pasteurización lenta.

b) Pasteurización rápida.

c) Pasteurización ultrarrápida.

4.8. Los riesgos de la conservación por irradiación son:

a) Muy elevados.

b) Mínimos.

c) No existen.

4.9. Los ovoproductos pasteurizados deben conservarse a una temperatura de:

a) Entre 1 ºC y 4 ºC.

b) Entre 3 ºC y 7 ºC.

c) Entre 4 ºC y 9 ºC.

4.10. Los frutos de cáscara son considerados alérgenos:

a) Alimentos industrializados y productos en semiconserva.

b) Alimentos congelados y ultracongelados.

c) Productos lavados, cortados y refrigerados.

ACTIVIDADES DE APLICACIÓN

4.1. Localiza en formato digital, de algún proveedor mayorista, uno o varios catálogos de productos de uso común en pastelería.

4.2. Investiga los distintos tipos de levaduras de uso para pastelería que existen, los métodos de conservación que se han utilizado y las necesidades de regeneración para su uso posterior.

4.3. Busca recetas para la fabricación a media escala de compotas y mermeladas.

4.4. Busca en distribuidores de maquinaria para hostelería equipos para la deshidratación de alimentos, que puedas utilizar en la deshidratación de frutas.

4.5. Investiga en YouTube.com vídeos que expliquen los distintos métodos de pasteurización.

ACTIVIDADES DE AMPLIACIÓN

4.1. **Makro** es uno de los mayores distribuidores mayoristas de hostelería. En su página web https://www.makro.es puedes encontrar una amplia variedad de utilaje, maquinaria y productos de pastelería. Estudia la maquinaria necesaria para la correcta conservación de os productos de pastelería en un obrador.

4.2. **Sosa** es uno de los fabricantes y distribuidores de ingredientes para pastelería líder mundial en su sector: entra en sosa.cat y haz un trabajo de investigación de los diferentes ingredientes que se pueden utilizar en un establecimiento de pastelería.

4.3. **Diexpa** es un proveedor de hostelería especializado en pastelería. Entra en http://www.diexpa.es e investiga sus catálogos de productos. Reflexiona sobre su vida útil y los métodos de conservación usados para su fabricación.

4.4. **Terra Food Tech** es una empresa distribuidora de autoclaves para hostelería. Entra en terrafoodtech.com e investiga los equipos y las aplicaciones que ofrecer.

4.5. **Vikumer** es una empresa distribuidora de liofilizadores para alimentos. Entra en vikumer.com e investiga la gama de liofilizadores que ofrecen.

CASO PRÁCTICO

Contexto:

Eres el jefe de obrador de una panadería-pastelería tradicional, que comercializa sus productos en puntos de venta propios, pero también a establecimientos hosteleros como bares, restaurantes y hoteles.

Los pedidos han ido en aumento, y debes organizar el sistema de producción, conservación y regeneración de productos, de manera que permita una óptima elaboración y servicio manteniendo una excelente calidad de los mismos.

Reto:

- Quieres abrir una línea de negocio basada en la fabricación de compotas y mermeladas. Identifica la maquinaria que necesitas para su fabricación y haz una estimación del presupuesto.

- Define el proceso de fabricación y conservación de los nuevos productos que vas a fabricar.

5. Participación en la mejora de la calidad

Contenidos

Introducción

5.1. Concepto de calidad

5.2. APYPCC (análisis de peligros y puntos de control críticos)

5.3. Aseguramiento de la calidad

5.4. Certificación de los sistemas de calidad

5.5. Actividades de prevención y control de los insumos
y procesos para tratar de evitar resultados defectuosos

Actividades finales

INTRODUCCIÓN

Las personas que se dedican a la pastelería saben lo que cuesta sacar un producto a la venta. No es solo elaborar y servir. Detrás de una elaboración hay muchas horas de duro trabajo. Los productos se diseñan o, cuando menos, se piensan. Todo tiene un porqué. Nuestra oferta gastronómica, su presentación y su precio están bien meditados. Cada producto tiene su receta, que nosotros llamamos ficha técnica, y se planifica un pedido, se negocia, se recibe, se almacena adecuadamente, se gestiona, se elabora y finalmente se expone para la venta.

Son muchas las personas que están detrás de un producto, porque la pastelería es un trabajo de equipo. Todos los engranajes han de encajar de forma milimétrica, y si uno de ellos falla, la calidad del producto final y la percepción del cliente se van al traste.

La calidad de nuestro establecimiento no sucede por azar ni surge de la nada. Todas las personas que trabajamos en él tenemos que participar en la mejora de la calidad con una gestión eficaz. Pero, ¿qué es la calidad?, ¿cómo la percibe el cliente?, ¿cómo podemos gestionar dicha calidad? En esta unidad aprenderemos los conceptos relacionados con la calidad de nuestro servicio de productos de pastelería y nos centraremos en aquellas cosas que podemos hacer en el departamento de producción para garantizar la calidad del producto final.

5.1. CONCEPTO DE CALIDAD

La calidad es un concepto muy fácil de entender, pero muy difícil de explicar. La definición más extendida entiende la calidad como «el conjunto de cualidades inherentes a algo, que permiten juzgar su valor respecto a las restantes de su especie».

En primer lugar, para hablar de calidad, necesitamos saber qué es ese «algo», cuáles son sus «propiedades inherentes» y «con qué» las vamos a comparar. Ese «algo» es nuestro servicio de productos de pastelería y las «propiedades que le son inherentes» podrían ser muchas, pero destacamos:

- **El local:** instalaciones, mobiliario o decoración; también comodidad, ruido o limpieza.

- **El servicio:** profesionalidad y rapidez.

- **La atención al cliente:** atención, anticipación o detallismo.

- **La oferta gastronómica:** presentación, variedad o innovación.

- **Los accesorios:** las bolsas, los paquetes o las cajas donde envolvemos los productos.

- **Las propiedades del producto elegido en su conjunto:** presentación, sabor, aroma o textura.

- **La marca:** la imagen de marca, la exclusividad y la fama.

Figura 5.1. La calidad también está en los pequeños detalles.

Figura 5.2. El cliente percibe la calidad en relación con todo el servicio que le prestamos.

En segundo lugar, nos queda comparar estas propiedades inherentes con las expectativas de nuestros clientes, reales o potenciales.

La calidad de nuestra pastelería es, en definitiva, el conjunto de estos y otros aspectos que debemos tener en cuenta para conseguir el objetivo último de la calidad, que no es otro que el de la satisfacción del cliente. Como la calidad de nuestro servicio depende de los gustos de nuestros clientes, esta tiene un marcado carácter subjetivo.

Existe un concepto muy interesante que es el de «percepción de la calidad», es decir, aquella que nuestros clientes son capaces de valorar. No solo se trata de elaborar un producto excelente, con un servicio exquisito, lo que se consideraría una calidad objetiva, sino que, además de ser buenos, el cliente nos tiene que apreciar como tales.

Asimismo, hay que tener en cuenta que si bien nosotros solo comparamos las características de nuestro local con las expectativas de los clientes, estos lo hacen también con los establecimientos de la competencia. Esto significa que no podemos conformarnos con hacer bien las cosas, sino que tenemos que estar en un proceso de mejora continua de la calidad.

En consecuencia, para mejorar la calidad de nuestro servicio de productos de pastelería, debemos definir qué estrategias competitivas vamos a adoptar. Algunas de las estrategias más habituales utilizadas en pastelería son:

- **Especialización:** es preferible tener una oferta gastronómica reducida en la que seamos especialistas, que una muy amplia en la que nuestros productos no destaquen. En el primer caso, los clientes pensarán que todo lo que ofrecemos es excelente. En el segundo, probablemente pasaremos desapercibidos.

- **Diferenciación:** cuando ofrecemos algo completamente distinto a la competencia, tenemos la ventaja de que los clientes no tienen un punto de referencia con el que comparar nuestro establecimiento. Además, si ofrecemos un buen producto, lo normal es que la percepción de la calidad sea alta.

Figura 5.3. Al especializarnos procuramos no pasar desapercibidos.

- **Promoción:** el marketing juega un papel fundamental en la captación de clientes y en su percepción de la calidad. Es posible ofrecer un servicio de productos de pastelería peor que la competencia, pero conseguir que los clientes nos valoren mejor que a ellos y viceversa.

Figura 5.4. La calidad del servicio es una forma de satisfacer a nuestros clientes.

- **Excelencia en la atención al cliente:** es importante ganarse el aprecio de los clientes mediante un trato atento, personalizado y profesional.

- **Calidad de servicio:** el servicio no es solo poner los productos en la bolsa del cliente. Un buen servicio tiene en cuenta aspectos aparentemente secundarios como la limpieza o la decoración.

- **Liderazgo en precios:** un aspecto íntimamente relacionado con la calidad es el precio. Los clientes pueden percibir la calidad de nuestro servicio de productos de pastelería, pero no estar dispuestos a pagar lo que se pide por él. Esto puede generar la percepción de que la calidad de nuestro establecimiento es peor de lo que realmente es. Si nuestro precio es muy bajo, los clientes desconfiarán y pensarán que solo puede deberse a una baja calidad. El precio ideal es aquel que el cliente está dispuesto a pagar en cada momento.

- **Fidelización del cliente:** el éxito de un negocio de pastelería no es solo atraer a los clientes, sino también conseguir que vuelvan. Hay que ofrecerles una oferta gastronómica de calidad, pero también variada, para que repetir no sea sinónimo de aburrimiento.

5.2. APYPCC (ANÁLISIS DE PELIGROS Y PUNTOS DE CONTROL CRÍTICOS)

En la actualidad, cuando hablamos de la calidad de nuestro servicio de productos de pastelería podemos hacerlo en relación a muchos criterios, pero uno de los más importantes tiene que ver con su calidad sanitaria. En primer lugar porque existe una legislación muy estricta al respecto, que lucha contra el fraude y protege la salud de los consumidores, y en segundo lugar porque nuestros clientes dan por supuesto que los alimentos que compran son seguros. A lo largo de los años, se ha conseguido generar la conciencia en las empresas alimentarias en cuanto a que la seguridad e higiene de los alimentos que producen ha de ser incuestionable, y este factor ha creado un clima de confianza en los consumidores.

Figura 5.5. Los consumidores dan por supuesto que los alimentos que compran son seguros.

Hoy en día, las empresas alimentarias tienen la obligación de elaborar, aplicar y mantener sistemas de autocontrol basados en los principios del sistema de análisis de peligros y puntos de control críticos (APPCC), la administración pública se encarga de supervisar en última instancia la aplicación de estos procedimientos y garantizar su eficacia mediante inspecciones sanitarias periódicas, y el consumidor es quien tiene la última palabra con su decisión de compra.

Este cambio de mentalidad y de forma de hacer las cosas no ha sido fruto de la casualidad, sino que ha requerido de grandes esfuerzos de diseño e ingeniería alimentaria, de voluntad política, de adaptación legislativa, de cumplimiento por parte de las empresas, de supervisión por parte de la administración y de aceptación por el consumidor.

Los sistemas autocontrol surgen a partir del año 1959 cuando la NASA (Administración Nacional de Aeronáutica y el Espacio de Estados Unidos) encarga a la compañía americana Pillsbury el desarrollo de un sistema que permitiera garantizar de forma objetiva la seguridad de los alimentos con el fin de poder enviar provisiones seguras al espacio en futuras misiones tripuladas. Los sistemas de control de calidad de la época se centraban solo en el análisis del producto final, que se realizaba utilizando muestreos estadísticos. Los resultados siempre tenían un cierto margen de error, por lo que los alimentos nunca eran seguros al 100 %.

La idea del sistema APPCC original fue estudiar **todos** los posibles peligros (físicos, químicos y biológicos) que podían aparecer en un alimento tras su proceso de elaboración, detectar sus posibles causas y poner medios para evitarlas antes de que el peligro se produjera. Pongamos un ejemplo:

Figura 5.6. Los controles a los alimentos se realizaban mediante análisis utilizando muestreos estadísticos.

Ejemplo	
Peligro	Un cliente de una pastelería que se atraganta con un anillo al comer un pastel que le hemos servido nosotros.
Causa	El anillo se e ha caído a un pastelero mientras elaboraba el producto.
Mecanismo de prevención	Podemos prohibir llevar puesta bisutería o joyas mientras se manipulan, elaboran y/o sirven productos de pastelería, así como evitar entrar en el obrador con objetos personales. También es necesario supervisar el cumplimiento de la norma.
Resultado	Si nunca nadie manipula, elabora o sirve alimentos llevando anillos, pulseras o pendientes, y nunca entra estos objetos en el obrador, es imposible que se encuentren en nuestros productos y por tanto un cliente nunca podrá atragantarse por esta causa.

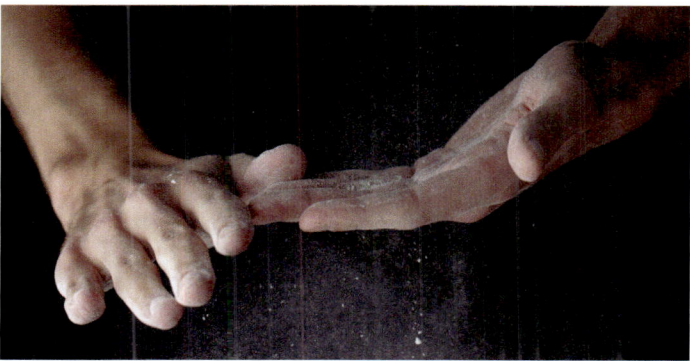

Figura 5.7. Si no trabajamos con anillos dentro del obrador, estos nunca podrán caer en nuestras elaboraciones.

Siguiendo el procedimiento del ejemplo con todos los posibles peligros identificados en el proceso de elaboración de un producto, el resultado sería un alimento, teóricamente, completamente seguro.

Este sistema al principio no tuvo mucha acogida, ya que eran muchos los peligros que se podían encontrar en los alimentos, estos tenían a su vez varias causas y controlar la correcta aplicación de los mecanismos de prevención era también bastante complejo. Además tampoco era muy eficaz que una empresa lo llevara a cabo si sus proveedores no lo hacían. Por seguir con el ejemplo anterior, si nuestro proveedor de harinas no ha prohibido que sus manipuladores lleven anillos cuando las fabrican, por mucho que nuestros trabajadores no lleven cuando elaboran el pan, no podremos garantizar que un cliente nuestro no se vaya a atragantar cuando consume productos de nuestro establecimiento.

Este primitivo sistema autocontrol siguió estudiándose, desarrollándose y simplificándose con el apoyo de instituciones internacionales como la Comisión del Codex Alimentarius, organismo auspiciado por la FAO (Organización para la Agricultura y la Alimentación) y la OMS (Organización Mundial de la Salud), ambas pertenecientes a la ONU (Organización de Naciones Unidas). A partir de los años ochenta, fueron muchos los países que empezaron a incorporar en sus respectivas legislaciones requisitos relacionados con los APPCC. En la actualidad, la elaboración, aplicación y mantenimiento de sistemas autocontrol basados en los principios del APPCC (HACCP por sus siglas en inglés) es obligatoria para las empresas alimentarias en la mayoría de países desarrollados y supone una garantía adicional al comercio internacional de alimentos.

Figura 5.8. La Comisión del Codex Alimentarius depende de la FAO.

5.2.1. Los siete principios del APPCC

Los sistemas autocontrol basados en los criterios del APPCC tienen, según los criterios del Codex Alimentarius, siete principios que son necesarios para garantizar su eficacia y sirven de base para el posterior desarrollo normativo y la creación de protocolos de aplicación. Son los siguientes:

1. Detectar cualquier peligro que debe evitarse o reducirse a niveles aceptables.

2. Detectar los puntos de control crítico en la fase o fases en las que el control sea esencial para evitar o eliminar un peligro o reducirlo a niveles aceptables.

3. Establecer, en los puntos de control crítico, límites críticos que diferencien la aceptabilidad de la inaceptabilidad para la prevención, eliminación o reducción de los peligros detectados.

4. Establecer y aplicar procedimientos de vigilancia efectivos en los puntos de control críticos.

5. Establecer medidas correctivas cuando la vigilancia indique que un punto de control crítico no está controlado.

6. Establecer procedimientos, que se aplicarán regularmente, para verificar que las medidas contempladas en los principios 1 y 4 son eficaces.

7. Elaborar documentos y registros en función de la naturaleza y el tamaño de la empresa alimentaria para demostrar la aplicación efectiva de las medidas contempladas en los principios 1 y 6.

La aplicación de los principios del APPCC se explicará en el Apartado 5.2.2 al hablar de las fases de implantación del sistema.

5.2.2. El proceso de implantación del sistema APPCC

La implantación de un sistema autocontrol puede ser más simple o más compleja en función de la probabilidad del riesgo. Esta, a su vez, está relacionada con varios factores. El primero de ellos es el tamaño de la empresa, ya que si esta es grande, en principio su producción será mayor, por lo que el riesgo de que la salud pública se vea afectada aumenta. En segundo lugar puede influir el tipo de producto que se elabore, siendo más peligrosas las empresas que produzcan alimentos de riesgo. En último lugar influyen los clientes habituales de la empresa, ya que si trabajamos con población de riesgo (ancianos, niños, mujeres embarazadas y personas inmunodeprimidas) debemos aumentar nuestra calidad sanitaria.

En función de las distintas situaciones, podemos adaptar el grado de exigencia de nuestro sistema autocontrol. Normalmente, a las pequeñas empresas se les exige una aplicación simplificada de los **Requisitos previos de higiene y trazabilidad**, además de una aplicación minuciosa de las **Guías de prácticas correctas**

Figura 5.9. La implantación de un sistema autocontrol consta de unos requisitos legales.

de higiene. Cuando interviene uno de los factores de riesgo explicados anteriormente o cuando la inspección sanitaria lo considera oportuno puede exigirse la implantación completa.

El proceso completo de implantación del sistema APPCC, incluyendo la puesta en marcha de los requisitos previos de higiene y trazabilidad y la definición de las prácticas correctas de higiene consta de las siguientes fases:

1. **Formar el equipo de trabajo:** esta es una fase crucial, porque sienta las bases de todo el sistema y le dará estabilidad en el tiempo. Es necesario elegir un responsable único, que tenga autoridad sobre el resto de personas implicadas, y cuyo puesto goce de estabilidad en la empresa. Además, contaremos con al menos un responsable de cada departamento implicado en el sistema. Estos últimos se encargarán de la puesta en marcha del sistema y de la coordinación diaria de la aplicación de los requisitos del mismo.

2. **Describir los productos:** hemos visto con anterioridad cómo un alimento, en función de su composición, necesita de unas condiciones de conservación determinadas que garanticen su seguridad. Además, en función de sus características organolépticas y de cómo queremos preservarlas o potenciarlas será imprescindible ajustar el tratamiento que van a recibir (tiempos, temperaturas, etc.). En consecuencia, es importante describir las características de todos los géneros y productos con los que trabajamos en un obrador de la forma más detallada posible, para lo cual podemos crear una ficha de descripción de producto.

Figura 5.10. Elaboraremos los productos pensando en el uso esperado por parte del consumidor.

3. **Determinar el uso esperado de los productos por los consumidores:** todo lo que elaboramos en un obrador de pastelería tiene sentido porque hay un cliente que lo va a comprar, se lo lleva a casa, lo va a almacenar de forma adecuada, quizá lo regenere y después lo consuma. No es lo mismo pensar que el cliente consumirá inmediatamente el

producto a que lo haga pasados unos días. Es importante prever qué va a hacer el consumidor con los productos para ajustar aspectos tan importantes como la formulación, el sistema de conservación empleado, elegir el envasado más adecuado e identificar en el etiquetado los aspectos necesarios para garantizar su seguridad.

4. **Elaboración de los diagramas de flujo**: para cada tipo de producto, se elaborarán los diagramas de flujo, que consisten en el esquema del proceso de elaboración con todas las actividades asociadas al mismo. Con el diagrama de flujo podemos observar, de un simple golpe de vista, todo el tratamiento recibido por los géneros y productos, aproximar los riesgos e identificar las medidas preventivas necesarias.

5. **Verificación de los diagramas de flujo**: los diagramas de flujo no han de ser teóricos sino reales. Una vez elaborados se verificará su exactitud comprobando estos con el trabajo efectivo realizado en el obrador y se harán las modificaciones oportunas.

6. **Puesta en marcha de los requisitos previos de higiene y trazabilidad**: en principio, un sistema APPCC analiza para cada tipo de producto su proceso de elaboración con el fin de detectar los peligros y establecer medidas preventivas. La experiencia nos dice que existen aspectos relacionados con la higiene que son independientes del tipo de producto que vayamos a fabricar, y por tanto es mejor abordarlos de forma genérica que hacerlo de forma específica, ya que se producirían duplicidades en los controles y la documentación que es mejor evitar. A esos aspectos genéricos que tienen que ver con el conjunto de la actividad de producción alimentaria se les conoce como requisitos previos de higiene y trazabilidad (RPHT) y tiener que ver con el control de los recursos materiales (locales, instalaciones, maquinaria y utensilios) y humanos (trabajadores y proveedores). Constan de los siguientes planes:

a) **Plan de formación**: la formación en materia de higiene alimentaria de los manipuladores de un negocio de pastelería es una de las medidas preventivas más eficaces para la prevención de todo tipo de contaminaciones. Es necesario planificar la formación para con-

Figura 5.11. La formación de los trabajadores se considera un aspecto clave en la prevención de los peligros alimentarios.

seguir que esta se adapte a las necesidades de nuestro negocio y sea eficaz. El plan de formación constará de:

i. Listado de manipuladores de alimentos.

ii. Empresa o profesional que imparte la formación.

iii. Frecuencia de los cursos.

iv. Contenidos.

v. Registro de la formación.

b) **Plan de limpieza y desinfección:** la limpieza de instalaciones y equipos es fundamental en el mantenimiento de la seguridad de nuestro negocio. Si además tenemos en cuenta la cantidad de personas que intervienen en ella es mejor organizar las tareas de limpieza en un plan que tenga en cuenta:

i. Elementos a limpiar.

ii. Frecuencia de la limpieza.

ii. Responsable de la ejecución.

iv. Productos empleados.

v. Observaciones.

vi. Responsable de la supervisión.

Figura 5.12. La elaboración de un programa de limpieza ayuda a prevenir contaminaciones microbianas.

c) **Plan de control de plagas:** allí donde se guardan o producen alimentos es probable que aparezcan plagas de insectos o roedores. Estas tienen una gran capacidad de contaminación allí por donde pasan, puede resultar muy complejo eliminarlas, además de ser costoso desde un punto de vista económico. Un plan de control de plagas es capaz de evitar la entrada de plagas en nuestras instalaciones o detectarlas antes de que supongan un gran perjuicio para nuestro negocio. Consta de tres etapas:

i. Plan de vigilancia.

ii. Aplicación o revisión de medidas preventivas.

iii. Aplicación de medidas correctivas.

Figura 5.13. Las plagas son un foco de contaminación microbiológica.

d) Plan de control de proveedores: uno se los requisitos fundamentales de nuestro negocio es que trabajemos con proveedores autorizados, que además de tener los permisos sanitarios correspondientes trabajen de la forma más higiénica posible. Con el plan de control de proveedores vigilaremos las condiciones de compra y recepción de todos los productos con los que trabajamos. Consta de la siguiente documentación:

i. Listado actualizado de proveedores.

ii. Inscripción en el Registro General Sanitario de Alimentos (RGSA) o autorización sanitaria correspondiente.

iii. Registro y control de incidencias.

e) Plan de trazabilidad: existe trazabilidad cuando podemos reconstruir el camino que ha seguido un alimento desde la granja hasta la mesa. La normativa sanitaria exige que como productores de alimentos seamos capaces de poner en marcha mecanismos que permitan garantizar la trazabilidad alimentaria, para lo cual tendremos que controlar el origen de todos los alimentos, los movimientos internos de los mismos dentro de nuestro local (hasta que los utilizamos en un producto concreto) y el destino que seguirán una vez que los hayamos comercializado. El plan de trazabilidad tendrá en cuenta los siguientes aspectos:

i. Control de los proveedores: se guardará copia de todos los albaranes de entrega y/o facturas de las materias primas recibidas para poder acreditar su origen.

Figura 5.14. La trazabilidad es un requisito legal de cualquier negocio de pastelería.

ii. Control de elaboración: todos los productos elaborados en nuestro establecimiento contarán con su correspondiente ficha técnica de elaboración. Trabajaremos con órdenes de trabajo en las que podamos relacionar los productos elaborados con los lotes de las materias primas utilizadas.

iii. Control de servicio y venta: tendremos documentado el listado de productos ofertados.

f) Plan de control de agua: toda el agua utilizada en nuestro local debe ser potable, tanto la que utilizamos para la elaboración, manipulación y preparación de los productos, como la que necesitamos para la limpieza y lavado de los locales, instalaciones y maquinaria, así como la de aseo del personal. Para garantizar que el agua se potable es importante controlar la fuente de suministro, que puede tener dos orígenes:

i. Red pública: el agua es de propiedad pública aunque normalmente existe una empresa privada que se encarga de su gestión. Esta última garantiza la salubridad del agua hasta que esta llega a nuestras instalaciones. Es importante conservar el contrato y las facturas para acreditar el origen de nuestro suministro.

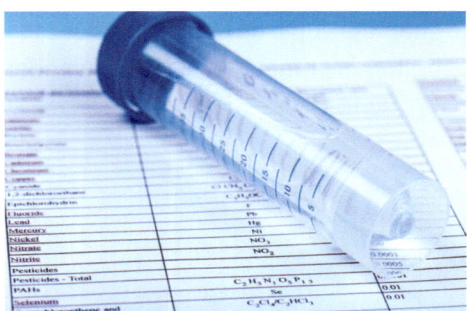

Figura 5.15. Los análisis periódicos de agua garantizan su seguridad.

ii. Depósito propio: el agua llega generalmente de un pozo, propio o no, y se almacena en un depósito intermedio. Es necesario potabilizar el agua y tratarla mediante sistemas de filtrado y descalcificado, además de garantizar su higiene mediante controles diarios de cloro. A su vez, y de forma periódica, realizaremos análisis físicos, químicos y biológicos contando con un laboratorio externo acreditado.

g) Plan de gestión de residuos: los residuos generados en la producción de alimentos pueden provocar una contaminación física (trozos de cristales o plásticos), química (metabolitos tóxicos originados por el sobreuso de aceite de fritura o productos de limpieza y desinfección) y biológica (microorganismos que crecen en los residuos orgánicos). Tenerlos controlados es fundamental para asegurar la higiene de nuestro establecimiento, por lo que es necesario planificar cómo los vamos a gestionar dentro de nuestro local y cómo vamos a tratarlos con posterioridad. El plan de gestión de residuos consta de:

i. Listado y clasificación de los residuos generados.

ii. Plan de almacenamiento temporal y evacuación de los mismos.

iii. Contrato de recogida selectiva de residuos con una empresa autorizada

Figura 5.16. Los residuos son un foco de contaminación que hay que gestionar.

(la gestora de residuos puede ser el propio municipio donde esté ubicado nuestro establecimiento).

h) Plan de mantenimiento preventivo: parece evidente que cualquier avería detectada en instalaciones, maquinaria o equipos ha de repararse inmediatamente con el fin de garantizar su buen uso y su seguridad. Teniendo en cuenta que la carga de trabajo hace que tanto instalaciones, como maquinaria y equipos sufran un gran desgaste, es interesante planificar un mantenimiento preventivo con el fin de alargar su vida útil y reducir el riesgo de cualquier tipo de contaminación. El plan de revisión de equipos e instalaciones constará de:

i. Listado de equipos.

ii. Periodicidad de la revisión.

iii. Cuestiones a revisar.

iv. Persona o empresa responsable de la revisión.

Figura 5.17. El mantenimiento preventivo garantiza el buen funcionamiento de los equipos.

i) **Plan de calibración de equipos de medida:** cuando utilizamos equipos de medida para comprobar un parámetro relacionado con los puntos de control crítico, como por ejemplo un termómetro, no podemos dar por supuesto que estos funcionarán siempre de forma correcta, por lo que tendremos que planificar un programa de verificación y calibración de equipos de medida. Los aspectos a considerar en este programa son:

    i. Equipos a verificar.

    ii. Responsable.

    iii. Procedimiento de verificación.

    iv. Acciones correctoras.

7. **Análisis de peligros e identificación de las medidas preventivas:** siguiendo las directrices del primer principio de los APPCC. En relación a la definición de peligro explicada en la Unidad 2, debemos estudiar **todos** los posibles peligros físicos, químicos y biológicos que pueden aparecer en nuestro negocio y que deban eliminarse o reducirse a niveles aceptables para garantizar la seguridad de nuestros clientes. Para ello tendremos en cuenta el riesgo relativo de los productos que fabricamos, el uso esperado de los mismos por parte del consumidor y el diagrama de flujo de nuestro proceso de elaboración en relación a nuestras instalaciones. Además, para cada peligro definiremos las medidas preventivas necesarias para su control.

8. **Determinación de los PCC (puntos de control críticos):** conforme al segundo principio de los sistemas APPCC. Se trata de determinar, para todos los peligros identificados en la fase 7, cuáles de ellos se consideran punto de control crítico y cuáles no. Por definición, un punto de control crítico es el punto, etapa o proceso en el que se debe prevenir, evitar o reducir a niveles aceptables un peligro, ya que de no hacerlo no existirá una etapa posterior que lo haga y por tanto el alimento no será seguro para el consumidor. Para ayudarnos a entender y decidir de todos los peligros cuáles son un punto de control crítico y cuáles no, existen herramientas como el árbol de decisiones APPCC. Del amplio listado de peligros visto en la Unidad 2, solo se consideran puntos de control crítico unos cuantos de ellos, exigiéndonos más precauciones que el resto.

9. **Definir las prácticas correctas de higiene:** como hemos visto hasta ahora, podemos encontrarnos numerosos peligros cuando trabajamos con alimentos, pero no todos se consideran puntos de control crítico según la definición explicada en la fase 8. Esto no se debe al azar, sino a que si habitualmente trabajamos de una forma higiénica, conseguiremos tener muchos

peligros controlados sin la necesidad de establecer un sistema específico para ello. Por poner un ejemplo, si no trabajamos con recipientes de cristal en el obrador (botes, vasos, etc.) nunca podrá aparecer un trozo de vidrio en el producto que compra un cliente y por tanto no tendremos que controlar este riesgo de forma especial. A estas pautas de manipulación y trabajo higiénicas se les conoce como prácticas correctas de higiene (PCH). Como siempre, para evitar que la aplicación de

Figura 5.18. Las prácticas correctas de higiene son una buena forma de prevenir contaminaciones en nuestro negocio.

estas prácticas sea azarosa, es importante identificar de forma previa y para cada peligro cuáles deben ser las prácticas correctas de higiene de un manipulador de alimentos. La administración pública, para facilitar la identificación, comprensión y puesta en práctica de estas PCH ha creado unas guías sectoriales, conocidas como guías de prácticas correctas de higiene (GPCH), que podemos adaptar a nuestro proceso de elaboración particular. Estas guías de prácticas correctas de higiene (GPCH) pueden ser sustitutivas de los sistemas APPCC en empresas de reducido tamaño que no tengan factores de riesgo.

10. **Establecer límites críticos para cada PCC:** según el tercer principio de los sistemas APPCC. Se trata de determinar de forma objetiva un criterio que separe lo que es aceptable y lo que no lo es en el control de un PCC. Normalmente, es la legislación alimentaria la que en función del tipo de alimento y el peligro asociado define los límites críticos (temperaturas de recepción, conservación o tratamiento culinario, tipo y cantidad de microorganismos permitidos, etc.). En ese sentido, es necesario conocer en profundidad la legislación general y específica que afecte a nuestro proceso de producción.

11. **Definir un sistema de vigilancia:** cumpliendo con los requisitos del principio 4 de los sistemas APPCC. Se trata de planificar, para cada punto de control crítico, cómo vamos a comprobar que está bajo control. Tendremos en cuenta qué es necesario medir, qué equipamiento necesitamos, y cómo vamos a calibrar este, cuál es el momento más adecuado para realizar la medición, con qué frecuencia realizaremos las medidas y quién será el responsable de las mismas.

12. **Establecer las medidas correctoras:** en relación al principio 5 de los APPCC. Sabemos que, aunque hagamos todo de la forma más profesional posible, en algún momento ocurrirá algo que haga que un punto de control crítico se nos descontrole. Si eso ocurre en un momento de mucho trabajo, el estrés puede hacer que tomemos decisiones inadecuadas. Esta fase es muy importante ya que va a permitirnos anticiparnos al problema antes de que suceda, definiendo qué es lo que vamos a hacer si un peligro considerado como punto de control crítico supera los límites críticos que hemos definido para él. Con estas pautas evitamos la improvisación con medidas eficaces y proporcionadas.

13. **Establecer un sistema de verificación del sistema:** según el sexto principio de los APPCC. Aunque estemos seguros de que las medidas preventivas y/o correctivas adoptadas para el control de los peligros potenciales en nuestro negocio funcionan, es necesario comprobar que estas han sido eficaces. Para cada tipo de peligros estableceremos el sistema de verificación más adecuado, que ha de ser medible de forma objetiva. Por poner un ejemplo, de forma periódica analizaremos en laboratorio los productos elaborados para confirmar la ausencia de microorganismos patógenos según la legislación vigente.

Figura 5.19. Los análisis microbiológicos permiten verificar que el sistema autocontrol funciona adecuadamente.

14. **Definir un sistema de registro de información:** según el principio 7 de los APPCC. Hay que tener en cuenta que registrar la información no tiene por

qué significar hacerlo en papel ni hacerlo por nosotros mismos. Hoy en día es posible informatizar todos los sistemas de registro de información, de manera que reduzcamos la cantidad de papel en la empresa, y lo que es más importante, el tiempo de gestión de dicha información. Además, para algunos parámetros es posible instalar sistemas automáticos de reco-

Figura 5.20. Los sistemas autocontrol generan mucha documentación que es necesario gestionar.

gida de información, como es el caso de termógrafos conectados de forma directa a una base de datos informatizada. Sea cual sea el sistema elegido, debemos garantizar que la información registrada sea real, para lo que procuraremos que la forma de hacerlo sea cómoda para la persona que tiene que hacer esta tarea.

15. **Revisar el sistema:** sobre todo al principio, pero también de forma periódica, es necesario revisar el sistema para garantizar que funciona de forma adecuada. Hay que comprobar que todas las personas de la empresa cumplen su cometido en el sistema autocontrol, y que por su puesto este permite la reducción de los peligros para el consumidor. La revisión del sistema podemos hacerla mediante auditorías internas o externas.

5.3. ASEGURAMIENTO DE LA CALIDAD

Hacer bien las cosas en una pastelería no es algo espontáneo, sino que es el fruto de un gran trabajo y dedicación desarrollado a lo largo de meses o años. Cuando alcanzamos ese nivel de calidad que soñábamos para nuestro negocio, y además este es reconocido por nuestros clientes, todavía queda la tarea de mantener y asegurar la calidad de nuestro servicio de restauración.

Figura 5.21. En cocina es habitual estandarizar la elaboración y presentación de los platos.

La calidad de un negocio no puede subir y bajar como una montaña rusa. Con esto solo conseguiremos desconcertar a nuestros clientes y hacer más difícil su fidelización. Si nuestro servicio tiene una calidad deficiente, probablemente nuestro cliente ni siquiera vuelva. Si la calidad que ofrecemos es especialmente buena, el cliente se sentirá sorprendido, pero si repite y no es la misma, se sentirá decepcionado.

Por tanto, la clave de la estandarización es no dejar la calidad de nuestro establecimiento al azar y ofrecer un servicio de acuerdo con un patrón de calidad que habremos predeterminado en relación con las necesidades y preferencias de nuestros clientes.

Cuando estandarizamos la calidad, definimos unos protocolos de actuación que establecen una forma sistemática de trabajar y garantizan la uniformidad de criterios. Este aspecto es fundamental, ya que en una pastelería trabajamos habitualmente en equipo.

En conclusión, con la creación de protocolos de trabajo, conseguimos que el «saber hacer» de la empresa (*know-how*, en inglés) pertenezca a ella y no dependa de sus trabajadores.

5.4. CERTIFICACIÓN DE LOS SISTEMAS DE CALIDAD

Cuando identificamos las necesidades de los clientes, definimos la calidad de nuestro servicio de restauración, establecemos un proceso de mejora continua y lo hacemos de forma sistemática y organizada con la creación de protocolos de trabajo; entonces, podemos afirmar que seguimos un sistema de gestión de calidad. Este sistema, que podríamos denominar propio, puede sernos muy útil y eficaz de manera interna, pero si necesitamos explicarle (y demostrarle) a alguien que la calidad de nuestro establecimiento es excelente, no nos resultará sencillo.

Para poder evaluar la calidad de forma objetiva, existen los llamados sistemas de gestión de calidad certificados. Estos consisten en que una vez implantado nuestro sistema de gestión en relación con unas normas de referencia, este es evaluado por un organismo independiente acreditado, que certificará el cumplimiento de las citadas normas. El sistema se revisa periódicamente, de forma que la certificación se va renovando con el tiempo.

Normas de calidad hay muchas: de carácter nacional o internacional; genéricas o específicas; referidas al servicio que prestamos, al cuidado

Figura 5.22. Las ISO 9001 son las normas de calidad más conocidas a nivel internacional.

que hacemos del medio ambiente o a la seguridad de nuestros productos. Las más importantes son ISO 9000, ISO 14000, EMAS, ISO 22000, IFS, BRC o Q turística.

Las normas de calidad más utilizadas en el sector de la pastelería son las siguientes:

- **Normas ISO (9000, 14000 y 22000):** la Organización Internacional de Normalización (ISO, por sus siglas en inglés) es un organismo encargado de promover la estandarización de normas a nivel internacional.

  - **ISO 9001 de sistemas de gestión de calidad:** determina los requisitos que una empresa debe utilizar para la aplicación interna de un sistema de gestión de la calidad. Está diseñada para que pueda aplicarse a cualquier tipo de organización, producto o servicio. La norma pretende:

    ○ Estandarizar las actividades que se realizan en la empresa.

    ○ Asegurar el mantenimiento de la calidad de los productos y servicios que ofrecemos.

    ○ Conseguir e incrementar la satisfacción del cliente.

    ○ Establecer un sistema de mejora de la calidad.

  - **ISO 14001 de sistemas de gestión medioambiental:** al seguir las directrices de esta norma, se pretende conseguir un equilibrio entre el mantenimiento de la rentabilidad de nuestro negocio y la reducción del impacto en el medio ambiente. Con el cumplimiento de esta norma, estamos garantizando que:

    ○ Nuestra empresa cumple con los requisitos legales en materia de medio ambiente.

    ○ Llevamos a cabo una política medioambiental.

    ○ Hacemos una gestión adecuada de los residuos que generamos.

    ○ Nos esforzamos por la utilización eficiente de los recursos.

Figura 5.23. El sello de calidad ISO 9001 certifica la calidad de nuestro servicio.

Figura 5.24. Los clientes cada vez valoran más a las empresas responsables con el medio ambiente.

— **ISO 22001 de gestión de la calidad alimentaria:** la aplicación de sistemas de autocontrol basados en el análisis de peligros y puntos de control críticos (APPCC) es de obligado cumplimiento para todas las empresas alimentarias en todos los países de la Unión Europea, y en muchos países del mundo. No obstante, muchas empresas pueden gestionar mal la seguridad de sus establecimientos y, sin embargo, superar las inspecciones sanitarias. Por este motivo, la certificación ISO 22001 nos permite demostrar de forma contrastada y a nivel internacional que nuestra empresa de restauración cumple con las normas de seguridad e higiene que le corresponden.

— **Otros sistemas de gestión:** la mejora continua de la calidad a lo largo de los años provoca que una organización, que ha avanzado en el desarrollo de los sistemas fundamentales de calidad, se esfuerce por garantizar la calidad en aspectos específicos de su gestión empresarial. Destacamos:

  ○ ISO 18.513: Gestión de servicios turísticos.

  ○ ISO 26.000: Guía de responsabilidad social.

  ○ ISO 27.001: Sistema de gestión de la seguridad de la información.

  ○ ISO 45.001: Seguridad y salud.

  ○ ISO 50.001: Gestión de la energía.

Elegir una norma de referencia u otra dependerá del interés comercial que tengamos en cada momento, en función del tamaño de nuestro negocio.

Figura 5.25. Las ISO 22000 son una forma de certificar nuestro sistema de higiene alimentaria.

5.5. ACTIVIDADES DE PREVENCIÓN Y CONTROL DE LOS INSUMOS Y PROCESOS PARA TRATAR DE EVITAR RESULTADOS DEFECTUOSOS

La experiencia adquirida en la gestión de una pastelería nos permite anticiparnos a aquellos problemas relacionados con la calidad de nuestro servicio, y así establecer mecanismos de prevención e implantar protocolos de trabajo que nos permitan evitar resultados defectuosos.

5.5.1. Organización basada en procesos

Independientemente del sistema de gestión de calidad que utilicemos en nuestro establecimiento, es necesario coordinar los recursos humanos y materiales de los que dispone la empresa para ofrecer un servicio satisfactorio a nuestros clientes.

La organización, en una empresa de pastelería, necesita de los siguientes pasos:

- Crear nuestra oferta gastronómica.

- Definir «todas» las actividades necesarias para cumplir con nuestra oferta.

- Agrupar aquellas tareas que estén relacionadas y que compartan espacios y recursos.

- Asignar recursos materiales (espacio físico, maquinaria, utillaje, etc.) a cada actividad.

- Distribuir recursos humanos (personal) y definir los responsables de realización, supervisión y coordinación de cada tarea.

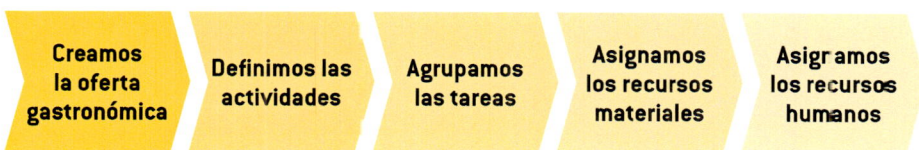

Figura 5.26. La organización de las empresas de restauración.

Una forma de organización muy característica de los sistemas de gestión de calidad es la utilización de un enfoque basado en procesos. Un proceso es el conjunto de actividades que realizamos con un determinado cometido, y nuestro fin último, en un establecimiento de pastelería, es el servicio de productos de pastelería a nuestros clientes, por lo que todas las actividades que realicemos

Figura 5.27. El proceso fundamental en pastelería es el que tiene que ver con la elaboración de los productos.

para lograrlo podrían formar parte de un gran proceso. Para definir los procesos de nuestro negocio anotamos todas las actividades que realizamos de forma habitual en nuestro día a día y agrupamos las que están directamente relacionadas entre sí. Los procesos fundamentales son los que tienen que ver con la elaboración de productos, y la exposición y venta de los mismos.

Sin embargo, estos procesos no son los únicos; existen otros, como el proceso de gestión, el proceso de atención al cliente, el proceso de evaluación y mejora, etc., que hay que tener en cuenta y que debemos definir para que se ajusten a nuestras necesidades reales de organización y no acoplarlos de manera forzada.

5.5.2. Proceso de elaboración de productos de panificación y pastelería

Cuando hablamos de asegurar la calidad en nuestro establecimiento de pastelería, podríamos analizar todos y cada uno de los procesos que hemos identificado en el apartado anterior. Sin embargo, dado que esta unidad formativa trata de la conservación en pastelería, vamos a centrarnos exclusivamente en aquellos aspectos relacionados con la calidad del proceso de elaboración de productos de panificación y pastelería.

En la Figura 5.28, se muestra el diagrama de flujo del proceso de elaboración de productos de panificación y pastelería, que no es más que el esquema de las actividades que forman parte de dicho proceso. Se trata de un esquema completo, lo que no quiere decir que en todas las empresas de pastelería se realicen todas las tareas.

Las actividades de prevención y control de los insumos tienen que ver con el aprovisionamiento de materias primas en pastelería, que comprende las actividades relacionadas con los subprocesos de gestión de los proveedores, del transporte, de la recepción de materias primas, del almacenamiento de estas y del aprovisionamiento interno. La buena gestión de estos subprocesos permitirá evitar resultados defectuosos en el producto final y asegurar la calidad del producto elaborado, que será servido posteriormente siguiendo las directrices del proceso de exposición y venta de productos de pastelería.

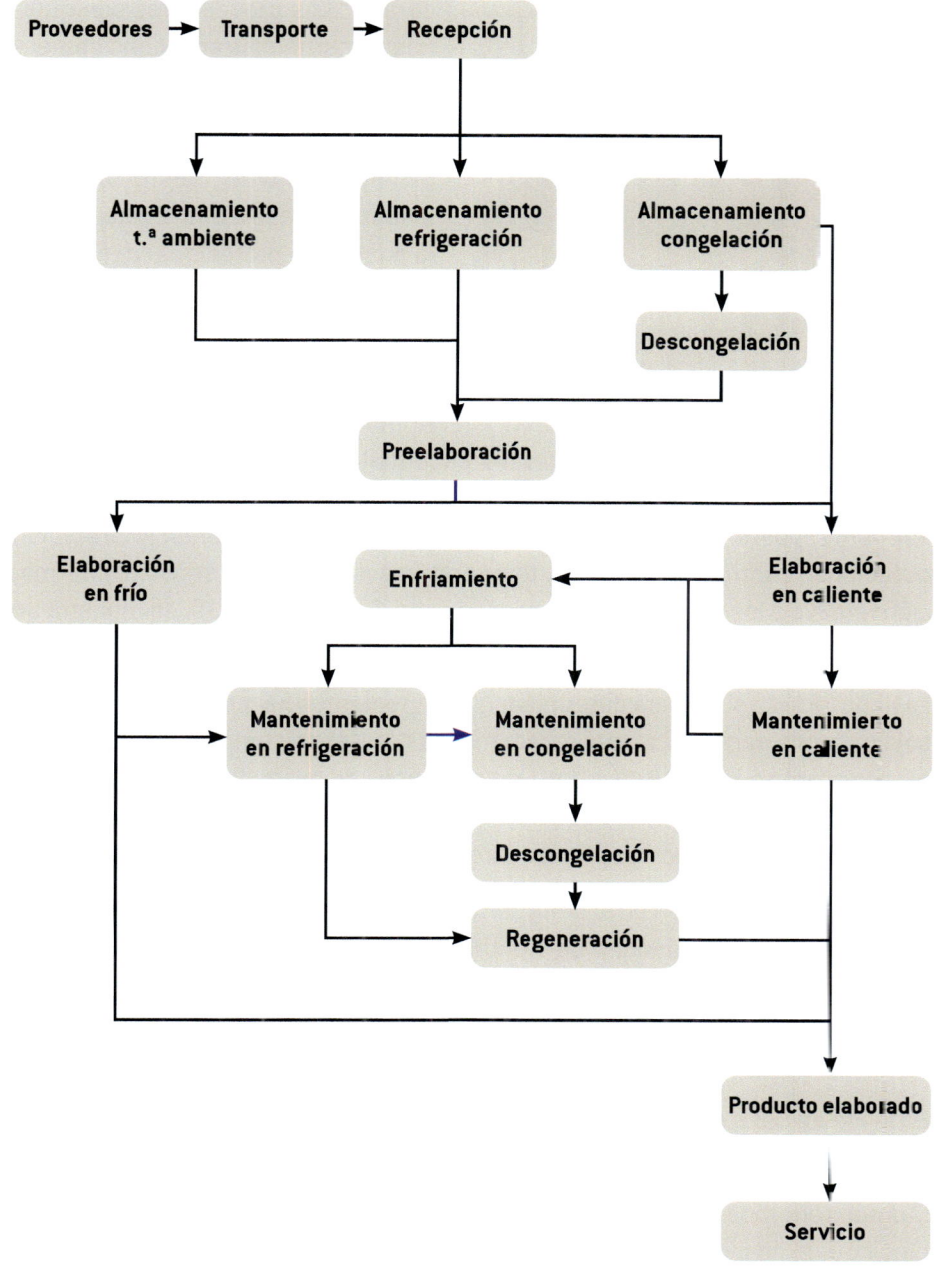

Figura 5.28. Diagrama de flujo del proceso de elaboración de productos de panificación y pastelería.

5.5.3. Selección y control de proveedores

Nuestra oferta gastronómica, reflejada en los distintos productos que ofrecemos a nuestros clientes, es lo que determina qué alimentos vamos a necesitar en el

Figura 5.29. Nuestra oferta gastronómica viene definida en los diferentes productos que ofrecemos a nuestros clientes.

obrador. Los proveedores son quienes nos suministran dichos alimentos, que llamamos materias primas o insumos.

Cada producto de nuestra oferta se elabora en base a una receta, que en la pastelería profesional denominamos ficha técnica.

La ficha técnica consta, como mínimo, de los siguientes apartados: el nombre del producto, la foto de la presentación, la lista de ingredientes escandallados (con peso y precio), el número de raciones, el coste por ración, y los pasos de la ejecución. Adicionalmente, puede llevar otra información que nos sea de interés: información nutricional, control de alérgenos, temperaturas de cocción o servicio, información relativa a los puntos de control crítico, etc. En la Figura 5.30, se muestra un ejemplo de la ficha técnica de un producto de pastelería.

La ficha técnica sirve para determinar qué ingredientes necesitamos, pero por sí sola no basta para indicar qué características se deben cumplir para adecuarse al tratamiento que le vamos a dar. Crear una ficha de especificación de producto para cada ingrediente nos ayuda a no dejar al azar la calidad de las materias primas que necesitamos y optimiza el resultado final de nuestras elaboraciones.

Los datos que aparecen en la ficha serán los que consideremos relevantes para cada producto, pero, a modo de ejemplo, podrán contar con la siguiente información: categoría/subcategoría, producto, forma de presentación y tratamiento, tamaño de la pieza, peso por unidad, origen, temperatura de recepción y tolerancia.

En la Figura 5.31, se muestra un ejemplo de una ficha de especificación de producto.

Cuando tenemos claro qué necesitamos y de qué calidad, es el momento de elegir quién nos va a suministrar cada producto. Para cada categoría de alimentos, y en función de la ubicación de nuestro establecimiento, realizaremos una selección previa de posibles proveedores.

La elección de proveedores definitiva es una cuestión fundamental ya que de ella depende la calidad y la rentabilidad de nuestro negocio. Existen muchos factores que hay que tener en cuenta a la hora de elegir un proveedor, entre los que destacan:

FICHA TÉCNICA DE ELABORACIÓN

NOMBRE DEL PRODUCTO PASTELERÍA

RACIONES

FOTO

Identificación de riesgos

A	B	C	D	E	F	G

Fecha de elaboración

T.º conservación

Consumo preferente

Código	N.º	Ingredientes	Cantidad neta	Unidad	Coste unidad	Coste ingredientes

	Subtotal coste receta
	Variación de costes 10 %
	Coste receta
	Coste ración

T.º de cocción	Tiempo cocción	T.º corazón	Tiempo enfriamiento

Realización de la receta

En caso de utilizar bajo vacío

Referencia bolsa	Tiempo de vacío	Tiempo de soldadura	Tradicional	Bajo vacío

Riesgos

| 1 |
| 2 |
| 3 |
| 4 |
| 5 |
| 6 |
| 7 |
| 8 |

Nombre de la persona que ha elaborado la receta

Firma

Figura 5.30. Ficha técnica de un producto de pastelería.

- La capacidad de suministrar el producto que necesitamos según nuestra ficha de especificación de producto.

- El precio y la estabilidad del producto que el proveedor puede ofrecernos a lo largo del período de vigencia de nuestra carta.

- La disponibilidad de género sin fluctuaciones.

- La garantía de una buena periodicidad de suministro.

- Las condiciones higiénico-sanitarias de los productos, del transporte y la documentación de estos en relación con los criterios del APPCC.

- La existencia de referencias previas de otros profesionales del sector que hayan trabajado con ese proveedor.

FICHA DE ESPECIFICACIÓN DE PRODUCTO			
Cód. producto	Nombre del producto	Categoría	Fecha de creación
Descripción del producto-especificaciones		Propiedades sensoriales	
Condiciones de almacenamiento y transporte		Especificaciones del envase y embalaje	
Proveedor-origen		Temperatura de recepción-tolerancia	
Listado de ingredientes-alérgenos		Composición nutricional	

Figura 5.31. Ficha de especificación de producto.

Una vez evaluados los proveedores en función de estos y otros criterios, y después de haber descartado aquellos que no cumplen con los requisitos mínimos, es el momento de solicitar una oferta real en relación con un pedido concreto.

Tras analizar la oferta de los proveedores, hacemos la selección definitiva de estos. Es importante crear una ficha de control para cada proveedor con los siguientes datos:

- Datos legales.

- Datos de contacto.

- Autorizaciones sanitarias del proveedor.

- Aprobación del proveedor.

- Control de incidencias.

Figura 5.32. La elección de proveedores es fundamental en la calidad de nuestro restaurante.

FICHA CONTROL DE PROVEEDORES				
Nombre				
Domicilio				
Teléfono				
Persona de contacto				
Correo electrónico				
Fecha de alta		**Fecha de baja**		
Grupo de productos				
Reg. sanitario 1		**Reg. sanitario 3**		
Reg. sanitario 2		**Reg. sanitario 4**		
Observaciones				
Aprobado del departamento			**Aprobado de dirección**	
CONTROL DE INCIDENCIAS				
Fecha	**Incidencias**	**Solución aportada**	**Fecha**	**Firma**

Figura 5.33. Ficha control de proveedores.

El control de incidencias nos permitirá de forma indirecta evaluar la calidad con la que trabaja un proveedor, tanto en lo que se refiere a la ausencia de estas como a las soluciones aportadas.

Cuando ya sabemos con qué proveedores vamos a trabajar, llega el momento de hacer el pedido. Lo más habitual es realizarlo por teléfono, por correo electrónico o a través de plataformas online, y que los proveedores nos suministren los productos directamente en nuestro local. En el aseguramiento de la calidad es importante hacerlo por escrito, ya que de esta manera tenemos constancia demostrable de nuestro pedido, por si necesitáramos realizar alguna reclamación.

Tanto si realizamos el pedido por teléfono como si lo hacemos por escrito, es necesario partir de una ficha de solicitud de pedido escrita con la información necesaria para detallar lo que necesitamos, su calidad y sus especificaciones técnicas.

Muchos establecimientos pequeños optan por hacer la compra ellos mismos de forma directa en proveedores multiproducto llamados *cash and carry*. Otros optan por trabajar con proveedores locales. Con este sistema de compra se obtienen productos de la máxima calidad al mejor precio.

Figura 5.34. Haciendo los pedidos por escrito dejamos constancia demostrable de nuestra solicitud.

Si optamos por realizar la compra nosotros mismos, es importante que prestemos especial atención al etiquetado de los alimentos envasados, al grado de frescura de los refrigerados y a la gestión de la temperatura de los perecederos.

5.5.4. Operaciones de transporte

El transporte es una etapa crítica que influye en la calidad y la seguridad de las materias primas. Existe el Acuerdo sobre transporte internacional de mercancías perecederas, conocido como ATP, que establece las normas para el transporte óptimo de alimentos perecederos. El acuerdo ATP se centra en dos aspectos clave:

- Las condiciones de transporte.

- La gestión de la cadena de frío.

Las condiciones generales de transporte hacen referencia a cómo debe ser el habitáculo donde se trasladan los alimentos y qué incompatibilidades existen:

- Los habitáculos donde se transporten alimentos serán de materiales lisos, impermeables, de fácil limpieza y resistentes a golpes.

- Los alimentos no podrán coincidir en el mismo habitáculo con sustancias tóxicas o contaminantes, especialmente productos de limpieza y desinfección.

- Los alimentos de distintas categorías estarán separados de forma adecuada para prevenir la contaminación cruzada en el interior del vehículo y cuando sea necesario en compartimentos separados.

Se entiende por cadena de frío cuando un alimento perecedero que necesita frío para su correcta conservación mantiene la temperatura adecuada a lo largo de todas las etapas de la cadena alimentaria. Si en algún

Figura 5.35. Mantener la cadena de frío es fundamental en la calidad y seguridad de los alimentos.

momento un alimento congelado se descongela o un alimento refrigerado pasa a estar a temperatura ambiente de forma descontrolada, decimos que se ha roto la cadena de frío y que ya no es seguro.

El motivo por el que tenemos que preservar la cadena de frío es que, cada vez que se rompe, los microorganismos presentes en el alimento se activan y se acelera su velocidad de crecimiento. Cuando el alimento recupera su temperatura inicial, tiene una carga microbiana mayor y aumenta el riesgo de contaminación.

En la Figura 5.36, se puede observar una gráfica en la que se muestra la cadena de frío en relación con el número de microorganismos presentes en el alimento y el tiempo:

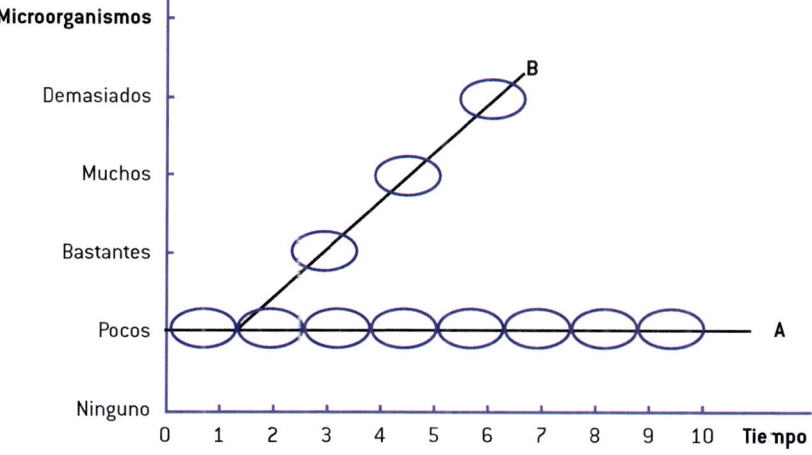

Figura 5.36. La cadena de frío.

- La cadena «A» muestra un alimento que ha conservado la temperatura correcta en todo momento. Se parte de un alimento no estéril, con pocos microorganismos, que no han crecido con el paso del tiempo. El alimento se ha mantenido seguro.

- La cadena «B» muestra un alimento en el que se ha roto la cadena del frío al menos tres veces. Con cada rotura, los microorganismos han ido creciendo poco a poco hasta dar como resultado un alimento inseguro.

De todas las etapas, la más crítica para el mantenimiento de la cadena de frío es la del transporte. Es el momento de más inestabilidad de temperaturas, ya que normalmente la carga y descarga de la mercancía se producen a temperatura ambiente. Además, es fundamental la elección de un buen medio de transporte en función de las características del alimento y el tiempo estimado de entrega. Los vehículos más utilizados por los proveedores de las empresas de pastelería son:

- **Vehículo isotermo:** es un vehículo cuyo habitáculo de carga está fabricado con material aislante, de forma que disminuye la velocidad de transferencia de calor del exterior al interior del vehículo.

- **Vehículo frigorífico:** fabricado con las mismas características que un vehículo isotermo, incorpora además un sistema de producción de frío que permite mantener la temperatura interior del habitáculo de carga entre −20 °C y 12 °C.

Puesto que no todos los alimentos tienen las mismas características, la temperatura de transporte adecuada es distinta para cada categoría. En la Tabla 5.1, se muestran las temperaturas de transporte adecuadas para alimentos perecederos.

Figura 5.37. Los vehículos refrigerados garantizan la cadena de frío en el transporte.

Tabla 5.1. Temperaturas adecuadas de transporte de alimentos perecederos.

ALIMENTO	TEMPERATURA
Pescados, mariscos y derivados congelados y ultracongelados.	−18 °C
Cualquier otro producto ultracongelado.	−18 °C
Cualquier otro producto congelado.	−12 °C
Pescados y mariscos frescos.	2 °C
Carne (Incluimos carnes rojas, aves ce corral, conejos y carne de caza).	4 °C
Productos lácteos (yogur, kéfir, crema, nata y queso fresco).	4 °C
Comidas refrigeradas.	4 °C
Frutas y verduras frescas.	8 °C

5.5.5. Recepción de materias primas

La recepción es un momento crucial, ya que es aquí donde vamos a garantizar que los alimentos con los que trabajaremos cumplen con los requisitos de calidad que necesitamos en nuestro establecimiento. Aunque las condiciones ya están pactadas con los proveedores, la experiencia nos dice que estos no siempre nos traen el género que les hemos pedido en las condiciones adecuadas. Algunos de los motivos pueden ser:

- Mala gestión de *stock*.

- Despistes del preparador de pedidos.

- Malas condiciones de transporte.

- Despistes del transportista en la entrega de mercancía.

Por estos y otros motivos, se hace fundamental que realicemos un control exhaustivo de las materias primas en la recepción, para lo cual tenemos que dedicar el tiempo y la atención adecuados. En establecimientos grandes (grandes obradores, pastelerías industriales), lo normal es que haya un responsable de almacén. En pequeñas empresas de pastelería, tenemos que intentar pactar con los proveedores un horario de entrega que no interfiera con las horas de mayores ventas.

La recepción se realizará en la zona habilitada, que dispondrá de la dotación adecuada. Puesto que el control de recepción es un proceso metódico, necesitamos una herramienta que nos ayude a realizarlo de forma eficaz. La ficha de

Figura 5.38. El control de las materias primas en la recepción es esencial en el aseguramiento de la calidad.

control de recepción (Figura 5.39) es un documento que nos permite chequear todos los parámetros que definen el estado de los alimentos a su entrega.

Los pasos que hay que seguir en la recepción son los siguientes:

* **Inspección de las condiciones de transporte:** revisamos las condiciones generales de transporte. Medimos la temperatura de las paredes del habitáculo con un termómetro digital de infrarrojos. Anotamos la temperatura. Rechazamos la entrega si las condiciones no son las adecuadas.

FICHA CONTROL DE RECEPCIÓN					
Fecha					
Encargado recepción					
Proveedor					
Condiciones transporte					
Estado embalajes					
Especificación alimento					
T.ª recepción					
Grado de frescura					
Fecha durabilidad					
Cantidad					
Rev. albarán					
Medida correctora					

Figura 5.39. Ficha de control de recepción.

* **Examen visual de envases y embalajes:** nos aseguramos de que el estado de envases y embalajes es el adecuado, prestando especial atención a aquellos síntomas que pudieran indicar que se ha roto la cadena de frío.

Rechazamos cualquier tipo de alimento cuyo envase esté mojado, deformado, roto, abollado, abombado, oxidado o presente cualquier otra alteración. Rechazamos a su vez aquellos alimentos transportados en recipientes inadecuados (alimentos refrigerados en cajas de cartón, por ejemplo).

Figura 5.40. Comprobaremos el estado de envases y embalajes en la recepción.

- **Identificación del producto:** comprobamos que las materias primas entregadas coinciden con los criterios de la ficha de especificación del producto. Rechazamos aquellos alimentos que no cumplan los requisitos acordados.

- **Control de la temperatura:** verificamos la temperatura exterior de los alimentos con un termómetro digital de infrarrojos y la anotamos. Rechazamos aquellos que superen las temperaturas de transporte adecuadas.

Figura 5.41. Haremos una comprobación exhaustiva del grado de frescura de los alimentos perecederos.

- **Comprobación del grado de frescura:** comprobamos el grado de frescura de los alimentos perecederos en relación con sus propiedades inherentes. Rechazamos aquellos alimentos que presenten un grado de frescura inadecuado.

- **Verificación de la fecha de caducidad/consumo preferente:** revisamos que las fechas de duración máxima de los alimentos recibidos son apropiadas en función del tiempo de almacenamiento previsto. Rechazamos aquellos alimentos que tengan una fecha de vencimiento demasiado corta.

Figura 5.42. Pesaremos los alimentos en la recepción y compararemos las medidas con el albarán.

- **Cantidad:** comparamos que la cantidad solicitada coincide con la cantidad entregada realmente. Rechazamos aquellos productos que no hemos pedido.

- **Revisión del albarán de entrega:** comprobamos que las cantidades que vienen reflejadas en el albarán de entrega que nos facilita el proveedor son las realmente suministradas. En caso de estar equivocado solicitamos una rectificación del albarán antes de firmarlo.

- **Reclamación al proveedor:** como seguimos necesitando las materias primas que hemos rechazado o que no han llegado, debemos reclamar a los proveedores las incidencias detectadas.

- **Cumplimentación de la hoja de control de proveedores:** documentamos las incidencias con los proveedores en una ficha individualizada y resaltamos las incidencias detectadas, la fecha y la solución aportada por el proveedor.

- **Repaso de la factura:** comprobamos que el precio pactado para cada producto se corresponde con el realmente facturado. Solicitamos una revisión de los posibles errores en la factura antes de proceder a su abono.

En este apartado no hemos hecho distinción entre la recepción de alimentos perecederos y no perecederos más allá del control de temperaturas. Es importante destacar que, en caso de coincidir en el tiempo entregas de productos refrigerados/congelados y alimentos a temperatura ambiente, daremos prioridad a la recepción y almacenamiento de los primeros para evitar que se rompa la cadena de frío en la recepción.

5.2.6. Almacenamiento y controles de almacén

La correcta supervisión de las materias primas en los distintos almacenes de una pastelería (cámaras frigoríficas, de congelación y almacenes a temperatura ambiente) es uno de los controles clave en la prevención de errores relacionados con la calidad y la rentabilidad de nuestro servicio de productos de pastelería.

Condiciones de almacenamiento

Como no podemos prever con exactitud la cantidad de materias primas que precisaremos cada día, lo más habitual es que hagamos pedidos amplios que cubran nuestras necesidades de varias jornadas de trabajo.

Con el almacenamiento tenemos que conseguir que los alimentos sigan lo más frescos y seguros posible hasta el momento de su elaboración y servicio, pero además tenemos que organizarlos pensando en cómo y cuándo se van a utilizar después.

Controles de almacén

Los alimentos que tenemos almacenados en nuestro establecimiento tienen una durabilidad mayor o menor en función de sus características pero, al fin y al cabo, limitada. Las tareas de almacenamiento no se deben ceñir a guardar los alimentos, sino que tenemos que controlar su permanencia en el almacén para garantizar que nuestro aprovisionamiento esté asegurado, que mantiene un adecuado grado de frescura y que es seguro.

La gestión de *stock* es fundamental, ya que, en caso de equivocarnos en la previsión del pedido o por un mal almacenamiento que produzca mermas, se puede producir una rotura de *stock*, que es la expresión que utilizamos cuando no podemos servir un producto al cliente que nos lo solicita por falta de existencias.

ENTRADA/SALIDA DE GÉNERO							
Cód. artículo	Artículo	Fecha	Proveedor/dpto. receptor	Entrada	Salida	*Stock* teórico	Firma

Figura 5.43. Ficha de entrada/salida de género.

Los pasos para una correcta gestión de *stock* son los siguientes:

- **Inventario inicial:** antes de realizar nuestro pedido, tenemos que saber con exactitud qué cantidad de cada producto tenemos en cada cámara y en cada almacén. Las cantidades inventariadas se registran en la ficha de entrada/salida de género como existencias iniciales.

- **Ajuste del pedido:** a la solicitud de pedido interna (en previsión de las expectativas de venta semanales) le sumamos el *stock* de seguridad fijado y le restamos el *stock* inicial inventariado. El resultado es la cantidad que tenemos que pedir de cada producto a nuestros proveedores.

- **Entrada de alimentos:** cuando guardamos alimentos en las cámaras o en el almacén, cumplimentamos un registro de entrada en el que sumamos al *stock* existente las cantidades recibidas.

- **Control de mermas:** de forma periódica, comprobamos la fecha de duración máxima y el grado de frescura de los alimentos almacenados. En caso de producirse alguna merma, lo anotamos en una ficha de control de mermas y restamos la cantidad al *stock* existente.

CONTROL DE MERMAS					
Cód. artículo	**Artículo**	**Fecha**	**Motivo de la merma**	**Cantidad**	**Firma**

Figura 5.44. Ficha de control de mermas.

- **Salida de alimentos:** cuando entregamos alimentos, cumplimentamos un registro de salida en el que restamos al *stock* existente las cantidades entregadas.

- **Inventarios periódicos:** después de muchos movimientos de entradas y salidas, en las fichas de control de *stock* tendremos un *stock* final teórico. De forma periódica hay que realizar inventarios de control para comprobar que las existencias reales se corresponden con las que en teoría y, según nuestra documentación, tendría que haber. Si no coincide, puede deberse a malas anotaciones, entradas o salidas de alimentos no registradas, mermas no contabilizadas o la existencia de robos. En cualquier caso, tendremos que buscar una solución a la deficiencia detectada.

Condiciones de seguridad: APPCC

La aplicación del sistema autocontrol basado en el análisis de peligros y puntos de control críticos (APPCC) y de sus prerrequisitos de higiene y trazabilidad (PHT) establece una serie de controles que tenemos que realizar en el almacenamiento para garantizar la seguridad de los alimentos. La idea es no dejar nada al azar y anticiparnos al deterioro o contaminación de los alimentos. Sin profundizar en cada plan, los controles que hay que realizar durante el almacenamiento son los siguientes:

- **Condiciones higiénicas de almacenamiento:** revisaremos que los alimentos están almacenados de forma adecuada, y prestaremos especial atención a la presencia de productos en el suelo, su correcto envasado y etiquetado, el orden de los alimentos en las cámaras, la fecha de duración máxima y su estado de frescura.

- **Control de temperaturas:** la temperatura de almacenamiento se considera un punto de control crítico que debemos atender y supervisar a diario. Estableceremos un sistema de vigilancia mediante el cual registraremos la temperatura de todas las cámaras de refrigeración y congelación entre dos y tres veces al día. En la Figura 5.45, se muestra una ficha de control diario de temperaturas.

CONTROL DE TEMPERATURAS					
Cód. cámara	T.ª Cámara	Fecha	Hora	Responsable	Firma

Figura 5.45. Ficha de control diario de temperaturas.

- **Plan de limpieza:** supervisaremos la buena ejecución del programa de limpieza llevado a cabo en las instalaciones de almacenamiento de alimentos.

- **Control de plagas:** comprobaremos el buen estado de las medidas preventivas y la existencia de indicios que nos hagan suponer que hay una plaga, como excrementos de roedores, sacos y paquetes mordidos, malos olores, etc. Revisaremos las trampas ubicadas en las inmediaciones de la zona de almacenamiento.

- **Mantenimiento preventivo:** aplicaremos de forma correcta el plan de mantenimiento preventivo de las cámaras, y prestaremos especial atención a aquellos indicios que nos hagan pensar que no funcionan correctamente, como temperaturas incorrectas, ruidos extraños, etcétera.

- **Gestión de residuos:** las zonas de almacenamiento estarán libres de residuos de cualquier tipo, por lo que en el caso de producirse (mermas de alimentos, envases y embalajes, etc.) deberán llevarse al lugar adecuado.

5.5.7. Aprovisionamiento interno

El aprovisionamiento interno es el proceso mediante el cual cada departamento, área o partida que necesita materias primas se abastece del almacén y la zona de cámaras para la realización de sus tareas.

El aprovisionamiento interno tiene que partir de una o varias órdenes de trabajo en función de los distintos servicios que ofertamos en nuestro establecimiento:

- **Expositor de productos de pastelería:** tenemos que basarnos en nuestra experiencia a la hora de calcular la necesidad de elaboraciones que precisamos de forma diaria sin quedarnos cortos ni tener demasiados excedentes.

- **Reserva previa:** muchos clientes optan por reservar aquellos productos que saben que se agotan más rápidamente (como panes especiales o determinados pasteles). Además, trabajar por encargo es habitual para el servicio y venta de todo tipo de tartas.

- *Catering* **y eventos dulces:** normalmente son servicios cerrados en los que podemos saber con exactitud y con tiempo suficiente el menú y las raciones que tenemos que elaborar.

Cuando se reparten las tareas, cada partida organiza su trabajo y planifica la maquinaria, el utillaje y el género que necesita para cumplir con ellas. En lo que a las materias primas se refiere, su solicitud contemplará los siguientes pasos:

- **Vale de traspaso:** rellenamos el vale de traspaso. Será el maestro de obrador el encargado de supervisarlo y firmarlo. En la Figura 5.46, se muestra un ejemplo de vale de traspaso.

VALE DE TRASPASO		
Fecha		
Número de vale		
Solicitante		
Firma		
Partida		
Evento		
Cód. artículo	**Artículo**	**Cantidad**
Observaciones		

Figura 5.46. Vale de traspaso.

- **Registro de salida:** entregamos el vale al encargado de almacén y, en caso de no haber ninguna incompatibilidad, nos facilita la mercancía solicitada y anota el movimiento en el registro de salida. Firmaremos como receptores del género y el responsable de almacén como persona que lo entrega.

- **Vale de transferencia interna:** si por cualquier motivo no hubiera existencias de un producto, el encargado de almacén nos comunicará en qué departamento, área o partida podemos solicitarlo. El documento necesario en este caso es un vale de transferencia interna. Es importante registrar los movimientos internos, ya que debemos poder evaluar con exactitud el rendimiento que obtenemos en cada partida o con cada evento. En la Figura 5.47, se muestra un ejemplo de vale de transferencia interna.

- **Registro de entrada:** una vez utilizado el género, podemos tener productos preelaborados que precisamos almacenar correctamente o materias primas sin elaborar que necesitamos volver a guardar. En el almacén se produce un registro de entrada de este género donde nosotros y el responsable de almacén firmamos el movimiento.

VALE DE TRANSFERENCIA INTERNA		
Fecha		
Número de vale		
Solicitante		
Firma		
Partida suministradora		
Partida receptora		
Cód. artículo	Artículo	Cantidad
Observaciones		

Figura 5.47. Vale de transferencia interna.

MAPA CONCEPTUAL

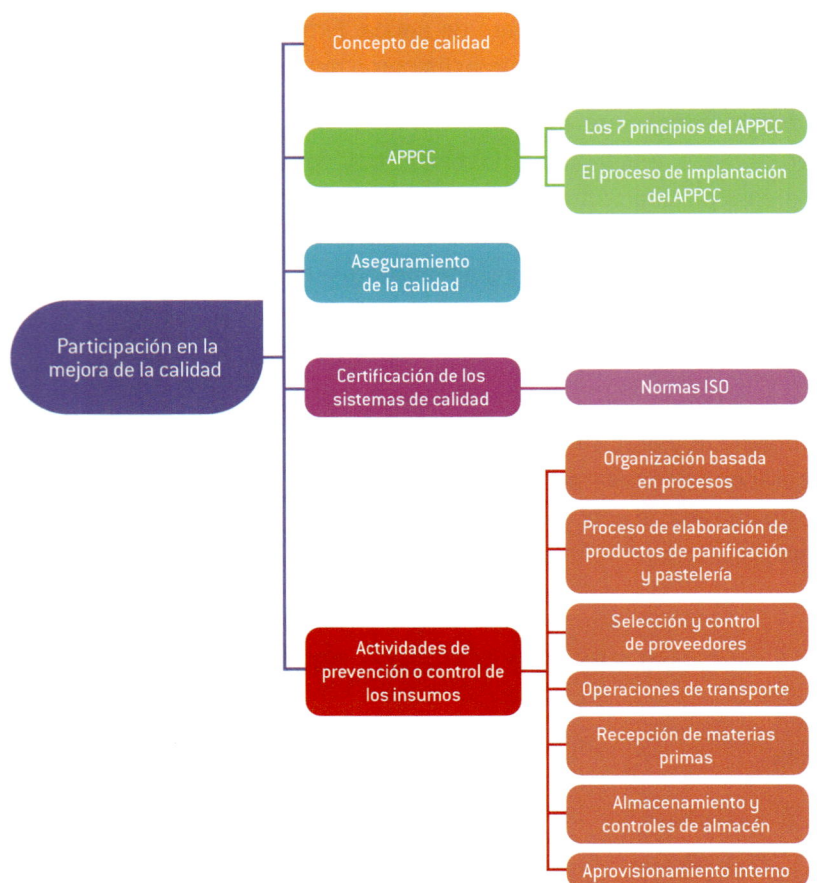

ACTIVIDADES FINALES

Marca si las siguientes afirmaciones son verdaderas o falsas:

5.1. La calidad de nuestro restaurante es completamente objetiva. Podemos saber si estamos haciendo bien las cosas con un proceso de evaluación interna.

☐ Verdadero.

☐ Falso.

5.2. En la organización de una empresa de restauración, primero definimos las tareas, después asignamos los espacios y recursos necesarios y por último creamos la oferta gastronómica.

☐ Verdadero.

☐ Falso.

5.3. La ficha técnica es el documento que especifica las características del producto que necesitamos pedir.

☐ Verdadero.

☐ Falso.

5.4. La elección de proveedores se realizará, entre otros criterios, teniendo en cuenta el precio, la capacidad de suministrar el producto que necesitamos y las condiciones higiénicas de transporte.

☐ Verdadero.

☐ Falso.

5.5. No es necesario registrar por escrito las incidencias de los proveedores, ya que es fácil recordar cuándo nos han servido mal un producto.

☐ Verdadero.

☐ Falso.

5.6. La solicitud de pedido se hará preferiblemente por escrito para que en caso de discrepancias con el proveedor podamos verificar cuál fue nuestro pedido exacto.

☐ Verdadero.

☐ Falso.

5.7. El acuerdo de transporte de perecederos (ATP) regula las condiciones de transporte de alimentos perecederos a nivel nacional e internacional.

☐ Verdadero.

☐ Falso.

5.8. Cuando se rompe la cadena de frío de un alimento, este deja de ser seguro debido al crecimiento de microorganismos presentes en él.

☐ Verdadero.

☐ Falso.

5.9. Los inventarios periódicos permiten comprobar que los datos teóricos se corresponden con los reales e identificar el motivo de la desviación.

☐ Verdadero.

☐ Falso.

5.10. El control de las temperaturas de almacenamiento es un requisito legal de los sistemas autocontrol basados en el APPCC.

☐ Verdadero.

☐ Falso.

ACTIVIDADES DE COMPROBACIÓN

5.1. El concepto de calidad se refiere a:

a) Exclusivamente a la calidad sanitaria de los productos.

b) Todas las propiedades de un producto o servicio que le son inherentes que permiten juzgar su valor.

c) La percepción del usuario final respecto a lo bueno que es un producto o servicio.

5.2. Existe trazabilidad cuando:

a) Los alimentos que consumimos son seguros.

b) Podemos reconstruir el camino que ha seguido un alimento desde la granja hasta la mesa.

c) Podemos certificar la calidad de nuestro establecimiento mediante los APPCC.

5.3. Para la selección y control de proveedores tendremos en cuenta:

a) Exclusivamente el precio de su oferta.

b) Los platos que vamos a elaborar, los ingredientes que necesitamos, la calidad de las materias primas y el precio que estamos dispuestos a pagar.

c) La recomendación de otros profesionales, aunque su negocio sea distinto al nuestro.

5.4. Sirve para determinar qué ingredientes necesitamos:

a) La ficha técnica de un producto.

b) La ficha de especificación de producto.

c) La ficha de control de proveedores.

5.5. Sirve para determinar la calidad de las materias primas que necesitamos:

a) La ficha técnica de un plato.

b) La ficha de especificación de producto.

c) La ficha de control de proveedores.

5.6. Permite controlar la calidad de los proveedores y descartar aquellos que no cumplen los requisitos mínimos de calidad:

a) La ficha técnica de un plato.

b) La ficha de especificación de producto.

c) La ficha de control de proveedores.

5.7. El transporte de productos perecederos debe realizarse:

a) Siempre en vehículo refrigerado.

b) Con armario isotermo.

c) Con armario isotermo o vehículo refrigerado en función de la distancia y el tiempo de transporte

5.8. Los pescados y mariscos frescos los almacenaremos a:

a) 1 a 2 °C.

b) 1 a 4 °C.

c) 4 °C.

5.9. De forma periódica, comprobaremos la fecha de duración de los alimentos almacenados, retirando aquellos que estén sobrepasados. Anotaremos las pérdidas en:

a) La entrada/salida de género.

b) La hoja de control de mermas.

c) La hoja de control de temperaturas.

5.10. Establece los controles que tenemos que realizar en el almacenamiento para garantizar la seguridad de los alimentos

a) Sistema APPCC.

b) Prácticas correctas de higiene.

c) Las respuestas b) y la c) son correctas.

ACTIVIDADES DE APLICACIÓN

5.1. Localiza al menos cinco consultoras encargadas de la implantación de sistemas de calidad basados en el APPCC.

5.2. Haz un estudio de costes de distintos medios de transporte isotermo/refrigerado que podrías utilizar en un negocio de restauración propio.

5.3. Haz un listado de utillaje y maquinaria necesario para la recepción de las materias primas. Evalúa su coste.

5.4. Investiga empresas especializadas en el suministro de productos de limpieza ecológicos para tu negocio de restauración.

5.5. Investiga el catálogo de servicios de empresas de control de plagas, seleccionando aquellos que mejor se acoplan a un restaurante.

ACTIVIDADES DE AMPLIACIÓN

5.1. La **Agencia Española de Seguridad Alimentaria y Nutrición** es el organismo encargado de promover en el ámbito nacional estrategias de alimentación, nutrición y seguridad alimentaria. Entra en www.aesan.gob.es/ e investiga, en el apartado de seguridad alimentaria, la documentación relacionada con la legislación alimentaria, prestando especial atención a las novedades legislativas.

5.2. La **Organización Internacional de Normalización** (ISO, por sus siglas en inglés) es un organismo encargado de promover la estandarización de normas internacionalmente. Entra en la web iso.org y profundiza en el conocimiento de las normas ISO explicadas en esta unidad.

5.3. **Coinpol** es un fabricante de vehículos isotermos. Entra en https://isotermos. coinpol.com y observa en su galería los distintos tipos de modelos de vehículos que fabrican.

5.4. **Sanikey** es un distribuidor de productos de limpieza sostenibles. Entra en http:// sanikey.es e investiga su servicio de coste por uso, analizando las ventajas de este sistema de distribución de productos de limpieza.

5.5. **Anecpsa** es la Asociación Nacional de Empresas de Control de Plagas y Sanidad Ambiental. Entra en https://anecpsa.com y busca empresas asociadas que presten servicios de control de plagas cerca de tu zona de residencia.

CASO PRÁCTICO

Contexto:

Eres el jefe de obrador de una panadería-pastelería tradicional, que comercializa sus productos en puntos de venta propios, pero también a establecimientos hosteleros como bares, restaurantes y hoteles.

Los pedidos han ido en aumento, y debes organizar el sistema de producción, conservación y regeneración de productos, de manera que permita una óptima elaboración y servicio manteniendo una excelente calidad de los mismos.

Reto:

- Deseas mejorar la gestión de calidad de tu establecimiento. Define un plan de acción donde establezcas qué certificaciones de calidad quieres conseguir.

- Justifica por qué piensas que beneficiarán a la gestión de tu obrador.